十字路口的大清

盛衰之际的嘉庆王朝

曹志敏 / 著

人民出版社

目 录

引 子

盛世落幕之后的大清与世界

自民国以来，中国史家研究清史，参照所谓世界历史发展的主流，大多数人认为嘉庆朝是清朝"中衰"的时代，而嘉庆帝作为一位守成之君，人们通常认为他是一个仁爱有余、创拓不足的平庸君主。事实上，英国著名经济学家安格斯·麦迪森"运用经济学的统计方法，对中国宋代以来的 GDP 发展趋势给出了系列数据：中国 GDP 在公元元年占世界 GDP 总量的26.2%，公元 1000 年时占 22.7%，公元 1500 年时占25%，公元 1600 年时占 29.2%，公元 1700 年时占22.3%，1820 年时达到历史顶点 32.9%。根据这些数据，从公元元年到 1820 年的近两千年中，中国始终保持在 GDP 世界第一的位置，到 19 世纪更是成为了超级大国。……他告诉我们，尽管鸦片战争前的中国人并不富裕，国力衰弱，但就综合实力而言，依然是世界第一强国。"[①] 从麦迪森的研究可以得出，嘉庆帝是"GDP 世界第一强国"的清朝皇帝。

---

① 仲伟民：《"西方中心论"的"非"与"是"》，《人民论坛·学术前沿》2022 年第 9 期。

但近代中国的内忧外患与历尽屈辱，使大多数中国人几乎不相信 1820 年的中国还是世界第一强国，嘉庆帝竟然是"世界第一"强国的中国之主。即使人们相信 1820 年中国的 GDP 居于世界第一，也没有人将它作为中国"国富民强"的象征，更没有人将嘉庆帝视为世界第一强国的皇帝。因为以当时中国国土的辽阔与人口的众多，国民生产总值居于世界第一，似乎也没有什么大惊小怪。嘉庆、道光二帝在位时间从 1796—1850 年，前后总计 55 年，正好处于 19 世纪的上半期。在这半个世纪中，无论是中国还是整个世界的发展，都处于至关重要的分水岭。清华大学仲伟民教授指出："对晚清政局的分析，应放在长时段及全球史的背景下，才能有更深刻的理解。因为'从现代世界的本质来看，没有一个国家看起来可以长期生活在孤立中，总是或早或晚地与别的国家建立关系'。晚清时期中国的局面，是中国历史发展的一种必然结果，对晚清历史的理解必须放在长时段中，即必须从 16—19 世纪的较长时段中对晚清史进行考察。这是一种真正的历史主义的态度。"[①] 此论见解深邃，可谓不言而喻。16 世纪之后，中国与西方世界的发展开始分道扬镳，走上了不同的道路，经过三百多年的积累，时至 19 世纪，中国与西方世界的差异更为突出地呈现出来。

在中国，19 世纪上半期处于嘉庆、道光二帝统

① 仲伟民：《全球史视野：对晚清时局的一种新解读》，《探索与争鸣》2020 年第 2 期。

治之下，而嘉道时期是大清王朝走向的中衰时期，也是清代政治社会急剧变化的时期。在自然环境方面，人口迅速膨胀，环境日益恶化，黄河、淮河、长江水灾多发，竺可桢称之为中国环境史上的"小冰河期"，加上水旱、蝗灾、瘟疫不断，给国计民生造成严重的影响。政治上，康乾盛世已经落幕，大清王朝一步步走向衰颓：吏治腐败，军备废弛，胥吏幕友蠹政害民，土地兼并严重，社会动荡不安，种种"内忧"纷至沓来。与此同时，西方列强的侵略步步逼近，鸦片走私、白银外流、洋货倾销，种种"外患"亦悄然而至。中国社会处于"千古未有之奇变"的前夜，"内忧外患"成为那个时代的总体特征。可以说，嘉道时期的大清王朝正处于历史发展的关键时期。

众所周知，明清时期长期采取闭关锁国政策，但此时的世界早已连成一个整体，闭关锁国也未能避免中国卷入全球一体化的浪潮。原产于美洲的玉米、甘薯、土豆等高产耐旱作物在明朝中后期传入中国，至清代广泛种植。食物来源的增加使中国养活更多的人口成为可能；而清代推行"盛世滋丁，永不加赋"的薄税政策，使底层穷人的生存成本较汉唐时期大幅度降低。经过百余年的休养生息，至乾隆朝中国人口开始急剧增长，嘉道时期"生齿日繁"成为社会共识。这给靠农业谋食的清朝社会以极大的生存压力，也造成各种社会矛盾的不断激化。加以吏治腐败，地方州县征收漕粮时浮收折勒，农民负担更为沉重，整个社会动荡不安。

此时的西方资本主义世界正处于急剧上升时期，自 16 世纪以来，随着欧洲大航海时代的到来，西方殖民者到全球各地强占殖民地，进行资本原始积累，资本主义工商业迅速发展，随着英国工业革命的推进，西方的工业品被销售到世界的各个角落，世界贸易体系向全球范围扩展，游离于世界发展主流之外的中国，再也无法过着田园牧歌式的古老生活，闭关锁国的大门被炮舰打开成为历史的必然。

十六七世纪葡萄牙、西班牙、荷兰、英国的殖民者也曾来到中国沿海，进行海盗式抢劫，当时的大明王朝虽然内部危机重重，但余威尚在，能够将殖民者赶走，使中国沿海的居民避免了美洲印第安人、非洲黑人的悲惨命运。但到了 19 世纪中叶，新崛起的英、法等国却远非葡萄牙、西班牙可比，在坚船利炮之外又增加了商品、宗教、文化这些殖民扩张的"利器"，中国还有能力将他们拒之于国门之外吗？

嘉道时期是中国历史发展剧变的关键时期，1840 年鸦片战争成为中国近代史的开端，是中国沦为半殖民地半封建社会的起点。深入了解中国步入近代之前的政治生态与历史真相，有助于我们深刻理解近代中国社会艰难转型的内源性因素。嘉庆帝统治时期，中国封建王朝固有的种种弊端集中暴露出来，作为"帝国之癌"的贪污问题困扰整个社会，并发展为"制度化的贪污"，这使各省财政亏空非常严重，而整个官僚集团因循疲玩，政府机构的行政效率急剧下降，种种问题不一而足。

但嘉庆朝处于中国古代史与近代史的接合部，是清史与近代史研究最为薄弱的时期，向来为史家所忽视。著名学者朱维铮曾说：

> 将清史裂作两橛，道光二十年前属于"古代史"，那以后则称"近代史"。……而嘉庆朝至道光前二十年，均属于中国古代史末世，似成定论。……半世纪来的大陆史界，"古史"论者谓嘉、道走向死亡，不屑作挽歌；"近史"论者谓鸦片战争始开"国史"新纪元，也不屑回顾嘉、道史。结果，由嘉庆亲政到道光禁毒那四十年，无论考察中国走向世界，还是世界闯进中国的近代化进程，都属于历史的时空连续体的转捩时期，却在历史论著中研究得很薄弱。①

① 朱维铮：《重读近代史》，中西书局2017年版，第99页。

嘉庆朝为乾隆盛世所掩盖，学术界的研究更为薄弱，因此，加强对嘉庆朝的历史认识，让世人了解中国前近代的政治困局就显得非常重要。笔者对嘉庆朝的各种问题颇感兴趣，并力图将学术研究成果通俗化，因而推出《十字路口的大清》一书，对嘉庆朝的中国社会、政治制度、官场生态进行全面的研究。

事实上，嘉庆帝勤勤勉勉进行整饬，但收效甚微，这与他没有雄才大略确实有关，但绵延两千多年的"秦汉之制"，即专制主义中央集权与"表儒内法"的传统治国思想，牢牢地束缚着中国的发展，"百代都行秦政制"并非哪个皇帝所能超越，它所存在的弊端也并非哪个神仙皇帝所能解决。此外，面对西方列强殖民侵略的步步紧逼，嘉庆帝并没有清醒的危机意识，根本不可能预见到大清国面临着异常严峻的挑战。更没有随着国际形势的急剧变化而及时调整对外政策。此时的清王朝已千疮百孔，但在人类文明的航程中它依旧缓慢前进下去，而英法美等资本主义国家则蒸蒸日上，社会在大踏步地迅猛发展，中国已经落后于西方。

本书主要着眼于嘉庆帝施政的总体格局、治国特点、政治思想以及嘉庆朝大臣的整体风貌，揭示嘉庆朝政局的种种困境以及朝野整饬的努力，为当代社会发展提供历史殷鉴。目前，诸多学者倡导制度史的研究，应该走向"活"的制度史，也就是要注重制度因袭与沿革的动态过程，关键是要展现制度背后人的活动，因为制度是人创造的，也要由人加以推行，即孟子所言"徒法不能自行"，制度的动态运作取决于人的执行。因此在本书写作过程中，笔者将制度条文背后鲜活的历史故事展现出来，尽力揭示制度背后隐藏的人的主观动机与设计意图。

　　另外，此书是本人嘉庆朝学术成果的通俗化，它面向的读者群体既包括普通大众，也包括专家学者，因此既有学术的严肃性，也有适合民众口味的可读性。作为一位史学工作者，我经常面临这样的"质询"："你们学术界的那些学术研究成果，到底有什么用？"人们通常认为历史专著写得枯燥乏味，面目可憎，因而无法阅读下去。确实，现在的学术著作大多没有市场与销量，它们安安静静躺在大学的图书馆，让象牙塔里极为少数的读者阅读。

　　中国向来有"读史明智""资于治道"的史学传统，因此应该有一定数量的高品位的史学读物献给民众。事实上，历史本身有着丰富多彩的内容、形式与记忆，为何丰富多彩的历史被某些学者表达得枯燥乏味，甚至是令人厌烦呢？关键就是语言运用出了问题。雅驯优美，清新流畅，应该是历史专著重要的语言特色，本人虽然能力有限，但心向往之，希望此书能给读者以轻松的阅读，还有对清朝政治制度、社会问题的深度思考。

壹

通往帝王之路：

平和是福

在中国历史上，嘉庆帝受禅登上皇帝宝座的方式非常特殊：既没有权臣逼宫，又没有烛光斧影的皇室相残，他竟然在父皇去世前三年，以亘古未有的内禅方式即位。嘉庆元年（1796）正月初一，乾隆帝弘历在太和殿举行空前绝后的传位大典，通过内禅实现了皇位交接，这在历朝历代也是罕见的。与历史上被迫禅位的唐高祖、宋徽宗不同，乾隆帝是在皇权极端巩固的情况下主动禅位：一方面他表示禅位是多年坚定不移的"既定方针"；另一方面又明确表示自己并非倦勤国事，颐养天年，而是一切军国大事及用人行政，他身为太上皇都要躬亲指导"嗣皇帝"。而此时的嘉庆帝则是年已 37 岁的成年人，每天却要在太上皇身边鞍前马后，聆听圣训，随同学习处理政务的"经验"。历史上多少龙子龙孙为了帝王梦而煞费苦心地明争暗斗，但嘉庆帝的皇位并未经历血雨腥风的宫廷争斗，更谈不上什么"九龙夺嫡"，他真命天子的福分，破天荒的来自他的端庄仁孝与循规蹈矩。

一、颙琰的青年岁月：宁静致远

① 为了叙事方便，本书行文中对嘉庆帝的名讳一律采用"颙琰"的写法。

嘉庆帝原名永琰，宣布为皇太子之后改名"颙琰"①，为乾隆帝第十五子，乾隆二十五年（1760）

十月初六，出生于圆明园的"天地一家春"，天地一家春是九州清晏的一个偏殿。在乾隆帝众多的皇子当中，颙琰是一个默默无闻的角色，他既不是嫡子，也不是长子，没有博得乾隆帝垂青的特殊之处。但他的生母令贵妃魏佳氏位居皇贵妃，地位仅次于皇后，总能给他带来一些"子以母贵"的运气。尤其是令贵妃把她"温顺乖巧"的个性遗传给了颙琰，使他在险恶莫测的宫廷生活中，具有非常强大的自我保护能力，在漫长的确立储君的马拉松式竞赛中，让他最终跑到了终点，登上了皇帝宝座。

生母魏佳氏：从默默无闻到华丽转身

魏佳氏出身低微，她的父亲清泰本来属于汉军，是一个小小的内管领，后来才抬旗成为满洲旗，加封承恩公。乾隆十年（1745），年仅19岁的魏佳氏进宫，由于年轻貌美，贤淑文静，同时深谙宫廷礼仪，因此她在复杂多变的宫廷生活中应对自如，很快由贵人册封为令嫔，十四年（1749），册封为令妃，逐渐成为皇宫中的新宠。由于死后被追封为皇后，魏佳氏在《清史稿·后妃传》中留下一个不到200字的简略传记，记录了她一生的履历，内容空洞乏味。上面没有赞美她的嘉言懿行，也没有记录她与皇帝的恩爱故事，总之世人想知道的一概没有，甚至坊间野史也没有她与乾隆帝爱恨情仇的俗艳故事，她留给后世的只是一个宫妃的模糊淡影。但这个普普通通的嫔妃，却有着发达的生育能力，一生为乾隆帝生育四子二女，这是她时来运转的根源所在，也是一些史家推测她与乾隆帝琴瑟和鸣的"证据"。

乾隆二十一年（1756）七月，魏佳氏生育皇七女和静固伦公主；二十二年七月，生育皇十四子永璐，可惜幼年夭折；二十三年七月，生育皇九女和格和硕公主；二十五年十月，生育皇十五子颙琰，即后来的嘉庆帝；二十六年十一月，生育皇十六子，还未取名即夭折；三十一年五月，生下皇十七子永璘，后来成为庆僖亲王，永璘是乾隆帝最小的皇子。两个女儿长大成人后，一个下嫁拉旺多尔济，一个下嫁札兰泰。在 11 年时间里生下 6 个子女，这本身又反映出魏佳氏同乾隆帝的关系颇为密切。在传统时代，多子多孙、多福多寿是普通人所热烈期盼的，更何况是在帝王之家！从此魏佳氏的命运峰回路转，更确切地说是青云直上。

二十四年，魏佳氏被册封为令贵妃。第二年元旦，乾隆帝试笔诗写下"朝图志有以，迓新迎嘉庆"的诗句，似乎预示着这一年将有某些不平凡之处，果然十月初六，魏佳氏生下了颙琰，即后来的嘉庆帝。颙琰的出生给乾隆帝带来不大不小的欢喜，而魏佳氏的个人地位也愈加巩固与尊崇。三十年（1765），皇后乌喇那拉氏被打入冷宫之际，魏佳氏被晋封为皇贵妃，地位仅次于皇后。三十八年，颙琰被秘密立为皇太子，但她根本无从知晓。她遗传给颙琰最大的财富，是她本人温顺乖巧的性格，而温顺乖巧又是乾隆帝看重皇子的首选要素。

四十年（1775），魏佳氏去世，终年49岁，谥号令懿皇贵妃，葬于胜水峪。六十年，颙琰被立为皇太子，乾隆帝谕令追赠魏佳氏为孝仪皇后。嘉庆、道光之世，魏佳氏被累次加谥，最后成为"孝仪恭顺康裕慈仁端恪敏哲翼天毓圣纯皇后"，这是典型的母以子贵。儿子颙琰后来成为嘉庆帝，对于魏佳氏来说，是一个永远的"秘密"；而自己20年后被追封为孝仪皇后，更是她生前连做梦都不敢想象的事情。四十三年农历七月十四日是魏佳氏的忌日，身为亲生子的颙琰赋诗以表达哀思：

> 鞠育恩深十五年，悲逢忌日意凄然。
> 含辛恻恻千秋永，洒泪茫茫万里天。
> 每忆提携兰殿里，空余展拜桂帏边。
> 仰瞻云表攀难及，衔恤终身孺慕牵。①

颙琰擅长作诗，此诗凄婉清幽，表达了人子对母亲的一片眷恋、感恩、思念之情。同年九月九日重阳节，是中国人登高祈福、感恩敬老的日子，而这一天

① 颙琰：《七月十四日庆贵妃母妃忌日也适逢承命祭陵之期恭赋长律一章以志哀慕》，《味余书室全集定本》卷六，《清代诗文集汇编》第458册，上海古籍出版社2010年版，第188页。

恰恰又是母亲令懿皇贵妃的生日，颙琰又开始思念远在天堂的母亲，作诗以寄托思念之情：

① 颙琰：《九月九日为先母令懿皇贵妃诞辰有感敬成一律》，《味余书室全集定本》卷七，第192页。

枫树翻红叶尚肥，又惊令节感春晖。

慈母千古难言报，孺慕终身莫可依。

此日含悲惟自怜，当年拜舞竟成非。

流光荏苒过三岁，莫罄儿心涕泪挥。①

作为皇子，很难在诗中述及母子情深的家长里短，但颙琰对母亲的感念，在"慈母千古难言报，孺慕终身莫可依"的诗句里，还是展现得淋漓尽致，所有的爱母之情，尽在"莫罄儿心涕泪挥"中令人回味深长。

进入上书房，接受经史教育

按照清宫惯例，皇子6岁就傅，接受严格的经史教育。重视皇子教育乃是清朝家法，乾隆元年（1736）正月弘历即位不久，就挑选大学士鄂尔泰、张廷玉、朱轼等人出任皇子的师傅。正月二十四开学之日，皇子们郑重其事地行拜师礼，乾隆帝谕令张廷玉等人说："皇子年齿虽幼，然陶淑涵养之功，必自幼龄始，卿等可殚心教导之。倘不率教，卿等不妨过于严厉。从来设教之道，严有益而宽多损，将来皇子长成，自知之也。"与此同时，乾隆帝谆谆告诫诸位皇子："师傅之教当听受无违。"[1] 可见，乾隆帝注重皇子教育，对皇十五子颙琰的教育亦是如此。

乾隆三十年（1765），颙琰入学，师从兵部侍郎觉罗奉宽学习经史，12岁时，乾隆帝又特简满蒙大臣为颙琰讲授满文。三十七年（1772），颙琰已"五经"粗毕，师从工部侍郎谢墉学习今体诗。颙琰用了短短七年时间，就读完读通五经，说明他还是非常勤奋聪敏的。史载颙琰工于诗文，尤其喜欢阅读诸史与通鉴，习诗作文时往往"天藻浚发，英词炳蔚，援笔立就，动成典则"，以至于13岁"通五经"，对诸史通鉴竟然达到"上下三千年治迹，了然贯彻"[2] 的程度。颙琰自述其"以不学为戒，故三冬甲夜，孜孜于退食之时，游情于圣贤之籍"的情景，由此可见，少年时代的嘉庆帝是一个读书非常用功的"学霸"："夜读挑灯座右铭，每因嗜学下重帷。"颙琰少年时代读书刻苦，学业的优异使他具有良好的文化素养，也为将来登上最高权力的宝座铺平了道路。

颙琰秉性谦冲，端庄仁孝，这样性格的人生活在雄才大略的乾隆帝身边，虽然不易得宠，但也不易招祸。就在颙琰通晓"五经"后翌年，即乾隆三十八年（1773），乾隆帝就秘遵建储家法，将其内定为皇储，祀天祭祖，以求上天保佑这位刚满14岁的嗣君，颙

① 张体云：《张廷玉年谱》，安徽人民出版社2016年版，第189页。

② 《清仁宗实录》卷一，中华书局1986年版，第66页。

琰之所以能够嗣承大位，很大程度上是他克勤力学、涵濡德义的结果。就在这一年，乾隆帝特简侍卫大臣教授颙琰骑射之术。三十九年，颙琰成婚，娶喜塔腊氏为嫡福晋。

成婚之后，颙琰依旧"日居书室，惟究心治法源流、古今得失，参稽考证，寒暑罔闲"[1]。在上书房的岁月里，颙琰学业与思想的成熟一方面得益于本人的孜孜以求，勤奋好学；另一方面与师傅的循循善诱密不可分，对此颙琰曾说："予六岁入学习经书，十三学诗，十七属文，书窗朝夕，行帐寒暑，幸无间断。若今体格律初从学于东墅师傅；古体诗及古文从石君师傅习焉。予赋性鲁钝，赖二先生切磋琢磨之功，十有余年，略开茅塞。"[2] 师傅当中最受颙琰敬重的，应当首推朱珪。

遇见师傅朱珪，濡染儒家王道治国理念

从乾隆四十一年（1776）开始，颙琰师从朱珪学习古文与古体诗。朱珪，字石君，号南厓，晚号盘陀老人，祖籍浙江萧山黄阁河，雍正九年（1731）生于直隶大兴县，世称"大兴朱珪"。有清一代谥号"文正"的汉臣，惟有汤斌、刘统勋、朱珪、曹振镛、杜受田、曾国藩、李鸿藻、孙家鼐八人，其中朱珪是清代谥号"文正"的第三人，身为帝师，他深深影响了

① 《清仁宗实录》卷一，中华书局 1986 年版，第 66 页。

② 颙琰：《味余书室诗文选原序》，《味余书室全集定本》卷首，《清代诗文集汇编》第 458 册，第 4 页。

嘉庆帝性格的形成，身为大学士，他的治国理念左右了嘉庆朝的政局。朱珪虽于嘉庆十一年（1806）去世，但他的治国理念因为深深影响嘉庆帝而一直延续，直到十八年"禁门之变"极大刺激了嘉庆帝，嘉庆朝的治国策略才发生微妙变化。

朱珪少年时代才华横溢，十余岁即操觚作文，文体颇为深邃苍古，乾隆十二年（1747）中举，次年成进士，年仅18岁，属于有清一代少有的"青年科目"，此后他步入仕途，效忠大清王朝长达58年之久。朱珪中举后，座师①刑部尚书阿克敦称赞道："子年少而魄力大，似先师安溪李文贞公。"阿克敦将朱珪与康熙朝名臣李光地相媲美，可谓赞赏之至。房师②刘统勋也正色说："子诗文已成家，留心经济，必成伟人。"③朱珪成进士后，刘统勋向朝廷推荐说："北直之士多椎鲁少文，而珪、筠兄弟（指朱珪、朱筠）与纪昀、翁方纲等皆学问渊博，实应昌期而生者。"在刘统勋看来，北方士人多愚鲁朴实，缺乏文采，而乾隆朝却产生了朱珪、朱筠、纪昀、翁方纲等学问渊博之士，堪称盛世气象。没有料到乾隆帝对朱珪评价更高，他说："纪、翁文士，未足与数，朱珪不惟文好，品亦端方。"④在乾隆帝看来，纪昀、翁方纲不过是文学之士，而朱珪不仅文采好，更为重要的是人品端方，是真正的治国贤才。

朱珪学问精醇，诗文清雅，身为其门生的阮元，

① 明清两代举人、进士对主考官的尊称。

② 明清两代举人、进士对荐举本人试卷的同考官的尊称。

③ 陈康祺：《郎潜纪闻三笔》卷三，中华书局1984年版，第700页。

④ 昭梿：《啸亭杂录》卷四，《朱文正》，中华书局1980年版，第103页。

盛赞朱珪的诗"闳中肆外，才力之大无所不举，且直吐胸臆，真情至性勃勃动人，未尝求肖于流派，而自观者衡量之，实于杜陵、昌黎为尤近"①。而朱珪每每以自己出众的文采，不断给乾隆帝的御制诗文题写"恭跋"，大致相当于读后感之类的文字，或创作鸿篇巨制的诗赋来歌颂时政，从而拉近他与皇帝的心距，取得皇帝信任。早年职任翰林、侍读学士时，朱珪"所撰进文册陈宫中，高宗纯皇帝亟赏异之，特达之知，实始于此"②。无论是乾隆帝东巡拜谒祖陵，还是圣驾南巡、皇帝万寿、朝廷平定外藩，朱珪都要创作百韵成篇的诗赋，以讴歌乾隆帝的盛世功德，这给好大喜功的乾隆帝以极大的心理满足。尤其是乾隆帝晚年喜欢吉祥喜庆之语，朱珪更是投其所好。

乾隆四十一年（1776），朱珪进入上书房，成为未来皇帝颙琰的老师，这给朱珪的仕途带来一大转机。朱珪以博学之才、方正之德，给少年颙琰的性情以潜移默化的影响，也使自己成为最受颙琰尊敬、感情最亲密的师傅，为日后仕途的发展捞取政治资本。朱珪在教授颙琰吟咏古诗文的同时，更从四书五经中阐发仁政爱民的儒家王道思想，"日导上以今古嘉猷，侍讲幄十年余，无一时趋之语，今上甚重之"③。朱珪要教导颙琰成为尧舜之君，具体而言，不外乎以修身、宽仁、节俭表率天下，他说：

① 阮元：《知足斋诗集后序》，朱珪：《知足斋诗集》卷20，《续修四库全书》第1452 册，第 194页。

② 阮元：《太傅体仁阁大学士大兴朱文正公神道碑》，《揅经室集二集》卷三，中华书局 1993 年版，第 412 页。

③ 昭梿：《啸亭杂录》卷四，《朱文正》，中华书局 1980 年版，第103 页。

臣伏绎《大学》一书，该本末贯始终，朱子释之曰明德为本，亲民为末；知止为始，能得为终。以经解经，则曰修身为本，大畏民志，此谓知本。又曰德者本也，财者末也，未有上好仁而下不好义者也，未有好义其事不终者也，为君为臣为父为子，各止于至善，是谓得止也。①

纵观朱珪一生言行及其留下的《知足斋诗集》《文集》，其中与治国思想、国家时政相关的内容，多为修身养性、成圣成贤之类的儒家王道治国理念，而时势利病、用人行政、财赋兵刑则一无论及，可谓华而不实。但正是朱珪高调阐发所谓的仁政王道，不仅深深影响了颙琰的性格，而且为自己的政治生涯捞足了资本，为日后入阁拜相奠定了基础。

朱珪向颙琰讲授为君之道，可谓"非尧舜之道不敢陈，非诗书之言不敢述，于大学义利之辨，通鉴治乱之由，天命呼吸可通民情，忧乐无间，反覆敷宣，心俞颐解，不以为迂阔而远于事情也"②。颙琰为人端庄仁孝，对朱珪讲授的"尧舜之道"产生了强烈的共鸣，有着发自肺腑的认同，他与朱珪师徒二人意趣相投，结下了家人般的深情厚谊。在漫长的皇子岁月里，颙琰表现得心地纯净，言行举止进退有度，因此深得乾隆帝的赏识，这与朱珪的教导有一定关系。

① 朱珪：《圣驾释奠临雍讲学礼成颂一首谨序》，《知足斋诗集》卷14，第110页。

② 朱珪：《知足斋诗集文集》附《年谱》卷下，《续修四库全书》第1452册，第429页。

乾隆帝的教诲：笃学在躬行

乾隆帝向往多子多孙，热切盼望皇室枝繁叶茂，以此维系大清基业。对此学者陈葆真指出："乾隆皇帝是一个慈爱但也严峻的父亲。他的感情是内敛的，与诸子之间也保持着相当的距离。他心中持久的愿望是子孙繁昌，以强茂的家族维持不坠的祖宗帝业。"[1]乾隆帝意识到君主必须具备广博的知识与深厚的文化素养，才能治理好大清王朝，因此他对皇子的日常学习要求颇为严格。皇子们几乎全年无休的在上书房学习，甚至节日也不例外。乾隆四年（1739）元宵节，皇子永琏晚上不在书房读书，而是去圆明园山高水长处观看烟火，被发现后遭到皇帝的训斥。假如师傅惰怠不勤加督促，也会受到惩罚，轻则降职，重则革退。

在乾隆帝的严格要求下，性情温顺的颙琰表现颇为突出，日益获得父皇的赞赏。乾隆帝对大清严格的皇子教育制度深感自豪，四十三年（1778）九月，他说："若我国家之制，诸皇子六岁以上，即就尚书房读书，即皇孙、皇曾孙亦然。既选京堂、翰林以分课其读，复派大学士、尚书数人以总视其成，更简满洲蒙古大臣侍卫等以肄之国语骑射。长幼相聚，昕夕程功，初无歧视之心，讵有嫌疑之迹？实大异乎胜国

---

[1] 陈葆真：《从四幅"岁朝图"的表现问题谈到乾隆皇帝的亲子关系》，《美术史研究集刊》2010年第28期。

之所为也。"① 此时的颙琰正是一位笃志勤学的 19 岁青年。

翌年，乾隆帝赐给颙琰的对联云："笃学在躬行，宜循实践；淑心惟理顺，克务懋修。"横批："履道安敦。"② 乾隆帝以此告诫颙琰，勤奋好学在于身体力行，应该多多进行"格物致知"的实践；内心要美好道理就顺当，一定要勤勉自励。颙琰确实是一位勤奋好学、循规蹈矩的好青年，他得到父皇的肯定经历了一个漫长的过程，但他的得宠并非靠什么雄才大略，也不是阴谋权术，而是凭着自己的品行、德性与学识，在岁月的自然流逝中逐渐赢得了乾隆帝的肯定与赏识。

在味余书室读书期间，颙琰孜孜以求，形成了为政以勤、仁孝为本、宁俭勿奢、用刑以慎的政治思想，天性的醇厚加上师傅朱珪的教诲启迪，让颙琰在道德、性情方面几乎无可挑剔，他回忆味余书室的岁月，内心充满温馨美好的情味："室本旧时额，味余意可寻。经书堪乐性，吟射自娱心。"③ 在诸多皇子中，颙琰从一个并不引人注目的阿哥成长为内定储君，最后成为登上宝座的皇帝，主要是性情使然。

关于颙琰的相貌，《清仁宗实录》卷首记载说："上生而神灵，天表奇伟；隆准丰颐，举止凝重；神明内蕴，睿虑渊通。"从做皇帝之后留下的画像来看，颙琰长得五官端正，丰满富态，可以说是福相。关于书

① 《清高宗实录》卷 1067，乾隆四十三年九月。

② 章乃炜等编：《清宫述闻》初续编合编本（下），紫禁城出版社 2009 年版，第 592 页。

③ 颙琰：《御制味余书室题句》，于敏中等：《国朝宫史正续编 1—5》卷 60，台北学生书局，1965 年版，第 1953 页。

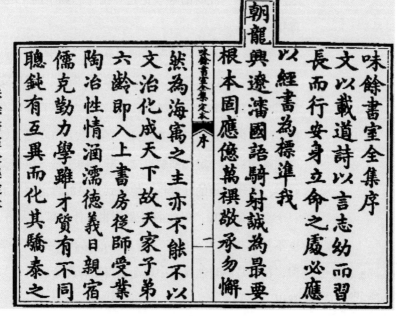

◎《味余书室全集定本》书影

斋生活对于自己人生道路与思想境界的影响，颙琰
《味余书室全集序》作了意味深长的总结：

　　文以载道，诗以言志。幼而习，长而行，安
身立命之处，必应以经书为标准。我朝龙兴辽
沈，国语骑射诚为最要根本，固应亿万禩敬承勿
懈。然为海寓之主，亦不能不以文治化成天下。
故天家子弟，六龄即入上书房从师受业，陶冶性
情，涵濡德义，日亲宿儒，克勤力学，虽才质有
不同，聪钝有互异，而化其骄泰之性，使知孝弟

① 颙琰：《味余书室全集序》，《味余书室全集定本》卷首，《清代诗文集汇编》第 458 册。

之方，悟经书之奥，功非浅鲜矣。视彼前朝太子，偶一出阁讲学片时者，奚啻天壤之分哉！①

事实确实如此，清代皇子早年的读经阅史，对于陶冶情操、培养德行大有裨益，甚至登基成为帝王之后，对其重视以文治化成天下，皆有一定的影响。颙琰生长于宫廷，避祸求福是人生当中一项最为重要的内容，而避祸求福最为有效的方式，就是具有令人瞩目的儒学修养，如仁爱宽厚、礼让谦恭、勤勉好学，这些皆为清朝皇帝颇为推崇的美德，在颙琰身上就有明显的体现，也是树立仁君形象的重要资本。

从乾隆三十八年，14 岁时被秘立为储君，到乾隆六十年朝廷明确宣布颙琰为皇太子，其间经历了漫长的 23 个春秋。在这 23 年中，一切都风平浪静，颙琰还是像以前那样生活，皇太子所具有的东宫属员与心腹僚佐，他一概没有，朝廷的大臣也没人将他作为皇太子对待。颙琰登基前总共有长达 37 年的皇子生涯，他从未统率师旅征战四方，因而无战功可言；也从未督官临民处理政务，自然谈不上政绩；除了每年例行的木兰秋狝之外，颙琰随侍乾隆帝的机会也屈指可数。这样一位长在深宫、从未进行过政治历练的皇子，在书斋中度过了绝大多数的青春岁月，一旦登上皇帝宝座君临天下，其驾驭大清王朝、处理国家大事的能力可想而知。

　　颙琰的皇子岁月是一种非常纯粹的宫廷生活加书斋生活，而此前雍正帝、乾隆帝的皇子岁月，与他大为不同。雍正帝在登上帝位之前，皇子生活的内容相当广泛，有书斋的读书生涯，有随从康熙帝的巡视，有参与军政大事的决断，有从征督师的战火洗礼，有审理案件的政务经验等，当然更多的是直接参与争夺帝位的血雨腥风的政治斗争。所有这些对于雍正帝日后处理军国大政，是非常有帮助的。乾隆帝的皇子生活，基本上也是书斋生活，但临政前夕和鄂尔泰一起办理过苗疆事务，也算是一种政治历练，而颙琰则一点政治实践都不曾有过。再者，乾隆帝即位时只有25岁，而颙琰嗣位时已经37岁，还要经过三年多的嗣皇帝生活，直到40岁才真正亲政，这些经历对其行政风格产生了深远的影响。一个长期圈养的老虎，似乎已经失去了叱咤风云的雄武本色。

二、从皇子到储君的因缘际会

　　颙琰之所以能当上皇太子，如果说到运气的话，那就是诸位皇兄御弟的不幸夭折及性格的种种缺憾，给他的继位没有造成阻力与障碍。乾隆帝选立储君时，朝中已经没有前朝那种血雨腥风的"九龙夺嫡"，他的皇子早已被驯化为温顺的羔羊，成为任他摆弄的棋子。在乾隆帝的威势之下，能否成为皇太子并最终成为皇帝，既与个人才华息息相关，又与各种因缘际会密不可分，特别是与诸位兄弟的秉性素质有关。乾隆帝占据皇帝宝座长达六十年，又当了三年多的太上皇，这位高寿皇帝对皇太子的选择，可以说是一场漫长的马拉松比赛。乾隆帝本人是清朝第一位由秘密建储而登基的帝王，他建储时也选择了这一方式。

两度痛失嫡子继统

乾隆帝登基后并未立即选定皇太子，半年之后他解释说，之所以如此，原因在于人心不古，如果建储太早，往往会别生事端。或者太子本人倚仗皇储身份高贵骄矜，逐渐丧失圣德；或左右人等逢迎献媚，诱导太子为非作歹；甚至有奸佞之徒乘机中伤构陷，来动摇太子的地位；甚至一些朝臣结党营私，奔竞攀附，出现朝局的动荡不安。正是出于上述种种原因，即使皇祖康熙帝对建储一事，也是大费苦心，自己建储一定要慎重其事。另外，乾隆帝本人正是年轻体壮的时候，而诸位皇子年龄较幼，经过再三思考，他决定遵循雍正帝的建储成式，亲书传位密旨，照旧收藏在正大光明匾之后。等到皇子们长大成人，见识逐渐增加，志气逐渐坚定，也没有骄淫失德的恶习，朝廷就布告天下，明正储位。

在皇子当中，皇次子永琏生于雍正八年（1730），为孝贤皇后富察氏所出，是乾隆帝的嫡子，不仅为人端庄聪慧，气宇不凡，而且其母富察皇后与皇帝琴瑟和鸣，感情笃厚，因此乾隆元年（1736）七月二日，永琏被立为皇太子，当时乾隆帝亲书密旨，并告谕文武大臣。但乾隆三年（1738）十月十二日，永琏不幸患上寒疾，猝然去世，年仅9岁。这使乾隆帝悲痛万分，他追赐永琏为端慧皇太子，并按照皇太子的规格为其治丧，密藏于正大光明匾后的传位谕旨也被取出。

在此后的七年时间里，虽然有几位皇子可供选择，但乾隆帝没有丝毫建储的打算。乾隆九年（1744）皇后富察氏又生育皇七子永琮，永琮聪颖异常，又是正嫡皇后所出，乾隆帝热切希望他能继承祖宗大业，立储的念头开始萌动。但不幸的事情又发生了，十二年（1747），永琮因为出痘夭亡，年仅两周岁。两位嫡出皇子的相继夭折使乾隆帝感到，清代自世祖顺治帝以及他本人，都不是元后正嫡皇子绍承大统，这似乎竟成了难以改变的大清"家法"，因此他希望以嫡子继统，是"行先人所未曾行之事，邀先人所不能获之福"①。至此乾隆帝以嫡子继统的想法开始动摇。

两位皇子的不幸早亡，使皇后富察氏的精神受到沉重的打击，十三年（1748）三月因病去世。乾隆帝

---

① 《清高宗实录》卷305，乾隆十二年十二月，中华书局1985年版。

以"廿载同心成逝水，两眶血泪洒东风"的诗句来表达自己的哀思之情。但皇长子永璜、皇三子永璋对于皇后之死，并没有表现出多少哀痛之情，这使极度悲份的乾隆帝忍无可忍。

这年六月，皇后去世已经百日，乾隆帝明确宣布，今后不再公开建储，而皇长子永璜年已 21 岁，如果稍有人心，对母后去世亦应表现出哀痛之情，但永璜像什么事都没发生一样，还是照常当差，这样的"不孝之处表白于外，伊尚可忝生人世乎"？乾隆帝猜测，以永璜的愚昧之见，肯定以为母后崩逝，弟兄之内"惟我居长，日后除我之外，谁克肩承重器？遂致妄生觊觎"。

永璜的师傅、谙达、哈哈珠色①、太监等人见皇帝盛怒，也见风使舵，附和说永璜"可望因起僭越之意，均未可定"②。事实上，大阿哥永璜是乾隆帝恶劣情绪的牺牲品，说他有觊觎帝位之心，完全出于乾隆帝的猜忌。皇三子永璋年已 14 岁，而乾隆帝特别指出，皇祖崩逝时自己只有 12 岁，如何克尽孝道之处，诸位皇叔以及大臣之中的旧人皆亲眼目睹，而永璋的表现令人失望至极。因此乾隆帝宣布，永璜、永璋断不可承继大统！

对于永璜、永璋的出路，乾隆帝指出，如果二人安静守分，日后也可能享有亲王、贝勒之封，但若妄想自己"已居王位"或自认为"已为贝勒"，复萌希

① 满语，指幼仆，小男孩。

② 《清高宗实录》卷 317，乾隆十三年六月，中华书局 1986 年版。

冀的妄想，甚至自不量力各怀异心，身为父皇的他绝不手软，一定将二人诛杀。对于太子的人选乾隆帝明确表示，暂不考虑，如果满汉大臣中有人上奏在皇子中选择一人为皇太子，就被视为离间父子、叛逆国家之人，朝廷会将其"立行正法"！永璜被训斥之后惶惶不可终日，两年后病逝，而永璋则于乾隆二十五年（1760）去世。

由于大内六宫无人主持，十三年（1748）七月，乾隆帝依照皇太后的懿旨，册封娴贵妃乌喇那拉氏为皇贵妃，摄行六宫，十五年（1750），被册立为皇后。她生有二子一女，但乾隆帝并没有打算将他们立为皇储。三十年（1765），乾隆帝第四次南巡，皇后在杭州与皇帝发生冲突，而皇后性情刚烈，持剪断发。但断发为满族丧俗，乌喇那拉氏犯了大忌，被打入冷宫，事实上成为废后，次年七月凄凉而死。她所生的皇子永璂也成为帝后矛盾的牺牲品，被摒除皇位继承人之外，乾隆帝以嫡子继统的想法彻底破灭。从皇子中选择最贤能、最适合为帝王的继承人，便成为乾隆帝唯一的考虑。

秘立颙琰为皇储，秘密建储成为清朝定制

乾隆十八年（1753），会典馆进呈《纂修詹事府会典则例》，詹事府的官员原本属于东宫太子的僚佐，

而乾隆帝已经明确宣布不再择立皇太子，因此詹事府失去了原有的价值，成为翰林词臣升迁转任之地。此时乾隆帝对于称为"国本大计"的历代建储进行了反思，他酌古鉴今，深知建储一事在情理、时势两方面都难以实行。就拿皇祖建储而言，当年康熙帝钟爱理亲王，嗣后将他册立为东宫太子，结果导致朝廷党争不断，诸位皇子骨肉相残。可见建储一事如同封建、井田一样，不可行于近世。对于各位皇子，乾隆帝让他们在内廷读书，"亦惟慎简师傅，俾之薰陶德性，读习经书，日有程课。其视出阁就傅，有名无实者，相去为何如耶？要之豫教固所当重，实亦存乎其人"①。对于太子的选立问题却避而不谈。

① 《清高宗实录》卷450，乾隆十八年十一月，中华书局1986年版。

但建储毕竟关系到国本大计，储君早晚要选定出来。三十七年（1772）十一月，乾隆帝训谕皇子时，首次正式宣布"八旬开六归政"，翌年冬，一向端庄仁孝的皇十五子颙琰被确立为皇太子，并决定遵循雍正帝秘密建储旧例，只是将建储之事谕知军机大臣，但并不明示所定皇太子是哪位皇子，以免朝廷群臣窥伺，掀起夺嫡党争的政治波澜。乾隆帝对于太子与朝臣"贰心"的防范，可谓铁桶一般的"风雨不透"。立储人选确定之后，乾隆帝不动声色，坚守这个秘密长达22年之久，对诸位皇子一视同仁。他要深度观察颙琰是否适合皇帝宝座，颙琰的一言一行、品质操守是否有瑕疵，他得明察秋毫。

在同年冬的南郊祭典上，乾隆帝命诸位皇子登坛观看祭祀礼仪，而他则以所定皇子之名，默默祷告上天，"以所定之子若贤，能承大清基业，则祈昊苍眷佑，俾得有成；若其人弗克负荷，则速夺其算，毋误国家重大之任，予亦可另行选择"[1]。乾隆帝因为建储之事可谓伤透了脑筋。十年后在恭谒盛京祖陵之时，乾隆帝以原来告天之语，默默祈祷于太祖太宗之前，可见乾隆帝选择颙琰为皇太子，多少有些无奈，对其能否继承大统也没有十足的信心。

秘密建储之事并没有明发谕旨诏告天下，只有统治阶级上层极少数人知晓。四十三年（1778），乾隆帝在东巡盛京回銮的途中，锦县生员金从善在御道旁进递呈词，请求明定皇储，结果乾隆帝大怒，重申明立太子的危害。他说，有太子然后就有门户，历史上的殷鉴不胜枚举。如果不立皇储，则诸位皇子没有分别，即使有奸邪之辈也无从依附觊觎。正是为了防止兄弟之间的骨肉相残，防止朝臣与皇子结党夺嫡，乾隆帝才对颙琰被立为储君之事秘而不宣。他再次表示，建储与封建、井田一样，不再适用于当今之世。

此后，乾隆帝将秘密建储确立为清朝建储的定制，并于四十八年（1783）命人编订《古今储贰金鉴》，作为后世建储事宜的殷鉴。的确，清朝秘密建储制度具有诸多优势，一是有效避免因为争夺储位而引发的

---

[1] 《清高宗实录》卷1066，乾隆四十三年九月。

权力之争、朋党之争，有利于保持朝廷政局的稳定；二是为所有皇子提供公平竞争皇位的机会，再辅以严格的皇子教育，有利于选择合格的皇位继承人，对江山社稷与朝廷政局非常有利。

从表面上看，乾隆帝是一位多子的皇帝，他一生共育有 17 个皇子，但至乾隆三十八年立颙琰为皇太子时，有 10 位皇子已先他而弃世，在世的七个皇子中，有的因事获罪而被摒弃于皇储之外，有的因为不具备乾隆帝所要求的条件而被淘汰。五十年，乾隆帝的皇子当中又有两个去世，只剩下五子，以至于颙琰过十二兄永璂园寝时，颇为感慨兄弟的凋零：

① 颙琰：《过十二兄园寝有感》，《味余书室全集定本》卷19，《清代诗文集汇编》第458册，第8页。

远别人天已十年，夜台终古销寒烟。

一生心血凭谁付，手泽长留在断编。

风雨书版忆旧情，还思听雨续三生。

兄弟十七萧疎甚，忍见长天雁阵横。①

皇十二子永璂聪敏好学，曾经手抄《清语》一本，有八千余句，生前日日展玩，爱不释手，死后留给颙琰纪念收藏。如今永璂已辞世十年，而颙琰的兄弟只剩下四人，看到天上大雁行阵整齐，一种伤感之情涌上颙琰的心头。事实上，正是多位皇兄御弟的离世或获罪，使颙琰比较容易地登上储君之位，而且历经漫长的 23 个春秋始终风平浪静。

永瑆迷恋书法，永璘沉湎享乐，无意帝位

在世的五个皇子当中，较为优秀的还有皇十一子永瑆。永瑆，号少庵，一号镜泉，别号诒晋斋主人，是清代中期著名的书法家，著有《听雨屋集》《诒晋斋集》，刻有《诒晋斋法帖》，著名蒙古族诗人法式善称赞永瑆书法"于今为天下第一"。永瑆自幼聪明好学，才思敏捷，出口成章，不但精通诗文，而且书法自成一体，名重于世。永瑆搜集历代书法名帖真迹，博采众家之长，特别是对元人赵孟𫖯、明人董其昌的书法特别感兴趣，刻意加以研究，因此书法日益精进。永瑆曾经听康熙年间的内监说，其师少时见过明末书法家董其昌以前三指握笔，悬腕作书，永瑆推广其说，创造了一种执笔与运笔的技法叫"拔镫法"。

永瑆推论书旨，深得古人用笔之意，对其书法造诣，礼亲王昭梿评论说："成亲王讳永瑆……善书法……名重一时，士大夫得片纸只字，重若珍宝。上特命刊其帖，序行诸海内，以为荣云。"[1] 颙琰即位后，对永瑆的书法亦赞不绝口："朕兄成亲王，自幼精专书法，深得古人用笔之意，博涉诸家，兼工各体，数十年临池无间，近日朝臣文学之工书者，罕出其右。"[2] 一个诗文精洁，书法遒劲，为海内达官贵人、文人雅士所推崇敬仰的皇子，按说智商应该很

---

[1] 昭梿：《啸亭杂录》卷二，《成王书法》，中华书局1980年版，第46页。

[2] 震钧：《国朝书人辑略》卷首，清光绪三十四年刻本。

◎ 成亲王永瑆楷书《洛
　神赋》

高，可惜永瑆的情商大有问题，为人处世甚至不近
人情。

　　永瑆为人天性阴忮，好以权术驭人，处事不讲信
义，守财如命，乾隆帝虽然爱其才华，但不会选其为
皇太子，来治理大清万里疆域下的亿兆子民。永瑆是
一位当之无愧的书法家，但他却不是一个具有政治头
脑与高超手腕的政治家。礼亲王昭梿笔下的皇子永瑆
吝啬、酷虐，简直到了不可思议的地步。手下的护卫
尽管服侍他多年，永瑆却动不动因为一些鸡毛蒜皮、
根本谈不上罪过的小事将其斥革。以皇子加亲王的身
份永瑆应该并不缺钱，但他生活日用非常抠门，家中
库银积累了80万之多，但他从来不肯稍有"挥霍"。

有一天永瑆的坐骑宝马死了，他竟然命人煮熟了，合府上下不再烹饪，以马肉代膳。

永瑆的嫡福晋是大学士傅恒之女，孝贤纯皇后富察氏的亲侄女，出嫁时妆奁颇为丰厚，但永瑆索取妆奁封入府库，不许动用，害得福晋只能"日啖薄粥"而已。永瑆如果稍有政治头脑，就应该厚待福晋，以便利用福晋煊赫的家世为自己捞取政治资本。不知道福晋回娘家省亲，会不会将自己的遭遇向父母哭诉，也不知道身为大学士的傅恒作何感想，就连礼亲王昭梿都有耳闻，想必永瑆的吝啬在皇族亲贵之间应该是尽人皆知。

对于永瑆不近人情的抠门与贪酷，乾隆帝多次加以训斥，但永瑆依旧我行我素，以他的脾气根本不适合当皇帝，自然被排除于皇储人选之外。如果永瑆当了皇帝，大清的亿兆子民估计连薄粥都喝不上了。永瑆平时喜欢购置古玩书画，多次受人欺诈，诓骗钱财，但他并不与之计较。永瑆唯知逢迎权要，希望他们在皇帝面前为自己美言，如果皇帝的眷顾稍微衰减，就会对人家加以痛骂。

永瑆晚年，他的子孙非常不争气，多以行为不检而暴病身亡，这使永瑆更为愤懑不平，得了狂痫症。入朝时乘坐竹木做的封闭式破栈车，左右只允许一人捧杖相随，言语混乱多不谨饬，嘉庆帝屡次优容永瑆，但他并不悔改。在临终前数月之内，永瑆不沐浴不理发，大小便从裤子里流出来，仍然狂号如故。左右佣人劝他沐浴更衣，但他却说："死后蛆食龌龊，又谁为涤垢也？"①道光三年，永瑆以狂疾致死，享年73岁，谥号成哲亲王。永瑆一生死抱不放的所有积蓄，皆为仆从掠去，府库所藏为之一空。对于永瑆一生所为，也有人认为他之所以如此，不过是韬光养晦，只想流连于书法诗文，不想当皇帝而故意为之。

与颙琰有皇位竞争的人选，还有皇十七子庆僖亲王永璘，永璘是乾隆帝最小的儿子，与颙琰是同母胞弟，乾隆三十一年（1766）生，四十年（1775），生母去世，年仅九岁的他由颖贵妃巴林氏抚养，五十四年（1789），晋封贝勒。永璘生得福相，皮肤黄中带黑，面部丰腴，身体修长，但他不甚读书，却酷爱音乐与声色，喜欢狎游嬉戏。少年时曾经微服出游，偶为狭巷之乐。乾隆帝非常讨厌这个"不成器"的皇子，降封其为贝勒。

但永璘天性直爽憨厚，敦于朋友之间的情谊，凡是与他交好的，永璘始终利用皇子身份为他们周旋庇护。他对待下人非常宽纵，护卫在大庭广众之下态度傲慢地与他嬉笑，他也并不怪罪。乾隆帝晚年，皇子们难免觊觎帝位，暗地里揣测谁是皇帝的接班人，永璘笑着说："使皇帝多如雨落，亦不能滴吾顶上。惟求诸兄见怜，将和珅邸第赐居，则吾愿足矣！"②永璘很有自知之明，因此无意于储君争夺，对此作为同

① 昭梿：《啸亭杂录》附《啸亭续录》卷五，《成哲王》，第517页。

② 昭梿：《啸亭杂录》附《啸亭续录》卷五，《庆僖王》，第517页。

胞兄弟的颙琰还是颇为感激的，后来籍没和珅亿万家财，即将和府赐给永璘居住，并把和珅的半数财产赐给他。

但永璘也有一定程度上的政治敏感，嘉庆帝对他的不检点行为屡加斥责，永璘深知祸福难测，伴君如伴虎，晚年深为收敛，燕居府邸之中，惟以声色自娱而已。嘉庆二十五年（1820），永璘病重，颙琰亲临看视，进封为亲王，不久去世，享年55岁，葬于北京昌平城西南的白洋沟，一个风景如画的地方。咸丰初年，内务府把庆王府从永璘后裔手中收回，咸丰二年（1852）赐给恭亲王奕䜣，如今成为北京名胜古迹之一的恭王府。

乾隆帝在没有多大选择余地的情况下，决定立处世谨慎、仁厚端庄的颙琰为皇储。颙琰说不上有多大的优点，但他的兄弟们缺点明显，清初以来险恶的夺嫡之争，早已变得风平浪静，在乾隆帝的威势之下，颙琰是最为温顺的羔羊，最终被推上了至高无上的皇帝宝座。事实上颙琰的口碑，确实超过其他皇子，特别是在为人处世与个人修养方面。朝鲜在华使臣回国后向他们的国王汇报说："第十五子嘉亲王永琰，聪明力学，颇有人望。""皇子见存四人，八王、十一王、十七王俱无令名，唯十五王饬躬读书，刚明有戒，长于禁中，声誉颇多。"[1] 由此可见，颙琰即位应在情理之中。

---

[1] 邓忠先、王益志主编：《紫禁城档案》，红旗出版社1998年版，第1086页。

　　乾隆帝立颙琰为皇储真正做到了秘密建储，在漫长的 23 年里，他既没有给颙琰什么特殊使命，也没有给他特殊荣誉，从《清高宗实录》来看，乾隆帝让颙琰做得最多的事情，就是每年春秋致祭孝贤皇后；或者祭祀祖陵、端慧皇太子、关帝庙、周公庙；或者皇帝举行亲耕大典时，令颙琰随耕布粮；或者乾隆帝南巡时，令其随驾；四十四年（1779）冬十月，乾隆帝还曾临幸颙琰府邸。至于军国大事，乾隆帝却从来不让颙琰处理。

　　五十四年（1789），颙琰被封为嘉亲王。早在乾隆三十年（1765），皇五子永琪已被封为荣亲王，与颙琰同时封为亲王的还有皇六子永瑢、皇十一子永瑆。因此除了乾隆帝本人外，没有人知道令朝野瞩目的皇储到底是谁。就连每日侍奉乾隆帝左右、最善于揣摩皇帝心思的和珅，也只是在宣布皇储的前一天，才匆匆向颙琰进递一个如意，说明直到此时，和珅才知道皇储的人选。

三、乾隆帝禅位不禅权：大事还是我办

　　有人说，乾隆帝与他的皇祖康熙帝、皇考雍正帝相比，真是太幸运了：康熙帝 8 岁即位，身为孩童的

他经历了鳌拜专权的政治风波，雍正帝直到45岁才登基，年龄有些老了，而且又经历了"九王夺嫡"的血雨腥风。相比之下乾隆帝就非常幸运了，他在25岁风华正茂的年龄登基，而且经过皇考的政治铁腕，大清王朝的各种弊政已消除得差不多了，各种敢于对抗皇权的政治力量也被收拾得服服帖帖，他这个皇帝可以坐享其成了。

周甲禅位：从焚香默祷到诏告天下

面对父祖的文治武功，刚刚即位的乾隆帝却忽然想起一个问题，他能像皇祖康熙帝那样在位六十余年吗？于是他默默焚香祷告：假如上天眷顾，自己在位能超过六十年，绝对不敢超过皇祖纪元61年之数，就要传位给皇子！自古君无戏言，即使皇帝的一个念头，也不能欺天。就是乾隆帝这么一个念头，使其子颙琰在盛世光环的表象之下，通过历朝历代并不多见的"禅让"登上了政治舞台，这一情形也决定了嘉庆初政的诸多特点。乾隆帝弘历内禅的想法，源于登基之初对皇祖康熙帝的崇拜。

弘历身为雍正帝的第四子，直到康熙六十一年（1722）三月，才第一次见到皇祖，那年弘历12岁。孙子12岁才第一次见到爷爷，这在平民百姓之家不可思议，但在帝王之家却再正常不过。没想到康熙帝对弘历非常钟爱，当即决定将他养育在自己宫中，此后到康熙帝辞世，弘历一直留在祖父身边。这年木兰秋狝，弘历首次围猎就射中黑熊，更让康熙帝赞赏不已，并说弘历福命贵重，甚至会超过自己。康熙帝对弘历不加掩饰的偏爱与赞美之情，隐含了他对弘历绍承帝统的愿望。正是出于康熙帝的种种示意，雍正帝即位之初，就召集王公大臣九卿人等，在传位诏书上亲自写下"弘历"之名，收藏于乾清宫中。

弘历成为乾隆皇帝之后，在颁发的大量谕旨以及诗文之中，每当提及皇祖康熙帝，都充满了无限的感激、怀念与眷恋之情，因此在登基之初，他"即焚香默祷上天，若蒙眷佑，得在位六十年，即当传位嗣子，不敢上同皇祖纪元六十一载之数"[①]。乾隆帝 25 岁即位，若能在位六十年，就已达 85 岁高龄，自清初以来没有哪位皇帝能如此高寿，乾隆帝也不会预料到自己能活到耄耋之年。

建储关系到大清的国本与万年基业，乾隆帝即位后长期不立储君，难免引起朝野上下的猜测，对此人们议论纷纷，说他贪恋皇位而不肯立储的议论，使乾隆帝即位之初心中的默念，再也不能烂在肚子里不说了。三十七年（1772）十一月，乾隆帝首次正式宣布"八旬开六归政"，翌年冬，立皇十五子颙琰为皇太子。但建储之事并未明发谕旨，诏告天下。眼见皇帝年近古稀，而攸关江山社稷的建储大事却不见动

① 《清高宗实录》卷 1486，乾隆六十年九月。

静，终于有个关心"天下兴亡"的秀才再也沉不住气了。四十三年（1778），乾隆帝在东巡盛京回銮的途中，锦县生员金从善在御道旁进递呈词，条陈建储、立后、纳谏、施德四事，请求朝廷明定皇储。

但金从善的"忧国忧民"在乾隆帝看来，简直是"狂诞悖逆，为从来所未有"，因此命令大学士九卿严加审讯，最终判决将其凌迟处死，乾隆帝开恩改为斩立决，可怜的金从善就这样稀里糊涂丢了脑袋。但金从善提出的立储问题，可能是朝野上下普遍关注的问题，只是没人敢说而已。在金从善被杀后的第12天，乾隆帝发了一道长达两千字的谕旨，对于民间说他贪恋皇位、妄测高深的论调，进行了义正词严的反驳，重申自己即位之初焚香告天的誓愿，如果他能在位六十年，即传位给皇子，自己归政闲居。此意只是从未向外宣示，因此诸臣不了解他的宏誓高愿。

乾隆帝解释说，归政后如果自己精力始终不懈，他仍会精勤求治；如果自己七旬、八旬大寿以后，神志稍有衰减，他就不再贪恋天位。历代帝王之中，能够享国四五十年已属罕见，他还有什么不知足的呢？这等于将即位六十年禅位的大事，诏告天下，而日后内禅就成为金口玉言、无可更改的铁定事实。

乾隆帝在谕旨中，还充分表达了"传位不离位"的心声，一开始就说到"抓重点、敲黑板"的关键问题：假如归政之后，他应该何去何从呢？按照一般人的思维，就是颐养天年，享受天伦之乐，但乾隆帝与众不同，他的人生是一台"永动机"，只要一息尚存，就要为大清王朝兢兢业业，励精图治。他对历史上宋高宗、宋孝宗的内禅不屑一顾：

> 如宋高宗、孝宗值多事之秋，当励其有为之志，乃未及耄期，而遽行内禅，图遂一己之佚乐，而不顾国计之重轻，其人实不足取，则又朕所深薄者耳。又前史所载，每有因爱其母而欲立其子者，远代姑弗具论，如明神宗宠郑贵妃，诸臣遂有立爱之疑，共为建储之请。盈廷争执，致首相王锡爵为朝士所逼，几欲自戕，尚复成何政体？①

① 《清高宗实录》卷 1067，乾隆四十三年九月。

宋高宗、宋孝宗的内禅当然是懦弱的表现，乾隆帝对他们除了鄙视还是鄙视。接着乾隆帝对历史上那些贪恋皇位、不肯传位的唐、宋皇帝，一一加以数落贬斥：昔日唐宣宗闻听裴休立储之请，说："若立太子，则朕为闲人。"宋仁宗在确定皇子的储位之后，闷闷不乐；宋英宗在立太子之后，竟然泫然泣下！这些都是雄才大略的乾隆帝所鄙夷不屑的，他不会步这些庸陋帝王的后尘，因为这些皇帝之所以对皇位恋恋不舍，是因为他们"惟知席丰履厚，以为君为乐，而不知为君之难也"。

　　在乾隆帝看来，当皇帝非常不容易，"人君一日二日万几，庶司百职之事皆其罪，非躬亲总揽，则柄或下移，其弊将无所底止，岂能稍自暇逸？而天下之大，群黎之众，疾苦时系于衷，非先事畴咨，民隐或无由上达，宵衣旰食，不遑宁居，但觉其难而不觉其乐"。清朝皇帝乾纲独断，唯恐大权旁落，当皇帝操心的事儿太多，确实非常累非常苦，这倒是实话。乾隆帝说他现在 68 岁，身体健康强壮如图昔时，目前距离禅位还有 17 年，日子还长着呢！乾隆帝对日后情形做了精心设计，他说：

　　若朕精力始终不懈，惟当日慎一日，兢业守成，克全朕之初志，岂不甚善？设或七旬八旬以后，神志稍衰，不能似今之精勤求治，亦不肯贪天位以旷天工。且历代帝王，享位四五十余年而归政者，实所罕觏，朕非不知足者，又何必定以六十年为期乎？①

① 《清高宗实录》卷 1067，乾隆四十三年九月。

　　乾隆帝说得再清楚不过了，假如他身体健康，他一定会兢兢业业履行皇帝之责，但是精力稍有衰减，就不会贪恋天位，一定归政于储君，但精力是否"衰减"，只能由他的金口玉言来宣布判定。

　　乾隆帝有关禅位的这些想法，随着内禅的临近，不但丝毫没有减弱，反而越来越强烈。他曾经将禅位的想法禀告孝圣皇太后，皇太后表示皇帝应该一直善尽职守，届时不一定要归政。于是乾隆帝再次向上天默祷：上天若同意圣母之言，则请使圣母享寿百岁。但此愿未果，乾隆四十二年（1777）正月，皇太后过世，享年 84 岁，看来乾隆帝只能谨守誓言，届时必须归政。即位之初，乾隆帝对心中的所谓"默祷"并不特别在意，但随着周甲退位的不断临近，他内心越发贪恋皇位，但又不得不顺水推舟，按照"既定方针"有条不紊地推进"内禅"。

归政推进有条不紊，明确宣布禅位不禅权

乾隆帝身体健壮，耄耋之年仍旧精力旺盛，五十八年（1793）八月，马戛尔尼使团的成员曾经近距离观察过在位 58 年、83 岁高龄的乾隆帝："皇帝……身材细长，体态文雅，面色是比较皙白，虽然眼睛是黑的；鼻子略呈钩形而整个外貌是完整匀称，不像他所说的这样高龄的样子；他有动人的风度，和蔼的举止而这并不对这皇帝的尊严有所减色，这显示出这个人的可爱的性格。"[1] 在这些英国人眼中，乾隆帝"精神矍铄，貌似六十许人，其心思亦颇灵活，富于决断心及自信心"[2]，这样一位精力不减年轻人的皇帝，怎么可能心甘情愿把帝位传于他人？

皇帝已经 83 岁高龄，皇位继承人的选定自然非

[1] ［英］安德逊：《英国人眼中的大清王朝》，费振东译，群言出版社 2002 年版，第 143 页。

[2] ［英］马戛尔尼：《乾隆英使觐见记》，刘半农译，李广生整理，百花文艺出版社 2010 年版，第 102 页。

常重要，英国使团也注意到了这个问题，对此马戛尔尼记述说："因知乾隆皇帝共有二十二子，今仅存四子，而大位谁属犹未预定。皇帝深恐四人有猜忌争夺情事，政必躬亲奏章诏谕，咸自批自发，勿令四人参预其事，即事之琐细者，皇帝亦不以躬亲为苦。"① 马戛尔尼的政治嗅觉还是非常敏锐的，为了使皇权不致受到任何的威胁，乾隆帝即使到了八旬高龄，还是日理万机，事必躬亲。

但归政还得有条不紊地推进。从五十九年秋起，朝廷发布御旨，连续举行"归政恩科"三年，年底又下令免除各省欠银 1700 万两，粮 370 万石，以示"普天同庆"。六十年（1795）是进行传位的关键一年，但这一年正月，贵州苗民起义爆发，松桃厅石柳邓首先发难，湖南永绥厅石三保、凤凰厅吴半生、乾州吴八月等人相继响应，一场起义风暴席卷湘、黔、川三省。九月以后，吴八月占据平隆，自称吴王，"复称吴三桂后"，起义军声势大振。为此乾隆帝征调兵力数万进行镇压，乾隆盛世的面纱就这样被起义军的烽烟无情戳破。

每年十月初一，朝廷要向全国颁发第二年的时宪书，而谁为储君不能再秘而不宣了。因此乾隆帝选择九月初三为吉日，亲自临御圆明园的勤政殿，召皇子皇孙、王公大臣入见，共同阅看传位诏书，宣示皇十五子嘉亲王颙琰为皇太子，以明年为嗣皇帝嘉庆元

① ［英］马戛尔尼：《乾隆英使觐见记》，刘半农译，李广生整理，第 102 页。

年，并追封其生母魏佳氏为孝仪皇后。皇太子移居毓庆宫，为了便于避讳，将"永琰"的"永"字改为"颙"。乾隆帝的归政上谕大大出乎颙琰的预料，他深知自己如果沾沾自喜，稍稍流露出对皇位的贪恋，就可能引起父皇的不满，甚至给自己招来杀身之祸。

颙琰以退为进，惶恐不安地上奏说，自己虽然幼读诗书，朝夕侍奉于父皇左右，对国家典制与用人行政也有一些粗浅的了解，但毕竟还是能力不足，涉世不深，如果目前登上皇帝宝座，处理国家大政，恐怕难以让天下臣民心服口服，因此希望父皇仍旧亲自揽政，自己如蒙恩册立为皇储，就算是"备位储宫"，他将朝夕侍奉在皇父身边，在侍宴问安之余随同学习处理朝政的经验，并请求父皇将"改元归政"之事谕令停止。和硕礼亲王永恩也率领王公大臣、贝勒贝子与内外臣工一起奏请乾隆帝停止归政。但乾隆帝不为所动，他说自己斋心默祷归政数十年如一日，因此不能满足大家的请求，同时表示归政后，他对于军国大事仍要躬亲指导，嗣皇帝仍要聆听训谕，待到年过九旬再优游无为，可谓"亘古未有"的盛事。

事实上早在九月初三，乾隆帝宣布内禅的同时，明确宣称自己身体强健，因此"一日不至倦勤，即一日不敢懈弛。归政后，凡遇军国大事及用人行政诸大端，岂能置之不问！仍当躬亲指教，嗣皇帝朝夕敬聆训谕，将来知所禀承，不至错失"。"部院衙门并各省

① 《清高宗实录》卷 1486，乾隆六十年九月。

具题章疏及引见文武官员寻常事件，俱由嗣皇帝批阅，奏知朕办理。"① 这里乾隆帝明确表示，自己禅位并非要颐养天年，而是要继续亲政掌权。因此，即将身为"太上皇"的乾隆帝依然紧握皇权不放，是当时朝野上下人所共知的事。

在乾隆帝留下的众多印玺中，有一枚印最能证明太上皇禅位不禅权的心态，印文是"归政仍训政"，这枚印玺保存在故宫，成为禅位后乾隆帝仍要独揽朝纲的明证。十月，朝廷议定在举行传位大典之后，所有在京各衙门以及各直省应该遵办的事宜，明确规定在京各部衙门以及各直省题奏，应按照旧例呈进，交给乾隆帝处理，而不必缮写两份。这样，乾隆帝名义上的帝王生涯虽已结束，但他仍以"太上皇训政"的名义，执掌最高统治权。内禅只是名义上的禅位，乾隆帝归政不放权、禅位不禅权的本意，满朝文武大臣一目了然。

◎ 乾隆"归政仍训政"玉印及宝文

乾隆帝不厌其烦地再三表白，凡是军国大政他将对嗣皇帝"躬亲指导"，但对于嗣皇帝的权限，也给予非常明确的划分：一是举行郊、坛、宗、社等诸多祭祀活动，由于他年近九旬，对于登降拜跪仪节，恐怕因为精力稍有不济，不足以显示对上天神灵以及列祖列宗的诚敬，自应由嗣皇帝"亲诣行礼"，因而题奏祭祀日期的本章，全部送给嗣皇帝批阅；二是部院衙门、各省具题章疏，应该"俱由嗣皇帝披阅"，但只是代为披阅而已，如果有什么需要处理的，也必须"奏知朕办理"，也就是嘉庆帝必须奏明太上皇才可以办理；三是嘉庆帝可以引见文武官员，以便为年迈的太上皇分劳。由此可见，太上皇训政期间，一切军国大政仍由乾隆帝牢牢控制。

盛世光环下禅位大典的台前幕后

嘉庆元年（1796）正月初一，皇太子颙琰侍奉乾隆帝赶赴太和殿，举行传位大典，内外王公、文武百官和朝鲜、安南、暹罗等国使节齐集太和殿，"恭奉成仪"。乾隆帝亲授宝玺，皇太子跪受，典礼完毕乾隆帝返宫休息，皇太子即位为皇帝，改元嘉庆元年。对于乾隆内禅，时人推崇备至。如时任两广总督的朱珪认为，乾隆帝归政超过尧、舜、禹的禅让，因为三代本来就是天下为公的时代，圣王都是通过选贤举能的禅让产生，也就是"圣圣未萃于一家"，此后如唐高祖、唐睿宗、宋徽宗等人的内禅之举，或者迫于时势，或者恬于宴乐，根本不值得称道。

朱珪作《太上皇归政皇帝登极大礼庆成恭纪》四言诗一百韵，在《谨序》之中，朱珪盛赞乾隆帝禅位堪称"至矣！盛矣！天哉！皇哉！自生民以来，未有天佑民悦若斯之信顺者也"。当今的太上皇"久道无疆，嗣皇帝亲承燕翼，大德大孝弥纶合宙"。[1] 朱珪对乾隆禅位的歌颂赞誉，到了无以复加的极致，甚至认为乾隆帝超过历代帝王都不敢比肩的唐尧虞舜。朱珪所呈进的四言诗受到乾隆帝的褒奖："朕阅朱珪所进诗册，措词冠冕得当，其颂扬处不忘箴规，尚得大臣之体，且二十五有韵内难押者居多，今百韵成篇，不致牵强，是其学问素优。"[2] 事实上，朱珪作为帝师，并未被乾隆帝禅位盛况的表象所迷惑，他对太上皇传位不传权、和珅专擅弄权以及嗣皇帝无权这一错综复杂的政局，有着清醒的认识。因此他希望通过自己的献诗，取得太上皇的信任，以达到自己入朝辅佐嗣皇帝的目的，用心可谓良苦。

禅位大典之前有一个插曲，清代各种典籍都没有也不可能记录，但参加大典的朝鲜使节却将此事详加记录。按照既定程序，典礼之前的两个时辰，先由大学士、内阁学士到乾清门请"皇帝之宝"宝玺，然后捧至太和殿。据朝鲜使臣记载，大学士和礼部仪官

① 朱珪：《太上皇归政皇帝登极大礼庆成恭纪四言诗一百韵谨序》，《知足斋诗集》卷12，《续修四库全书》第1452册，第81页。

② 清国史馆原编：《清史列传》（四）卷28，《朱珪传》，明文书局1985年版，第322页。

到乾清宫之后，乾隆帝却不肯交出宝玺，因为"皇帝之宝"是至高无上的皇权象征，六十年来，他发出的每一份诏书都盖有"皇帝之宝"，现在要交于他人，他怎么能够舍得？大学士刘墉当时在场，果断提出要"止贺"，并说，古今哪有没有"皇帝之宝"的天子呢？于是他入奏说："陛下不能无系恋天位之心，则传禅可；已传禅而不与大宝，则天下闻之，谓陛下如何？"[1]诸位大臣力争多时，才拿到大宝而出，禅位大典才得以顺利进行。事实上，历代皇帝皆为终身制，正常情况下手握大权直到生命的最后一息，乾隆帝的禅位可谓多此一举，对朝政无益。

① 《朝鲜王朝实录》第47册，（韩）国史编纂委员会发行（影印缩刷版）1986年版，第219页。

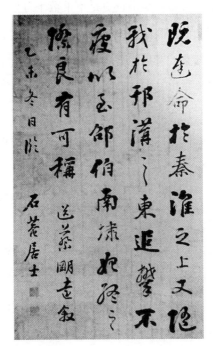

◎ 刘墉书法

典礼结束后，礼部和鸿胪寺官到天安门城楼上，宣读"传位诏书"，颁行天下。诏书除了宣扬乾隆帝在位六十年治理内政外交的文治武功，重申他践行即位之初许下的"若纪年周甲，当传位嗣子"的诺言，并赞扬嘉庆帝"仁孝端醇，克肩重器"。传位诏书对乾隆帝一生的功绩渲染到极点，称赞其"功迈十全，恩覃六合"，自从御极以来，平定伊犁、回部、大小金川，开疆扩土数万里，缅甸、安南、廓尔喀以及外藩属国皆俯首臣服。

对于国内惠政，乾隆帝更是毫不讳言：他在位期间三次普免各省漕粮，四次免除全国地丁钱粮，一遇水旱灾害蠲免赈贷更是不下数千万亿。[1] 的确，乾隆帝统治期间的六十年，大清王朝走向所谓的"鼎盛"，但繁荣的背后隐藏着种种政治、社会危机。特别是乾隆晚年以及训政期间，国内的形势非常严峻，当时整个官场贪污成风，而民间生计维艰，社会动荡不安。在盛世光环下的归政大典后，中国历史也从此进入所谓的"嘉庆时代"。

禅位盛典的帷幕刚刚落下，白莲教大起义揭竿斩木，猝然爆发。白莲教首领聂杰人、刘盛才等相约于辰年辰月辰日，即嘉庆元年三月初十起事。但正月初七因官府查拿教事甚急，张正谟、聂杰人唯恐被拿，于是率领数百人在湖北枝江起事，以官逼民反为词，数月之间战火蔓延川、楚、陕、甘、豫数省。正月

---

[1] 《清仁宗实录》卷一，嘉庆元年春正月，中华书局1986年版。

二十五日湖北巡抚惠龄上奏枝江、宜都二县民人聂杰人等密谋不轨，乾隆帝接到奏报，着实心烦不已，他谕令惠龄务将首从各犯搜挐净尽，严行惩治，使奸民共知儆惧，不可将就了事。其实乾隆帝对国内局势并非丝毫不知，但他更喜欢臣民的歌功颂德，意识不到问题的严重性，因此持续九年如火如荼的白莲教大起义就此拉开序幕。

乾隆帝在归政前给琉球国王的敕谕中，告知琉球国他将传位改元，此后呈进表文要书写嘉庆年号，但是军国大政以及外藩交涉事件，仍由太上皇训谕嗣皇帝办理，一切绥远怀柔事宜，仍然遵循旧章办理。嘉庆元年正月初十，太上皇派和珅向参加传位大典的朝鲜贺使宣旨说："朕虽然归政，大事还是我办，你们回国，问国王平安。道路遥远，不必差人来谢恩。"[1]在给廓尔喀贺使的敕谕中，乾隆帝也宣称：嗣后天下大政以及绥抚外藩事宜，嗣皇帝遵循他的指示办理，外藩各部落应当恪守旧规。嘉庆元年正月天气奇寒，树木多冻死，京师每日都有乞丐冻馁而亡。更令乾隆帝扫兴的是，安南国使臣阮光裕竟然冻死于京师寓所。

不仅外藩事务乾隆帝要躬亲处理，国内政务也是如此，对此他不但毫不讳言，而且喋喋不休讲个不停，嘉庆元年正月二十日，乾隆帝再次明确指出：

① 吴晗辑：《朝鲜李朝实录中的中国史料》下编卷 12，中华书局 1980 年版，第 4912 页。

① 《乾隆帝起居注》（42），乾隆六十一年正月二十日，广西师范大学出版社2002年版，第455页。

无论办理苗匪一事，起自上年二月，一切军务机宜，俱系朕酌筹指示，现在军营奏折，亦无不逐加披览。即自嘉庆元年以后，内而部院各衙门，外而督抚大吏等章奏事件，亦皆朕躬亲综揽，随时训示。岂因有授受之典，即自暇自逸，置政事于不问乎？①

乾隆帝作为太上皇，仍然居住在皇帝处理日常政务的养心殿，中央各部院及地方督抚大员的重要政务请示以及官员任免，依旧由他裁决批示。他每日披览奏章，对于察吏勤民之事随时训示嗣皇帝，让他"训练"处理政务的能力，因此所发政令实际体现的还是太上皇的意旨。

贰

政局险象环生与嘉庆帝的
韬光养晦

众所周知，乾隆帝禅位后，虽然明确宣布归政，但他仍旧训政，每日照常召对臣工，事无巨细处理各项朝政。嘉庆帝处境非常尴尬，当时朝廷上上下下视他这个嗣皇帝如无物，但这些都是传言，而详细情形史家记载绝少。广东按察使庄肇奎的后人所修家谱在《盛事门》当中，曾记载身为庄家第十四世祖的他，与禅位后的乾隆帝的奏对情形，对于嘉庆帝当时的处境，可见一斑：

> 嘉庆元年八月初五日，以广东按察使在滦河觐见。（略）时仰窃圣容甚霁，因即叩首乞休。上云：知尔有才干，何必急于求去。我长汝十六岁，仍理庶政，汝精神好，可回任，莫求退。对曰：臣于乙卯岁，渡海巡南澳，触受海风，迄今右耳作风涛鸣。上云：汝精神好，耳不聋。又问：汝看我面颜如何？传位后亲政如何？对曰：臣六年前曾睹天颜，迄今如旧，现在亲理万几，以身设教嗣皇帝，普天悦服。复奏：现在万寿伊迩，乞准臣随班叩祝后，再行出京。上云：好。遂退出。[1]

① 刘禺生：《世载堂杂忆》，中华书局1960年版，第22页。

身为按察使的庄肇奎觐见乾隆帝，因为年已70岁乞求致仕，并说自己右耳常有风涛鸣声。乾隆帝却认为庄氏精神很好，没有必要告老还乡，又问看自己面色如何，训政期间大家都有什么看法。庄氏回答说，乾隆帝与六年前的相貌没有区别，一点儿都没有变老，现在日理万机，以身作则教导嗣皇帝，普天之下一片欢悦。

君臣二人亲热地叙着家长里短，可谓其乐融融，但每年木兰秋狝，嘉庆帝都陪同在乾隆帝左右，因此庄肇奎觐见乾隆帝，嘉庆帝应该也同在滦河行宫。但二人问答之间，绝无一语提及嗣皇帝，作为臣子的庄肇奎根本没有同嗣皇帝对话，也没有另外与嘉庆帝觐见奏对的记载。由此可见训政期间，朝臣视嘉庆帝如无物，并非空穴来风。面对险象环生的朝政，嘉庆帝必须韬光养晦以求自保，而他要面对的头号政敌，就是和珅。

一、二皇帝和珅：乾隆帝的影子

乾隆帝归政后之所以紧握皇权不放，除了历代清帝勤政的祖传家法以及权力能够保障太上皇的安危之外，最主要的是手握皇权可以为他提供受到万民爱戴和歌颂的机会，乾隆帝主政六十年，对自己所取得的"超迈千古"的文治武功十分陶醉，甚至认为他最为崇拜的皇祖康熙帝，也比不上自己。乾隆帝曾说，皇祖 8 岁御极，在位 61 年，享寿 69 岁，而自己 25 岁践阼，在位 60 年传位于嗣皇帝，身体康健如常，亲见五代元孙，建立十全武功，福寿之隆早已超越皇祖。

的确，乾隆帝享年 89 岁，是中国历史上最高寿的皇帝，禅位后又当了三年太上皇，可谓享尽荣华富贵。而一旦离开九五至尊的权力中心，万民爱戴与山呼万岁将为他人取代，乾隆帝怎能接受呢？但无论乾隆帝的权欲如何强烈，有一点却无法回避，那就是他已进入衰朽的风烛残年。在这种情况下，乾隆帝只能更加依赖宠信和珅，他深信和珅最能够体现自己的意志，因此训政期间，和珅作为乾隆帝的替身被推上权力的顶峰，一再被加官晋爵。而乾隆帝首先着意防范的却是自己的儿子嗣皇帝颙琰。乾隆帝从内禅到崩逝一直大权在握，而嘉庆帝却不能自主处理朝政，他顶多只能算是一个"见习皇帝"，仅仅负责接见、朝会、祭祀、礼仪之类的日常务虚工作。直到四年正月，太上皇去世，真正意义上的嘉庆时代才开始。嗣位之初摆在嘉庆帝面前的最高政治，就是如何处理自己与和珅的关系。

和珅出身寒微，意外飞黄腾达

和珅，在世人的眼中是贪官的代名词，人们通常认为和珅富可敌国，肯定过着花天酒地、锦衣玉食的奢侈生活。事实上和珅早年出身寒微，即使飞黄腾达之后心灵深处还有少年时代清贫的烙印，这可能是和珅无止境的贪婪与吝啬的心理因素。和珅，钮祜禄氏，字致斋，满洲正红旗人。生于乾隆十五年（1750），母亲在他三岁时，生下弟弟和琳即难产而死，九岁时父亲常保又因病去世，因此和珅的少年时代在贫寒孤苦中度过。但和珅天性聪明，记忆力尤其惊人，十岁时成为咸阳宫官学的一名文生员。此后和珅的生活颇为拮据，经常让家人刘全四处去借钱。据学者包世臣记载，郭大昌在黄河南河任河库道贴书时，河库道嘉谟为和珅外祖，和珅派刘全徒步往返两千里，求嘉谟资助，嘉谟每次资助白银 50 两。郭大昌经常与刘全对坐欢饮，对刘全往返奔波的劳苦颇为同情，也与嘉谟一样资助刘全同等数目的白银。

后来和珅因为家中拖累，派刘全求嘉谟赞助 300 两白银，嘉谟大怒，将刘全痛骂一顿轰走。无奈之下和珅私自出都求助嘉谟，嘉谟更加生气，想用逃人之法将和珅治罪。京师八旗按旗色定居在内城各辖区汛地，不准离京 40 里，各地驻防八旗则住在满城之中，不准离城 20 里，否则按照逃人法加以治罪。嘉谟此举令郭大昌颇为费解，他从容不迫地对嘉谟说，以我的见识，和郎君（指和珅）的富贵当在大人之上，大人不要以他眼下的清贫加以薄待，况且外祖资助外孙300两，应该是小事一桩，何必如此发怒？嘉谟不高兴地说，既然你这么看重他，你何不资助他呢？郭大昌说，有大人在前不资助和郎君，我怎么敢抢先？嘉谟于是拿出白银交给郭大昌，让郭大昌将和珅打发了。

郭大昌招和珅至酒楼，握着和珅的手说："郎君不日当大贵，贵后感忘今日，为天下穷黎乞命。"和珅临行前，郭大昌为其准备鞍马，又自己拿出白金300两资助和珅。后来和珅以户部尚书出任军机大臣，扈从乾隆帝下江南，曾经派刘全来见郭大昌，相约在仲兴见面。郭大昌却勃然大怒，大骂刘全说："吾始谓若主济世才，今乃招权纳贿，为赃吏逋逃薮，毒流生民。吾恨尔时不恧惠治以逃旗外遣之罪，若主仆旦夕且无死所，毋累我！"[①]于是郭大昌与刘全、和珅绝交。包世臣记载此事，是赞颂郭大昌的仗义与风骨，但也由此可见和珅少年时代生活的艰辛。

18岁时，和珅与英廉的孙女冯氏结婚，二人恩恩爱爱，感情甚为笃好。和珅20岁时，即乾隆三十四年（1769），他承袭三等轻车都尉世职，翌年参加顺天府乡试，没有中举。23岁时被授为三等侍卫，在上虞备用处当差，负责皇帝出巡等一切仪仗事宜。历史上的和珅堪称"美男子"，据野史记载，和珅中等身材，皮肤白皙，仪度俊雅，声音清亮，又非常喜欢打扮修饰，但他行止轻佻而不庄重，没有正派

---

① 刘平、郑大华主编：《中国近代思想家文库·包世臣卷》，中国人民大学出版社2013年版，第100页。

威仪之感。和珅虽然没有什么大学问，但对"四子书五经则尚稍能记忆"。乾隆四十年（1775）的某一天，皇帝要出行，仓促之中侍卫找不到黄盖，乾隆帝生气地说："虎兕出于柙，龟玉毁于椟中，是谁之过欤？"这时随从人员瞠目相向，不知所措，而和珅高声答道："典守者不能辞其咎。"他引用《论语》典故巧妙作答，引起了乾隆帝的注意。在场的其他人非常惊骇，以为和珅必然获罪，没想到乾隆帝和颜悦色地询问和珅的家族仕履，不数日提拔为乾清门御前侍卫。由于和珅善于揣摩人主心思，因此深得皇帝赏识，从此开始飞黄腾达。

和珅得宠秘籍：乾隆帝的开心果

和珅言语诙谐风趣，说话很是随便，虽然位极人臣，但丝毫没有大臣风度，他喜欢讲市井俚语，以供皇帝嬉笑，因此乾隆帝蓄养和珅如同优伶弄臣一般，即使在皇宫大内也不加拘束。有一次乾清宫演礼，由于许多满洲王公贵族涂脂傅粉，因此被和珅戏谑为"孙武子教演女儿兵"。而安南进贡金座狮像，和珅故作惊诧说："惜其中空虚，不然可多得黄金无算也。"[1]身为宰辅的他毫不掩饰对黄金的贪婪。和珅这些市井俚语给森严肃穆的宫廷平添几分乐趣，他与北宋权奸章惇好为市井之谈以取媚宋神宗，可谓如出一辙。正

① 小横香室主人撰：《清朝野史大观》卷6，中央编译出版社2009年版，第33—34页。

因为和珅擅长逢迎，摸透并迎合了乾隆晚年好大喜功、文过饰非、自诩明君的心理，无论什么事都按乾隆旨意去办，因此才受到乾隆帝的特别宠信。

和珅虽为大臣，却终日在乾隆帝身边奔走服侍，使乾隆帝的日常生活颇为便利。正如乾隆五十年（1785）朝鲜使臣所言："和珅、福长安辈数人，俱以大臣常在御前，言不称臣，必曰奴才，随旨使令，殆同皂隶。"[1] 和珅每日侍奉在乾隆帝身边，而他"心窍通明，过目即记，一日之内，诸务纷沓，胸中了了，不少遗忘"[2]，无论是乾隆帝问及军国大政还是日常生活，和珅都能对答如流，详细叙述事情的原委，可谓丝毫不爽。这样，和珅既可以照料乾隆帝的生活琐事，又可以辅助皇帝处理纷繁的日常政务。

与其他满汉大臣相比，和珅具有语言天赋，他精通满、汉文字，又粗通蒙文、藏文，因此遇有重大典礼、接见藩部王公、颁谕蒙藏敕书，和珅都能"承训书谕"，乾隆五十六年（1791），清廷对廓尔喀用兵之际，乾隆帝指示机宜，每每要兼用汉文清语，此外颁谕达赖喇嘛以及传谕廓尔喀敕书，更要兼用蒙文与西番字，而当时满族官员中，能够熟练办理文稿，兼通汉文、满文的，已经寥寥无几，而臣工之中通晓西番字的更难找，惟有和珅认识西番字，能轻松自如地承旨书谕。而乾隆帝也具有惊人的语言天赋，不仅精通汉语、满语，还学会了蒙文、回文、藏语等等，乾隆

[1] 吴晗辑：《朝鲜李朝实录中的中国史料》第 10 册，中华书局 1980 年版，第 4762 页。

[2] 李岳瑞：《春冰室野乘》卷上《纪和珅遗事》，沈云龙主编：《近代中国史料丛刊》第 60 册，文海出版社 1967 年版，第 82 页。

帝对和珅的语言才能非常赏识。就连铲除和珅的嘉庆帝也承认，和珅"精明敏捷，原有微劳足录，是以皇考高宗纯皇帝加以厚恩"[1]。

和珅一生的"政绩"虽说不值一提，但他并非如世人所说不学无术，而是很有才华。和珅著有《嘉乐堂诗集》，他的诗作颇为清新婉约，珠圆玉润，在写景状物之中饱含着对人生如梦、富贵无常的感慨，所作《自题荷包扇头小照》颇能展现和珅的精神世界：

其一：浮踪幻影等浮家，欲渡迷津乘汉槎。

　　　自笑自疑还自悟，当前时现妙莲花。

其二：行模影象镜中游，心已忘机可狎鸥。

　　　我本无言卿亦默，栩然身世一虚舟。

其三：色空空色两微茫，彼岸同登一苇航。

　　　款乃数声天地阔，风轻荷静自生香。[2]

和珅幼年丧父的孤苦，青年时代生活的贫困，35岁中年以后的飞黄腾达，就像一场梦一样，让和珅的内心深处没有安全感。荣华富贵、皇帝恩宠好像并没有激起和珅的野心勃勃或宏图大志，而佛教所说的浮踪幻影、忘机狎鸥、风轻荷静的物我两忘，却占据了和珅的整个身心。可以说和珅所做的一切，都是秉承乾隆帝意旨，忠心耿耿地服务于皇上，因而才深得乾隆帝的信任。

---

[1] 清国史馆原编：《清史列传》（五）卷35，《和珅传》，明文书局1985年版，第227页。

[2] 和珅：《嘉乐堂诗集·自题荷包扇头小照》，《清代诗文集汇编》第426册，第667页。

和珅的书法、绘画也堪称一流，只是世人厌恶他的人品而少有收藏流传。一个是雄才大略、多才多艺的盛世帝王，一个是风流倜傥、才华横溢的英俊才子，乾隆帝与和珅的才艺可谓珠联璧合。而乾隆帝的用人标准，不仅要求近臣聪慧机敏、办事干练，而且要英俊潇洒、风度翩翩，和珅则具有乾隆帝所要求的种种"素质"，因此他的飞黄腾达也在情理之中。

正是由于宠爱和珅，乾隆帝才把他最为疼爱的女儿固伦和孝公主，嫁给和珅的儿子丰绅殷德。和孝公主的相貌酷似乾隆帝，性情刚毅，曾经身着男装围猎获鹿，并能拉开十力弓，加上她又是乾隆帝最小的女儿，因此深受父皇的喜爱，乾隆帝曾说："汝若为皇子，朕必立汝储也。"[①] 丰绅殷德的相貌俊逸可喜，为人谦恭淡泊，喜欢谈论诗歌，所著《延禧堂诗钞》意境清虚高旷，也堪称才子，与和孝公主颇为般配。和珅与皇室的联姻，既说明乾隆帝对他的宠爱之隆，也增加了他的政治资本。

更为重要的一点，和珅善于敛财，满足了乾隆帝的穷奢极欲。作为一位多才多艺又好大喜功的皇帝，乾隆帝喜欢收藏古玩珍宝，讲求铺排奢华，又沉湎于游历江南，内务府有限的财力无法满足他无限制的挥霍，他需要一位能给他招财进宝的能臣，而和珅恰恰满足了他的需求。和珅专权之后，利用缴罚议罪银、

① 昭梿：《啸亭杂录》附《啸亭续录》卷五《和孝公主》，中华书局 1980 年版，第 515 页。

扣罚养廉银、臣工贡献等种种手段，迫使地方大员向皇帝进献金银与宝物，以满足乾隆帝的奢侈生活。但应该指出，和珅最为缺乏的却是战略眼光与政治手腕，根本无法与历史上的权臣王莽、曹操相提并论。和珅本人最大的问题就是招权纳贿，但和珅弄到手里的那些钱，不过是给乾隆帝弄钱时的揩油而已，但和珅被诛之后，乾隆朝所有政治弊病的罪魁祸首，都算到了他一人头上。

二、内招朱珪为大学士：明争暗斗

在乾隆帝训政期间，是否内招朱珪为大学士，令其回朝辅政，嘉庆帝根本没有发言权，因为在朝廷大政的决策上，乾隆帝一直是一手遮天，丝毫不允许嗣皇帝染指。但朱珪一直想方设法拉近他与太上皇的关系，力图得到回朝辅政的机会。而嘉庆帝极力韬光养晦，以求得太上皇的信任，同时避免和珅的陷害，也以一种最柔软的方式争取自己的生存空间。孙士毅病逝后大学士出缺，乾隆帝曾谕令朱珪补授大学士，但和珅一句"嗣皇帝要示恩于师傅"，使朱珪被内招为大学士化为泡影，在看似平静的朝政背后各种明争暗斗不时涌现。

师徒情深与朱珪争取辅政的努力

身为皇子时，颙琰在朝里并无依附于门下的高官党徒，尽管如此，在颙琰立为皇储之后，乾隆帝并未放松防范，唯恐颙琰与朝臣结为"太子党"，对自己的皇帝宝座构成威胁，在对朱珪的人事安排上，就非常能体现这一点。自乾隆四十一年（1776）起，大学士朱珪就担任颙琰的师傅，此时颙琰17岁，正是思想、性情形成的关键时期。朱珪虽然位居高官，但他为官正直清廉，而起居饮食如同贫寒儒生。身为皇子的师傅，朱珪总是不厌其烦地向颙琰敷陈讲述修齐治平思想，从四书五经中阐发仁政爱民的治国之道，特别是历代帝王治国方略、御臣之术、安民之道的成败得失与经验教训。颙琰自己曾说，师傅朱珪所陈说的，"无非唐虞三代之言，不特非法弗道，即稍涉时趋之论，亦从不出诸口，启沃良多"[1]。

颙琰性格内向稳重，为人端庄仁孝，读书勤奋刻苦，可谓"天性醇粹，好学时敏，既熟于经传，为诗文日进，而于大学理欲义利之分，史策是非正邪之辨，尤三致意焉"[2]。朱珪与颙琰师生二人因此结下了深厚的感情。颙琰与朱珪之间的深情厚谊，乾隆帝亦有所觉察，由于朱珪在朝野内外颇有政治影响，假如掀起什么政治波澜或者暗中与朝臣结党

[1] 《清仁宗实录》卷172，嘉庆十一年十二月，中华书局1986年版。

[2] 朱珪：《五箴》，《知足斋诗集》卷六，《续修四库全书》第1452册，第11页。

营私，对皇权巩固颇为不利，这是乾隆帝最为忌讳的。为了防患于未然，拆散二人之间的紧密联系颇为重要，因此乾隆帝决心将朱珪外放地方官，而且离京师越远越好。

乾隆四十五年（1780），朱珪外放福建学政，临行前，他效法古代瞽史师工的针砭美刺之义，作《五箴》送至颙琰藩邸，《五箴》即"一曰养心，二曰敬身，三曰勤业，四曰虚己，五曰致诚"，朱珪向颙琰谆谆讲述养心之道，修身之方，勤业之理，虚己之要，致诚之义，这样就可以达到儒家所讲求的圣王贤人的理想人格。在《养心箴》里，朱珪饱含深情地写道：

① 朱珪：《五箴·养心箴》，《知足斋诗集》卷六，《续修四库全书》第1452册，第11页。

心惟天宰，虚则善受。心以思官，灵该万有。
百体听令，随厥左右。理之不存，欲据而守。
憧憧往来，物引知诱。神之弗莹，气馁而糅。
离焚坎溢，乖其俦耦。动静交养，主一则寿。
寸田可治，培禾拔莠。寡欲斯善，存存无咎。①

朱珪所言，皆为程朱理学所强调的正心诚意、惩忿窒欲之类的修养功夫。对于师傅的教诲，颙琰身体力行，直到亲政后，依然将《五箴》当成座右铭。面对师傅的外放，颙琰心头的离愁别绪显得更为深厚与强烈，他撰成长律六章，与师傅作别。其中三章如下：

衡文三载例推迁，一纸纶音下九天。

何幸士林瞻宿彦，由来才望属名贤。

满门桃李声华灿，奕世经书清白传。

又拥轺车向闽越，甘棠遗荫喜重联。

……

欲去难留可若何，片言相赠耐吟哦。

仙霞秋色迎天节，须女文光烛晓河。

别意时萦雁过处，离情空见月明多。

人生聚会原无定，且为师须驻玉珂。

屈指流光五载期，就将启导荷贤师。

授经评史真探奥，作赋论文匪好奇。

秋月春风时对语，细旃广厦每凝思。

中心切切勤攀恋，渺渺离惊话讲惟。①

三年上书房的读书生活历历在目，师傅的教诲言犹在耳，令颙琰难以忘怀。在冷漠猜忌的宫廷生活中，朱珪的教诲犹如一缕阳光，照亮了颙琰的心灵，让他越加心地通明；在情感上朱珪如同慈父般的爱怜，给颙琰以莫大的慰藉与依靠。

但此后朱珪不断奉差出京，或者外放督抚，颙琰与师傅二人只能书信往来或写诗唱和。史载颙琰在朱珪外任期间，曾经致书朱珪139件之多，② 所述事件周详恳切，如同父子家人一般，朱珪与颙琰感情之

① 颙琰：《石君先生奉命视学福建成长律六章志别》，《味余书室全集定本》卷十，《清代诗文集汇编》第 458 册，第 243 页。

② 朱珪：《知足斋诗集、文集》附《年谱》卷下，《续修四库全书》第 1452 册，第 428 页。

深，可以想见。乾隆五十四年，颙琰被封为嘉亲王。乾隆五十五年（1790）既是乾隆八旬大寿，又是朱珪花甲之年。颙琰不顾避讳，在贺诗中情不自禁把皇父和师傅联在一起：

> 圣主八旬岁，鸿儒花甲年。
> 三天德凤著，五福寿为先。
> 律转浃辰纪，辛占二日前。
> 芝颜驻丹景，艮背贯渊泉。
> 鹤下瀛洲树，花摇海岳烟。
> 千春桃结实，十丈藕成船。
> 论道心追洛，传家族茂燕。
> 吏铨资重任，台鼎待名贤。
> 文笔超韩柳，诗才贯道禅。
> 早钟爪胝盛，不使葛藤牵。
> 设醴诚难馨，尊师故独专。
> 期颐长颂祷，如阜更如川。①

① 颙琰：《祝石君师傅六十大寿》，《味余书室全集定本》卷27，第526—527页。

从这首诗中可以看出，颙琰对师傅朱珪的道德文章倍加推崇，认为朱珪"文笔超韩柳，诗才贯道禅"，此语虽有溢美之嫌，但却反映了颙琰内心对朱珪的情感。颙琰祝贺朱珪六十寿辰的诗句"圣祖八旬岁，鸿儒花甲年"，将师傅朱珪与父皇乾隆帝相提并论，确实可见朱珪在他心目中的地位。而颙琰与朱珪之间非同一般的关系，早就被揽权窃政的和珅注意到了。

朱珪一直密切关注着朝局的发展，对于颙琰的处境不无担心，他想方设法拉近自己与乾隆帝的关系，以求日后有机会回朝辅政。五十八年（1793）十二月，身为安徽巡抚的朱珪为乾隆帝《御制说经古文》撰写后跋，颂扬皇帝说经之文"刊千古相承之误，宣群经未传之蕴，断千秋未定之案，开诸儒未解之惑"，乾隆帝认为朱珪之言"颂皆过当"，但朱珪历举皇帝"敬天、法祖、勤政、爱民各大端，见诸设施者，与平日阐发经义，实有符合，语皆纪实，并非泛为谀词"，因此乾隆帝认为朱珪的跋语"能见其大，跋语尤得体要，殊属可嘉！"[1]

五十九年（1794）四月，朱珪又为《御制论史古文》作后跋，九月，将《御制纪实诗》分门别类编排为十二函，进呈乾隆帝；十二月，将《御制几余诗》分门别类编辑成帙，进呈朝廷，每次都得到乾隆帝的嘉奖和赏赐。对此阮元称赞说："公为文笔，奥博沈雄。国家有大典礼，撰进雅颂、诗册、文跋，高宗纯皇帝必亲览之，以为能见其大颂不忘规，或陈坐隅，或命诸皇子皇孙写为副。圣制诗或寄示命和。"[2]由此可见，朱珪所谓的才华，就是创制鸿篇巨制的古诗、古文，来给乾隆帝的御制诗、御制文写"颂而近谀"的读后感而已，可以看出朱珪性格中甚为柔媚的一面。但在专制主义的淫威之下，朱珪除此之外，没

① 清国史馆原编：《清史列传》（四）卷28，《朱珪传》，明文书局1985年版，第321页。

② 阮元：《太傅体仁阁大学士大兴朱文正公神道碑》，《揅经室集·二集》卷三，第419页。

有其他办法取悦乾隆帝。

嘉庆帝的左右逢源与朱珪内招的失败

登基后，嘉庆帝深感自己势单力孤，他明白只要稍有不慎，就会招来杀身之祸，他首先应该稳住太上皇乾隆帝，取得父皇的信任。因此即位以来，嘉庆帝每日都去给太上皇请安，侍奉左右。而此间太上皇最多的活动就是悠游宴乐。而嗣皇帝则是终日侍游侍宴，或是恭立于前以迎候太上皇，或是尾随于太上皇之后。举行传位大典之后的第三天，太上皇由嘉庆帝陪侍，在宁寿宫皇极殿举行千叟宴，当时参加宴会的有三千余人，其中一品大臣以上以及年届九十以上的老人被召至御座前，太上皇亲赐卮酒，未入座的有五千人之多，各自赏给诗章、如意、寿丈、文绮、银牌等物。此后几乎大宴小宴无虚日。

对于乾隆帝内禅，时人赵翼曾说："惟我高宗纯皇帝当大一统之运，临御六十年，亲传宝位，犹时勤训政，享年至八十有九。今上自受禅后，极尊养之诚，无一日不亲承色笑。视宋孝宗之一月四朝，曾不足比数焉。然则两宫授受，慈孝兼隆，福德大备，真开辟以来所未见，岂不盛哉！"[1] 的确，嘉庆帝对太上皇的恭顺孝敬为历代所罕有，乾隆帝也算是享尽福禄，而其死后却给他的子孙留下了一份国势中衰、江

① 赵翼：《廿二史劄记》卷13，凤凰出版社2008年版，第195页。

河日下的遗产。

事实上，对于嘉庆帝而言，侍游侍宴是他不得已采取的政治策略。此时苗疆尚在苦战，川楚陕白莲教起义的烽烟又起，前线将帅玩兵养寇，竞尚奢靡，而国帑日匮，朝政积弊丛生，这一切都让他痛心不已，他哪有心思侍游侍宴呢？但太上皇游宴成癖，挥霍无度，禅位后宴饮更是有增无减，太上皇对嗣皇帝稍有不满，就可能将其废黜，因此嘉庆帝只得以恭顺相陪换来自己的安全。

嘉庆帝另外一个要对付的就是和珅。乾隆帝禅位之后，中枢权力事实上形成了乾隆帝、嘉庆帝与和珅之间的三角权力，乾隆帝御宇六十余年，皇权之巩固无人可以动摇，但已至85岁高龄，其政治生涯将随着其生命的终结而退出历史舞台。和珅党徒遍布朝野，训政期间更是成为出纳帝命之人，因此成为嘉庆帝掌握皇权的最大威胁。而嘉庆帝是继承大统的嗣皇帝，虽然朝野内外没有任何党援，但只要消除乾隆帝的猜忌，防止太上皇对嗣皇帝的立而复废，同时稳住和珅，等太上皇崩逝后铲除和珅，重掌皇权是完全可能的。因而在这三角权力中，嘉庆帝看似处于弱势，但他讲究政治策略，逐渐控制了政局。

训政期间，嘉庆帝首先以侍游侍宴赢得太上皇的好感与信任，他对和珅也是恭敬顺从，不露锋芒。向来乾隆帝的御制诗章，皆由王杰、董诰来缮写。而嗣皇帝的诗本，他们二人难以兼顾，因此和珅乘机向乾隆帝进谏，以其亲信吴省兰与南书房行走胡高望来缮写嘉庆帝的诗章。其实，和珅有意通过吴省兰来窥伺嗣皇帝的一举一动，以便随时采取应对策略。而嘉庆帝对此心知肚明，因此"吟咏中毫不露圭角"，和珅的戒备之心逐渐松懈下来。此后，和珅出入宫廷，意气颇为狂傲，而嘉庆帝待和珅更为温厚。甚至遇事要奏请太上皇，嘉庆帝都要委托和珅代言。而嗣皇帝的左右亲信对此提出非议，嘉庆帝说："朕方倚相公理四海事，汝等何可轻也？"[1] 有时和珅以政令向他请示，嘉庆帝甚至说："惟皇爷处分，朕何敢与焉？"正是嘉庆帝的韬晦之计，麻痹了和珅及其党羽，才使和珅没有对嗣皇帝大动干戈。

继承大统之后，嘉庆帝自然希望师傅朱珪能在身边辅政。嘉庆元年（1796）七月，大学士孙士毅病死于征讨白莲教的四川军营，大学士出缺。乾隆帝以朱珪"科分较深，学问素优，人亦端谨"为由，准备内招为大学士，还特意叮嘱朱珪不必对来京之旨心存疑虑。朱珪接到谕旨，按捺不住内心的喜悦，挥笔赋诗说："忽闻内招真如愿，频谕台升漫自惊。在远微斯恩独渥，寸心中夜起屏营。"[2] 但朱珪未能如愿以偿，和珅担心朱珪的升迁会影响他的专权，因此千方百计阻挠朱珪来京。

[1] 昭梿：《啸亭杂录》卷一《今上待和珅》，中华书局1980年版，第27页。

[2] 朱珪：《嘉庆元年七月旬日连奉廷寄恩旨命珪来京将授为大学士恭纪四首》，《知足斋诗集》卷12，第90页。

对于乾隆帝打算内招朱珪为大学士的动议，和珅不敢明目张胆的反对，他揪出嘉庆帝"圣主八旬岁，鸿儒花甲年"的诗句密告乾隆帝，诬陷嗣皇帝要示恩于师傅。此语正中乾隆帝的暗怀隐忧，在作出传位决定之前，他遍查历代太上皇的内禅事迹，并一一作出点评，历史上那些太上皇的悲惨命运，他不可能不知晓。唐高祖李渊在其子李世民发动"玄武门之变"后，于武德九年（626）被迫禅位的血淋淋的历史教训，不得不让乾隆帝警觉，他惟恐新皇帝另组人马，架空自己。

听了和珅之言，乾隆帝为之动色，他问大学士董诰："汝在军机、刑部之日久，是于律意云何？"言下之意要处分嘉庆帝，在场的众人无不大惊失色，董诰叩头说："圣主无过言。"[1] 乾隆帝沉默良久，说董诰身为公卿大臣，要好好替他以礼仪辅导嗣皇帝。董诰从容谢过太上皇，书旨而退，他的深心调护保护了嘉庆帝，成为有功宗社的股肱之臣。正在此时，魁伦上奏弹劾朱珪任两广总督期间，粤东一带的海盗船只驶到闽浙洋面肆行抢劫，这显然是朱珪不能认真缉捕所致。乾隆帝正好以此为借口，将朱珪降为安徽巡抚，嘉庆帝希望师傅朱珪辅佐朝政的愿望一时落空。离任前，朱珪捐出养廉银五千两，用于打造战船，以攻剿粤洋的海盗。

[1]　陈康祺：《郎潜纪闻二笔》卷六《董文恭不愧为社稷臣》，中华书局1984年版，第420页。

三、嘉庆帝的自保之道：悠游侍宴

嘉庆帝青年时代有着良好的修身养性功夫，因此继承大统之后，面对和珅的专横跋扈，他能够隐忍不发，伺机而动。身为皇子时，他曾作《君子以惩忿窒欲论》以表达自己的志趣：

> 圣人深察损之象以为治国修身之道，其害在于忿与欲也。为人上者不忍一朝之忿，则有言逆于汝心，安能必求诸道？小人怨汝詈汝，安能自敬德不敢含怒？如汉景帝以博而杀吴王之子，卒酿七国之变，忿之害也，以唐太宗之纳谏，而尚日恨不杀此田舍翁，忿之难制也，苟不胜一念之欲，则安能不迩声色不殖货利？ [1]

① 颙琰：《君子以惩忿窒欲论》，《味余书室全集定本》卷35，《清代诗文集汇编》第458册，第656页。

嘉庆帝对于惩忿窒欲的个人修养颇为重视，认为皇子或者皇帝身为人上人，如果不能忍一朝之忿，则会造成不可想象的后果，比如汉景帝由于博弈争执，以博局击杀吴王刘濞之子，结果酿成七国之乱，唐太宗善于纳谏，还曾愤愤不平地说要杀了魏征这个田舍翁，由此可见，惩忿窒欲对帝王而言是颇为困难的，因此帝王在声色货利的节制方面，往往显得颇为重要，甚至关系到一个王朝的治乱兴衰。但嘉庆帝此时要面对的是嚣张跋扈的权臣和珅，若不惩忿窒欲，只要稍微使性弄气，疏于对和珅的防范，就可能给自己带来杀身之祸。因此身为九五至尊的嘉庆帝一直动心忍性，处处对和珅表现得谦卑恭顺，不然小不忍则乱大谋！

咏史以明斗争策略，韬光养晦以待时机

训政期间，身为太上皇宠臣的和珅更是肆无忌惮。乾隆六十年（1795）九月初三，皇十五子颙琰被宣布为皇太子，而和珅于初二日，事先进递如意，居然以拥戴为功。而这在颙琰看来，恰是和珅泄露机密，目无储君。自己作为未来的储君，对皇父的心思与安排一无所知，而和珅却了如指掌，这对即将登上皇帝宝座的颙琰无疑是一个巨大的精神刺激。禅位之初，嘉庆帝想召自己的老师朱珪进京，也因和珅的阻挠而未实现。

据野史记载，训政期间，和珅出入宫廷，善于窥伺乾隆帝的喜怒，而乾隆帝对他更是言听计从，诸位皇子都畏惧和珅，而和珅更加骄纵狂妄，有一天晚上他手握剔牙杖，边走边说："今日上震怒，某阿哥当杖几十。"[1] 嘉庆帝身为嗣皇帝，和珅也未必把他放

---

[1] 《秦鬟楼谈录》，《清代野史》第七辑，巴蜀书社1988年版，第257页。

在眼里，起码并未想方设法取得新君的高度信任，而是倚仗太上皇的宠信，嚣张跋扈，这极大伤害了嘉庆帝的自尊心。嘉庆帝要想顺利度过训政期，必须采取韬光养晦的策略，机制灵活地应对自己与太上皇、和珅所形成的"三角"政局。

嘉庆帝是一位颇有谋略的英主。在藩邸身为皇子时，他研经读史，曾作古文《读荆轲传》，文中对燕太子丹派荆轲行刺秦王之举，持否定态度，认为这是逞匹夫之勇，而并非豪杰所为，从斗争策略而言更是不可取。燕太子丹应该效法越王勾践、燕昭王故事，以合纵于诸侯，或许能有所作为，大仇可报而国家可以再度振兴。由此可见，嘉庆帝注重讲究政治斗争的策略，他说：

> 荆卿受太子之重托，不自量力，自揣不能则当固却之。何为激于一言，以人国为儿戏，挟匹夫之谅而逞于一击之间，欲报见陵之愧，徒以身殉之。而召公之基业因是以亡，太子丹、田光、樊将军因是以亡，荆轲虽死，不足以谢其万一也。[1]

① 顒琰:《读荆轲传》,《味余书室全集定本》卷35,第656页。

嘉庆帝从燕国国家安全战略出发，对荆轲刺秦王的行为持否定态度，因为其刺杀行径直接导致了燕国的灭亡与太子丹的死难，因此荆轲不应逞匹夫之勇。

训政期间，一边是大权在握的太上皇，一边是党羽遍布中外的和珅，如果嘉庆帝像燕太子丹那样没有谋略的蛮干，无异以卵击石。

嘉庆帝所作古文《唐代宗论》，大概也是针对不讲究斗争策略的政治冒险有感而发，嘉庆帝认为聪明睿智足致太平，代宗身为太子之时，宦官李辅国专权，其处境如同燕巢于幕一样岌岌可危。而代宗即位之后，如果要将李辅国正法，一位勇士武夫之力就可以办到，但代宗舍此不为，而以天子之尊行使盗贼行刺的伎俩，嘉庆帝深为唐代宗惋惜。由此可见，颙琰应对和珅的谋略，早已胸有成竹，乾隆帝崩逝之后，他以迅雷不及掩耳之势传旨逮捕和珅，"命勇士阿兰保监以行。珅毫无所能为。控制上相，如缚庸奴，真非常之妙策"①。这正是嘉庆帝深谋远虑的结果。

训政期间，嘉庆帝最为明智的选择便是隐忍不发。他对太上皇恭谨驯服，可谓"日侍圣颜，敬聆训谕"。对于这一点朝鲜使臣看得一清二楚，称赞嘉庆帝"状貌和平洒落，终日宴戏，初不游目。侍坐太上皇，上皇喜则亦喜，笑则亦笑，于此亦可知者矣"②。也正是由于这一点，朝鲜使臣给予嗣皇帝很高的赞誉，认为他"仁孝端重，在诸王中最有令誉，观于宴飨之时，侍坐上皇之侧，只视上皇之动静，而一不转嘱，观于此亦可见其人品矣！"③ 正是嘉庆

① 昭梿：《啸亭杂录》卷一《今上待和珅》，第27页。

② 吴晗辑：《朝鲜李朝实录中的中国史料》下编卷12，第4918页。

③ 吴晗辑：《朝鲜李朝实录中的中国史料》下编卷12，第4916页。

帝的恭顺持重，韬光养晦，既消除了太上皇对他的猜忌和不满，也麻痹了和珅及其党羽；不仅使自己度过漫长而艰险的三年训政时期，也避免皇权争斗与朝廷政争的发生，为日后亲政重掌皇权创造有利条件。

从《乾隆起居注》的记载中可以看出，训政期间，太上皇率领嗣皇帝与文武大臣，或是宴饮，或是观火戏，或是观灯，或是观剧，或是恭谒东陵西陵，或是到寺院拈香，或是阅水技，或是阅冰技……太上皇春间田猎盘游，夏季驾临承德避暑山庄，銮驾从来没有停歇过。一个八旬开外的老人，从来都没有停止过游宴嬉戏的脚步，"治大国若烹小鲜"的古训，早已被抛诸九霄云外。

嘉庆三年（1798）正月，太上皇在皇家苑囿绮春园举行粉饰太平的灯会，身为翰林院编修的洪亮吉作诗讽刺说："一灯迎人过桥去，忽有千灯万灯聚。水中灯影乃益奇，百影已化千虹蜺。爆声飞林鹊堕巢，火艳烛水鱼惊逃。树头弯环登若桥，赤焰俨欲烘三霄。……此生此乐安得忘，好客况似陈思王。黄金堆盘一宵掷，升平乐事宁易得。"[1] 从诗歌中可以看出，绮春园里灯火通明，照如白昼，筵席排场非常盛大，挥霍黄金无数。对于乾隆帝晚年的宴乐无度，《朝鲜李朝实录》也多有记载。

① 洪亮吉：《十九日绮春园观灯即席应教》，《卷施阁诗》卷19，《洪亮吉集》第2册，中华书局2001年版，第900—901页。

权力中枢的新陈代谢

　　归政后，乾隆帝发现，他的元老重臣一位接一位辞世，这令耄耋之年的太上皇倍觉伤感。嘉庆元年四月十三，福康安因染瘴气，卒于征苗军营。接到奏报，乾隆帝不禁老泪纵横，作御制诗哭曰："到处称名将，功成勇有谋。近期黄阁返，惊报大星流。自叹贤臣失，难禁悲泪收。深恩纵加赠，忠笃那能酬。"[①]由于福康安有征金川、平林爽文起事、征安南、廓尔喀等赫赫战功，乾隆帝敕谕将福康安晋赠郡王职衔，并推恩其父傅恒追赠郡王爵衔，父子均配享太庙。

　　福康安死后，乾隆帝谕令和珅之弟和琳继续征苗。嘉庆元年六月，大学士孙士毅卒于征讨白莲教起义的四川军营。八月三十日，和琳以积劳受瘴气成疾，亦溘然长逝于军营。和琳之死令和珅伤痛不已，和珅幼年父母双亡，与弟弟和琳相依为命，他们幼年共读诗书，长大后共同生活，共同为官，可谓情意深厚。和珅工于诗词，哀悼之余作挽词 15 首，他言不成声，泪随笔落，聊作长歌当哭。其中一首云："看汝成人赡汝贫，子婚女嫁任劳频。如何又为营丧葬，谁是将来送我人？"[②]从这首诗可见和珅、和琳兄弟情深，亦可窥见二人早年生活的艰辛，"谁是将来送我人"则成为一句颇为不吉利的谶语。乾隆帝敕谕和

①　戴逸、李文海：《清通鉴》第 11 册，山西人民出版社 2000 年版，第 4764 页。

②　和珅：《嘉乐堂诗集·希斋弟督军苗疆受瘴而卒痛悼之余为挽词十五首言不成声泪随笔落聊长歌以当哭云》，《清代诗文集汇编》第 426 册，第 673 页。

琳晋赠公爵，配享太庙，这给痛失手足的和珅以莫大的精神安慰。

十月，王杰因足疾上疏辞去军机处、南书房、礼部等职，得到乾隆帝的准许，但王杰空出的大学士职缺的填补问题，令乾隆帝大伤脑筋。环顾满朝文武，惟有刘墉、彭元瑞、纪昀、董诰资历较深，而在他看来，刘墉遇事模棱，彭元瑞因行为不检而屡次获咎，纪昀读书颇多但不明朝政，惟有董诰正直勤勉，因此乾隆帝命董诰拜东阁大学士，并明确宣谕以使刘、彭、纪三人愧疚奋勉。可惜嘉庆二年二月，董诰因生母去世而丁忧离任。但董诰风闻川楚陕三省白莲教起义如火如荼，服阕之后不敢在家闲居，日夜兼程返回京师。和珅忌恨董诰，想方设法隔断他与朝廷的联系，董诰返回京城的消息和珅不予通报朝廷。没有办法，董诰只得侨寓丰宜门外花之寺数月，无奈之下以手植海棠为乐，在此后将近两年时间里，董诰无法参与军机大事。

乾隆帝训政后的一年多时间里，白莲教起义的烽火越烧越旺。带兵大员贪污侵冒军饷，贿赂和珅以满足其贪欲。他们倚仗和珅主持军需销算，上下通同舞弊。再者，领兵大员奏报打仗情形，纵使吃了败仗也想方设法加以掩饰。乾隆帝日夜盼望军书捷报，而和珅对各路军营递到的奏报，任意搁置，前线军事不利的密折则统统扣押下来，以免扰乱太上皇安泰怡然的心境。乾隆帝已经不能像从前那样及时准确地获得前线的军报，因而朝廷对前线的指挥应变能力急剧下降。嘉庆二年（1797）三月二十日，乾隆帝得意地说："湖南苗匪早经平定，黔楚匪党叠经官兵剿捕，势已溃散，指日首逆就擒，即可撤兵蒇事。"[1] 由此可见，乾隆帝对"剿匪"战事也无法作出正确的判断。

最令人痛惜的是，嘉庆二年八月二十一日，领班军机大臣阿桂去世，这令朝局更为雪上加霜。阿桂，字广廷，号云岩，姓章佳氏，满洲正白旗人，协办大学士阿克敦之子。阿桂年幼聪颖，喜好读书，问其史事则能知大略，其一生南征北战，征剿准噶尔、回部、缅甸、甘肃、金川、台湾亲历行间，皆列元勋；征廓尔喀亦有大功，但让元功于福康安。乾隆帝的十全武功，阿桂躬亲其事者有九件，乾隆帝四次御制赞诗，画像悬挂在紫光阁。阿桂在军营之日，常常独坐军幕之中，饮酒吸烟秉烛达旦，或拍案大呼，或愀然长啸，或拔剑起舞，次日作战必有奇谋。

乾隆四十二年，阿桂出任武英殿大学士，并以元勋上公为枢府领袖，同时兼任军机大臣，直到嘉庆二年病故，前后长达 21 年之久。但他大部分时间奉命在外，或督师，或治河，或办案，或赈灾，南北奔驰殆无虚日，真正在京的时间不多。阿桂一向鄙视和珅的为人，但他深知难以遏制和珅专权，因此除了召见

① 《乾隆帝起居注》（42），乾隆六十二年正月二十日，广西师范大学出版社 2002 年版，第 493—494 页。

议政之外，丝毫不与和珅交往。他以严苛冷漠的态度给予和珅无言的藐视："不与同值庐，朝夕入直，必离立数十武。和珅就与语，漫应之，终不移一步。"[1]阿桂与和珅同值军机十多年，从未公开弹劾和珅，而和珅每每遇事极力排挤阿桂，但也不能动摇阿桂的地位。阿桂病重时，仍然抱病值庐，曾对军机章京管世铭说："我年八十，可死！位将相，恩遇无比，可死！子若孙皆佐部务，无所不足，可死！忍死以待者，实欲嗣皇上亲政。犬马之意，得一上达，如是死乃不恨。"[2]但阿桂没有等到那一天，卒于嘉庆二年八月二十一日。

此时乾隆、嘉庆二帝尚在承德避暑山庄，二十三日接到阿桂去世的奏报，年迈的乾隆帝想到阿桂宣力年久，在平定金川时勋绩卓著，对阿桂之死悲恸不已，回銮后打算亲行赐典，因此第二天就起驾回銮。二十六日驻跸两间房行宫，左右大臣感觉行程太急促，担心乾隆帝过于劳累而吃不消，力劝太上皇不要亲临祭典，最终得其允准。二十七日，乾隆帝发布敕谕说，计算日期，回銮后阿桂出殡已久，"其茔地距城较远，难以亲临，若于到园后特行进城，大臣等均以朕年已望九，恐致过劳，再四奏恳，不得不俯从所请，因思皇帝在青宫时，阿桂即充总师傅谙达，皇帝可于九月十一日亲往赐奠，以示优礼勋耆，有加无已至意"[3]。因此九月十一日，嘉庆帝亲自前往祭奠

① 赵尔巽：《清史稿》卷318《阿桂传》，中华书局1998年版，第10745页。

② 洪亮吉：《书文成公阿桂遗事》，《洪亮吉集》第3册，中华书局2001年版，第1029页。

③ 《乾隆帝起居注》（42），乾隆六十二年八月二十七日，广西师范大学出版社2002年版，第503页。

阿桂，他心中十分崇敬这位德高望重、功勋卓越的老臣。阿桂卒后，和珅升为军机领班，朝中再也无人与之抗衡，因此越发肆无忌惮，于军机寄谕时往往独署己衔。

此时的和珅兼任多职。嘉庆二年（1797），乾隆帝任命和珅管理刑部，仍旧兼理户部，又继阿桂之后为领班军机大臣，翌年晋升公爵。这样，和珅一人兼任领班军机大臣、文华殿大学士，兼掌吏部、户部、刑部，又出任九门提督，手握京畿警卫大权。和珅兼管各部院衙门，事无巨细，都要听其指示，其余各堂官不过随同画诺。如遇和珅告假，各部大臣则将应办事件拖延等候。和珅为乾隆帝宠信之极，权力如日中天，他官阶之高，管事之广，兼职之多，权势之大，为有清一代所罕有。训政期间，和珅承旨书谕，成为乾隆帝的代言人。乾隆帝接见外藩使臣，倘若有所垂询，皆由和珅一人代言。接待外国使臣如此，在处理国内政事上，和珅的作用更是可想而知。

嘉庆二年九月，和珅之弟和琳的亲家苏凌阿出任东阁大学士，兼署刑部尚书，外放两江总督。苏凌阿为满洲正白旗人，乾隆六年翻译①举人，由于其人才智平平，一直担任低级官员。苏凌阿任中书舍人时，曾到政事堂画稿请诺，众人都嘲笑他为人庸劣，惟有大学士鄂尔泰"独具慧眼"，他说："诸君莫轻视苏公，其人骨相非凡，将来必坐老夫位也。"鄂

① 翻译科，科举考试科目之一，为满、蒙、汉军之八旗子弟特设的科目。以满文译汉文，并以满文作论者为满洲翻译；以蒙古文译满文者为蒙古翻译。凡由翻译科取得生员、举人、进士者，均加"翻译"二字，以区别于一般的科考。

尔泰竟然预言庸劣愚笨的苏凌阿能位极人臣，这在当时人看来，不过是一时戏谑之语而已。但苏凌阿到了晚年，奇迹终于发生了，因为他的女儿嫁给和琳的儿子，两家结为儿女亲家，从此苏凌阿的仕途开始飞黄腾达。

乾隆五十年（1785），苏凌阿自吏部员外郎超擢，历任兵、工、户三部侍郎，升迁户部尚书。一个碌碌无为、尸位素餐之辈成了令人刮目相看的“火箭式”干部。嘉庆二年，和珅升任军机领班，趁机保举苏凌阿出任大学士，两江总督。苏凌阿任江督时异常贪庸，每次接见属员，都会厚颜无耻地说：“皇上厚恩，命余觅棺材本来也。”明确示意属员给他送礼。入阁拜相之后，苏凌阿早已老态龙钟，耳聋眼花，甚至不能辨别亲戚朋友，动不动需要仆人扶掖。康熙帝之孙、别号瑶华道人的画家弘旿，曾经笑着对礼亲王昭梿说：“此活傀儡戏也。”[①] 和珅专权下朝政之混乱，可见一斑。

① 昭梿：《啸亭杂录》卷八《苏相国》，中华书局1980年版，第262页。

乾隆帝崩逝与和珅最后的疯狂

至嘉庆三年（1798），乾隆帝越发显得老态龙钟，精神也大不如从前。正如朝鲜使臣所言：“太上皇容貌气力，不甚衰耄，而但善忘比剧。昨日之事，今日辄忘；早间所行，晚或不省。故侍御左右，眩于举行。而和珅之专擅，甚于前日，人皆侧目，莫敢谁何云。"[①] 乾隆帝的衰耄健忘，给和珅专擅提供了绝好的机会，他的气焰嚣张到了极点。由于和珅长期陪侍乾隆帝身边，又善于揣测圣意，因此成为无可替代的太上皇代言人。有时乾隆帝微闭双目，口中似乎喃喃自语，嘉庆帝凝神细听，最终也不能明白一字。而和珅却心领神会，对太上皇的询问应答自如，并且将太上皇之意转述给嘉庆帝，这令嘉庆帝惊诧不已。究竟和珅所传之言是否乾隆帝的真实意图，无人敢提出质疑，举朝只能依其言而行事。和珅利用乾隆帝的年迈糊涂，将朝政操纵于股掌之中。

嘉庆帝还风闻，和珅见出宫女子美貌，就寡廉鲜耻娶为次妻，这更令他感到非常气愤。但此时的嘉庆帝对朝政时局更加了然于胸，行动更为谨慎，他"平居与临朝，沉默持重，喜怒不形。及开经筵，引接不倦，虚己听受，故筵臣之敷奏文义者，俱得尽意"[②]。对于老臣刘墉的建言，嘉庆帝采纳最多，原因在于刘墉素来不负朝野众望，为人正直，满朝之中惟独刘墉不阿附和珅。因此嘉庆帝对刘墉青睐有加，异于其他诸位大臣。

其实在个人生活方面，和珅颇不如意，他晚年又得一子，这个孩子生而异常颖悟，每逢啼哭，乳母就将其抱到屏壁附近，手指字画给他看，他马上破涕为笑，对此和珅非常满意，赞美这个幼子"襁褓即知爱

① 吴晗辑：《朝鲜李朝实录中的中国史料》下编卷12，第4953页。

② 吴晗辑：《朝鲜李朝实录中的中国史料》下编卷12，第4953页。

字章，痴心望尔继书香"。后来孩子学会了说话，每次退朝之后绕于和珅膝下，给和珅以很大的安慰。但万万没有想到，嘉庆元年，幼子生病，庸医误以人参进行治疗，结果孩子病情更加严重，和珅得知后赶忙加以制止，并寄出治病良方，但为时已晚。由于和珅忙于朝政，鞍前马后照顾太上皇来不及回家，孩子在七夕节不幸夭折，收到家信后和珅痛心不已，不禁老泪纵横，作诗说："河汉盈盈两泪倾，都关离别恨难平。双星既有夫妻爱，应识人间父子情。"① 回到家中，和珅看到屏壁上的字画，触景伤情思念幼子，只好命家人将字画收藏起来。

和珅幼子亡故之后，遭受丧子之痛的发妻冯氏一病不起，至嘉庆三年春去世。和珅与冯氏感情笃厚，对老妻之死痛心不已，作诗哀悼云："结褵三十载，所愿白头老。何期中道别，入室音容杳。屏帏尚仿佛，经卷徒潦倒。泪枯挽莫众，共穴伤怀抱。游川分比鳞，归林叹支鸟。追思病时言，尚祝余足好。"② 老妻病故，和珅泪已哭干，回想冯氏病势沉重之际，还天天盼着夫君的足疾赶快痊愈，思之能不断肠！

和珅想到自己年近半百，不禁感叹自己归宿难料，深知人生纵有百年，但终有一别："梵梵儿与女，泣血牵我衣。寸肠欲断绝，双泪空弹挥。挥泪语儿女，父在莫悲苦。吾已半百人，光景日过午。修短各有期，生死同别离。均此一抔土，泉壤会相随。今日

---

① 和珅：《嘉乐堂诗集·七夕节得家信闻幼儿病剧竟以是日夭折悼惜之余感而成什》，《清代诗文集汇编》第426册，第672页。

② 和珅：《嘉乐堂诗集·悼亡六首》，《清代诗文集汇编》第426册，第674页。

我哭伊，他年谁送我？凄凉寿椿楼，证得涅槃果。"①

和珅此诗如同与儿女们唠叨家常话，可谓情真意切，"他年谁送我"，和珅似乎预感到自己的命运，随着太上皇的日渐老去，他自己应该何去何从呢？但和珅深知命运难违，只好一切听天由命！

冯氏发殡于朝阳门外，一时王公大臣无不亲往送葬，车马拥堵不堪，礼亲王昭梿也跟从众人而行。一位苗姓老妇见此情形，对昭梿说："观君容止，必非不智者。今和相骄溢已极，祸不旋踵，奈何趋此势利之途，以自伤其品也？"② 和珅专权，权贵无不仰其鼻息，认为和珅权势稳如泰山，甚至可以终身依赖，连村妇的见识都不如。和珅惟贿是求，凡任盐政、关差、织造的无不逢迎意指，馈赂公行，以求久任，其中两淮盐政尤其如此。和珅之妻亡故，两淮盐政徵瑞馈送和珅二十万两银子，但和珅以为太少，让徵瑞增至四十万。和珅还让徵瑞交办缎匹等物件，不可胜计。其实和珅所作所为，可以说是覆灭前最后的疯狂。

十月二十八九日夜间，众星交流如织，大小臣工有目共睹，当时钦天监并没有上奏，原因在于太上皇年事已高，又恰逢圣躬不豫，因此不敢贸然入奏，担心朝廷有所忌讳。进入腊月之后，乾隆帝身体大不如前，不时陷入眩晕昏迷，但仍然坚持批阅奏折。年末岁初庆典频繁，嘉庆帝与左右近臣力劝太上皇节劳尊

① 和珅：《嘉乐堂诗集·悼亡六首》，《清代诗文集汇编》第426册，第674页。

② 昭梿：《啸亭杂录》卷十《苗氏妇》，中华书局1980年版，第352页。

养，但他还是参加了除夕在重华宫举行的筵宴，在漱芳斋接见了朝鲜、暹罗使臣。嘉庆四年（1799）正月初一，照例在太和殿举行的朝贺大典，临时改在乾清宫举行。但乾隆帝近些天来饮食渐少，视听也出现异常，未能亲临朝贺大典。

初二清晨，乾隆帝清醒起来，他盼望着平定白莲教的捷报传来，怎么都三年多了，红旗还没到呢？乾隆帝拉着嘉庆帝的手，频频询问捷报之事，又举手遥指西南，似乎有说不出的憾意。大清江山早已付托有人，自然没有什么遗憾可言，惟有川楚陕军务未竣，让他难以瞑目。到了晚上，乾隆帝又陷入深度昏迷，嘉庆帝昼夜侍奉左右，寸步不离。初三辰时，历尽89年人间风雨的太上皇乾隆帝，寿终正寝于大清王朝的政治心脏养心殿。面对太上皇的驾崩，整个皇城之内如同往常一样平静，而少有惊慌之意，大家都说这是近百岁老人寿终正寝。况且嗣皇帝至孝至仁，太上皇真是古今少有的太平天子。

叁

嘉庆初政：少了一双辣手

　　嘉庆帝在"乾隆盛世"的余晖下继承皇位，而事实上，他要面对的却是一个变乱四起、政治腐败、财政困难、奢侈成风的衰败局面。在乾隆帝传位之前的几十年里，盛世光环背后隐藏的各种社会矛盾，更加尖锐地暴露出来，王朝转衰之象昭然若揭。此时，湘黔苗民起义的烽火尚未熄灭，而波及五省、历时九年的白莲教起义又揭竿而起。

　　即位之初的嘉庆帝试图有所振作，在果断铲除和珅之后，采取"下诏求言"等一系列措施，希望剔除朝政积弊，刷新政治；但不久发生了洪亮吉事件，给诏开言路蒙上一层阴影。在某种意义上，嘉庆帝的个性既导致其政治策略的成功，亦给朝政时局带来消极的一面。比如端庄仁孝、沉着睿智使他顺利度过了错综复杂、危险异常的训政时期，成功地铲除了和珅；但宽厚仁慈也使他纵容姑息和珅余党，没有采取雷厉风行的措施惩治贪污腐化；对于朝臣的因循疲玩、亏空钱粮亦过于姑息迁就，没有采取有效措施刷新政治。

　　在洪亮吉事件中，嘉庆帝宽仁的性格也有突出的表现：洪亮吉激烈地指斥他，他大为恼火，并且洪氏不顾皇帝不许将奏疏关白军机处的规定，向军机大臣投书，因此他要狠狠治洪亮吉的罪，但慈心仁厚又让他减轻对洪氏的处罚。洪亮吉发配后京师大旱，为了祈雨，他放回了洪亮吉，在一定程度上挽回了人心，但他将亏空案的犯官也加以释放，致使整饬吏治无从谈起。在嘉庆帝的统治下，清朝衰落的趋势不仅未能得以遏制，反而日形严重，他最缺乏的就是一双政治辣手。加上延续两千年的"秦汉之制"的牵绊，他无法领导当时的中国走向蒸蒸日上的发展道路。

一、铲除和珅，整饬朝纲

亲政之初，有着"二皇帝"之称的和珅，成为嘉庆帝首要铲除的对象，也是乾隆帝死后他要做的第一件大事。乾隆帝训政三年期间，满朝文武将嘉庆帝视为空气，没有一个人把他当成皇帝，这些人当中和珅最为过分，因此铲除和珅势所必然。再者，乾隆帝统治后期，朝政积弊重重，特别是白莲教起义如火如荼，嘉庆帝亲政后整饬朝纲在所难免，总得找一个背锅的替罪羊，总不能辱没了乾隆帝的"十全武功"，而和珅是为乾隆帝背锅再合适不过的人选。

铲除和珅，调整人事安排

在外人看来，和珅权势熏天，就连乾隆五十八年（1793）马戛尔尼使团的副使斯当东，都这么认为和

① ［英］斯当东：《英使谒见乾隆纪实》，叶笃义译，上海书店出版社 1997 年版，第 370 页。

珅："这位中堂大人统率百僚管理庶政，许多中国人私下称之为二皇帝。"① 或许有人要问，既然和珅党徒遍朝野，成为"出纳帝命"的二皇帝，为何没有预见嘉庆帝会对其下手，为何不早作防范呢？事实上，和珅的权力源于乾隆帝，和珅只能通过影响乾隆帝的意旨来达到自己的目的，也就是"狐假虎威"。据《清史稿·和珅传》记载，和珅"善伺高宗意，因以弄窃作威福，不附己者，伺隙激上怒陷之；纳贿者则为周旋，或故缓其事，以俟上怒之霁。大僚恃为奥援，剥削其下以供所欲"。

清朝在专制皇权极度膨胀与强化之后，包括满洲亲贵在内的整个官僚集团的地位进一步下降，君臣之间的等级尊卑界限分明，和珅根本不敢在皇权面前任意妄为。和珅一直力图扩大自己的权势，但是那些有远见卓识的官员、讲究气节的士大夫对其不理不睬。礼部尚书德保之子英和少有俊才，和珅想将女儿嫁给英和，招之为婿，但德保拒绝了这门婚事。与和珅关系密切的满族官员，主要有身为四川总督的弟弟和琳，军机大臣福长安，大学士苏凌阿，山东巡抚伊江阿，汉族官员中主要有侍郎吴省兰、李潢，太仆寺卿李光云等。这些人根本没有掌控京师的兵权，总体人数也不多，根本不会成什么气候。

对于皇权独揽，乾隆帝毫不讳言地宣称："乾纲独断，乃本朝家法。自皇祖皇考以来，一切用人听

◎ 大学士阿桂造像（娄春亭、娄海洋绘）

言，大权从未旁假。即左右亲信大臣，亦未有能荣辱人，能生死人者，盖与其权移于下，而作威作福，肆行无忌，何若操之自上？"①乾隆帝之所以放心大胆地任用和珅，就是因为和珅只能作皇帝意志的代言人，根本不可能对皇权造成威胁，像曹操那种"挟天子以令诸侯"的权臣，根本不会再现于大清王朝。

当然和珅根本没有废立嗣皇帝的能力，他只能充当太上皇的打手，铲除一切可能危及太上皇权威的政治势力。就连嘉庆帝自己也非常清楚："我朝列圣相承，乾纲独揽。皇考高宗纯皇帝临御六十年，于一切纶音宣布，无非断自宸衷，从不令臣下阻挠国是。即朕亲政以来，办理庶务，悉遵皇考遗训，虽虚怀延纳，博采群言，而至用人行政，令出惟行，大权从无旁落。"②训政期间，嘉庆帝之所以极力讨好和珅，只不过是担心和珅鼓动太上皇作出不利于己的举措。和珅在嗣皇帝面前，应该竭力收敛自己的举止言行，为人处世尽量低调，来维护嗣皇帝的尊严以求自保，但他却没有意识到这一点，结果给自己招来杀身之祸。

乾隆帝龙驭上宾之后，嘉庆帝亲政，马上开始了控制政局、剪除和珅及其党羽的行动。首先，立即传谕自己的师傅安徽巡抚朱珪来京供职，以便咨询国家大政。朱珪接到诏命后立刻奔赴京城，并上疏表示自己要竭尽心血辅佐皇帝。朱珪到京之后，嘉庆帝拉住师傅的手痛哭失声，看似平静却充满风险的三年训政

① 《清高宗实录》卷 323，乾隆十三年八月，中华书局 1986 年版。

② 《清仁宗实录》卷 94，嘉庆七年二月，中华书局 1986 年版。

总算过去了！他立即任命朱珪入直南书房，管理户部三库。嘉庆帝时常召朱珪独对，商讨军国大政，时人皆言嘉庆初政之美，多由朱珪赞襄筹划。

其次，乾隆帝去世的第二天，也就是初四日，嘉庆帝革去和珅军机大臣、九门提督两个职务，同时发出上谕，谴责在川楚陕前线镇压白莲教起义的将帅玩兵养寇，冒功升赏，并指出前线将帅之所以如此，是因为"有上皇近臣，为之缓颊"，谕令各部有关大臣切实彻查，把矛头直指和珅及其党羽。并借此机会解除和珅死党福长安军机处大臣的职务。同时命令和珅与福长安昼夜守值殡殿，不得任意出入，这就切断了他们与外界的联系，实际上削夺了他们的军政大权。初五日，嘉庆帝下诏求言，命令九卿科道对朝廷用人行政事宜，进行封章密奏。

结果吏科给事中王念孙、御史广兴等上《敬陈剿贼事宜折》，列款弹劾和珅，声称朝廷的当务之急，就是"除内贼以肃朝廷"。王念孙为著名的乾嘉汉学家，精通校勘训诂，他为人耿直，对和珅的飞扬跋扈非常反感，因此朝廷下诏求言，他第一个站出来弹劾权臣和珅。在罗列和珅罪状之后，王念孙加上"臣闻帝尧之世，亦有共、骥，及至虞舜在位，咸就诛殛"等字句。意思是尧在位也有共工、骥兜这样的恶人，到了舜即位就杀掉了，但并不有损尧舜二帝的圣明。这就顺理成章地把乾隆帝比作尧，把嘉庆帝比作舜，那么惩办和珅，既不有损乾隆帝的威望，又显示了嘉庆帝的英明，可谓两全其美，上下齐心惩办和珅就成为必然。王念孙的奏折，显示了一位汉学家的政治敏感与斗争智慧。上疏时，当然还要拉上满洲贵族广兴联衔署名，以此壮大声势。《敬陈剿贼事宜折》弹劾和珅云：

大学士公和珅受大行太上皇帝知遇之隆，位居台辅，爵列上公，不思鞠躬尽瘁，惟知纳赂营私，图一己之苞苴，忘国家之大计。金钱充于私室，铺面遍于畿辅。其家人刘秃子本负贩小人，倚仗和珅之势，广招货贿，累万盈千。大臣不法，则小臣不廉，贪酷之吏习以成风，穷迫之民激而生变，犹不引身避位，上疏自责，鬻货揽权，恣睢益甚。军营积弊，隐其事而不言；军报已来，迟之久而不奏；故封疆大吏躬为欺罔而不惧者，恃有和珅为之党援也；督兵将领侵冒国帑而不悛者，恃有和珅为之掩饰也；以至军情壅蔽，贼势浸淫。上累大行太上皇帝宵旰焦劳，精神渐减，而和珅恬不为意。臣窃以为和珅之罪不减于教匪，内贼不除，外贼不可得而灭也。臣闻帝尧之世亦有共、骧，及至虞舜在位，咸就诛殛。由此言之，大行太上皇帝在天之灵固有待于皇上之睿断也。[1]

① 王章涛：《王念孙·王引之年谱》，广陵书社 2006 年版，第 102 页。

　　王念孙、广兴弹劾和珅所列举的罪名，无非是招权纳贿，败坏官风，迟报剿除白莲教的军报，包庇带兵将领侵冒国帑。和珅的这些问题可以说人尽皆知，但王念孙是敢于站出来弹劾和珅的第一人，为乾嘉汉学家增添了莫大的荣耀。

　　初八日，嘉庆帝颁发太上皇遗诏，革去和珅大学士之职、福长安户部尚书之职，将他们二人下狱治罪，并查抄家产。乾隆帝遗诏本是和珅等人奉命写定，对于嘉庆帝本人并无妨碍，但对"剿匪"一事，只是称言"蒇功在即"，这实属自欺欺人，对川楚前线的军营积弊却避而不谈。因为遗诏对于嘉庆帝日后整饬内政、整顿军营、剪除和珅多有不利，所以乾隆帝崩逝后并未立即颁发。直到初八日，嘉庆帝一切准备就绪，才颁发遗诏，并立即将和珅、福长安革职拏问。而此后纂修的《清仁宗实录》《东华续录》对遗诏皆弃而不载。

　　和珅下狱之后，嘉庆帝进行了大规模的人事调整：首先命成亲王永瑆、刑部尚书董诰、兵部尚书庆桂在军机处行走，永瑆同时总理户部兼管三库；户部尚书沈初因为年老，不必在军机处行走，而户部右侍郎那彦成、戴衢亨仍留军机处，那彦成还兼任翰林院掌院学士；命仪亲王永璇总理吏部；兵部尚书庆桂调为刑部尚书；工部右侍郎盛住兼署工部尚书；睿亲王淳颖管理理藩院；定亲王绵恩担任步军统领；户部左侍郎傅森调为刑部侍郎；兵部左侍郎布彦达赉、上驷院卿永来担任总管内务府大臣。这样，嘉庆帝以元老重臣与皇室宗亲填补了和珅、福长安二人空出来的官缺，加强了对朝局的人事控制。

而狱中的和珅，回想二十年来乾隆帝的恩宠，恍然一梦中，正月十五日为上元夜，身陷囹圄的他，深感日子不多了，不禁作诗感慨道："夜色明如许，嗟余困不伸。百年原是梦，廿载枉劳神。室暗难捱晓，墙高不见春。星辰环冷月，缧绁泣孤臣。对景伤前事，怀才误此身。余生料无几，空负九重恩。"[1] 就在这一天，嘉庆帝宣布和珅二十大罪状。

对于如何处置和珅，据王公大臣与各省督抚会议，请将和珅照大逆罪凌迟处死，嘉庆帝加恩改为和珅全家戮灭，以使辜负朝廷皇恩的大臣触目惊心。但和珅之子丰绅殷德身为额驸，嘉庆帝看在妹妹的面子上格外加恩，赐给和珅一条白练让他自尽。丰绅殷德也暂时保留伯爵头衔，在京闲住。对于嘉庆帝的从宽处理，和珅本人连做梦也不曾想到。临刑前和珅托刑部转奏嘉庆帝说，自己罪孽深重，即使依照廷臣所议寸磔处死也是罪有应得，而皇上天恩赐他自尽，尤其是对其子不加治罪反而保留爵位，"尤非梦想所及"，因此和珅发誓要"生生世世衔结图报"。[2]

① 和珅：《嘉乐堂诗集·上元夜狱中对月二首》，《清代诗文集汇编》第426册，第675页。

② 《和珅治罪关系档汇钞》，1851年钞本，国家图书馆藏，普通古籍。

和珅的二十大罪

正月十八日，和珅被赐令自尽，当时福长安被押往和珅监所，跪视和珅自尽。面对死神的降临，多年来飞扬跋扈的和珅感慨万千，赋诗道："五十年来梦幻真，今朝撒手谢红尘。他时水汛含龙日，认取香烟是后身。"嘉庆帝以干净利落的手段剪除和珅，实属英明之举，正如吴熊光所言，对于和珅，如果"不速治其罪，无识之徒观望贪缘，别滋事端。发之速，是义之尽；收之速，是仁之至"[①]。权倾朝野的和珅从此灰飞烟灭。嘉庆帝所宣布的和珅二十大罪，主要分为以下三个方面：

一是僭越逾制，威胁皇权。嘉庆三年正月，太上皇在圆明园召见和珅，和珅竟然骑马直进左门，过正大光明殿，直至寿山口，就属于"莫此为甚"的无君无父行为；和珅还乘坐椅轿被抬入大内，又乘坐肩舆出入神武门，众目共睹，毫无忌惮；和珅还将出宫女子娶为次妻，更是寡廉鲜耻；嘉庆三年冬，太上皇圣躬不豫，和珅却毫无忧戚之容，每次觐见后向外廷人员讲论政事，仍然谈笑如常；太上皇病中批阅奏章，字画偶尔有不真之处，和珅竟然说不如撕去，另行拟旨；查抄和珅家产时，和珅所盖房屋竟然使用楠木，实属僭侈逾制，其中宝阁及隔段式样多仿照宁寿

① 赵尔巽：《清史稿》卷319，《和珅传》，中华书局 1998 年版，第 10757 页。

宫，而其中苑囿点缀与圆明园的蓬岛瑶台无异；和珅在蓟州所造的坟茔，设立享殿，开辟隧道，附近居民有"和陵"之称。和珅上述所作所为，在封建帝王看来，都是目无君上的大不敬行为。

这里应该指出的是，和珅患有腿病，每年夏秋之际发作，开始并不严重，三五天就好了。自乾隆五十四年（1789）以来，和珅腿病日益严重，每当发病右腿红肿痉挛，搞得和珅整夜辗转反侧，难以入睡，以致第二天无法上朝。由于乾隆帝宠爱和珅，曾允许他请假休息，并派人加以慰问。但乾隆帝一刻也离不开和珅，而和珅对皇上也是"一往情深"，在诗篇《病中作》中，他说："朝朝侍从忽暌离，恍似婴儿离慈母。"[①] 有清一代，皇帝经常赏赐年老多病、行动不便的大臣在宫中乘坐椅轿，或在圆明园骑马，患有腿病将近十年的和珅，于嘉庆三年（1798）在圆明园骑马，在大内乘坐椅轿，很可能是出自太上皇的特恩允许，但和珅下狱后却成为二十大罪状中的两条。至于娶出宫女子则是事实，和珅被逮之后，就有曾在宫中服御、后来归附和珅的苏州女子吴香莲自尽之事。

再者，和珅革职拏问后，嘉庆帝派定亲王绵恩等抄没和珅家产，查出正珠朝珠一挂，令人骇异不已，因为正珠朝珠为皇帝御用宝物，臣下岂能私藏？如果说是贡献皇帝未及上呈，为何绦辫全用香色？由此可

① 和珅：《嘉乐堂诗集·病中作》，《清代诗文集汇编》第426册，第668页。

见，和珅并不预备进呈。据和珅家人供称，和珅白
天不敢戴用，往往在灯下无人时，"私自悬挂，临镜
徘徊，对影谈笑，其语言声息甚低，即家人亦不得
闻悉。此种情状，竟有谋为不轨之意"①。这样看来，
和珅似乎有篡位谋逆之心，或者暗中过一下佩戴御用
之物的瘾。

最重要的是，和珅的存在严重损坏了嘉庆帝的皇
权威严。嘉庆四年（1799）正月，乾隆帝病逝，身为
山东巡抚的伊江阿，写信慰问的是和珅而不是当今皇
帝。伊江阿与和珅有旧交，嘉庆元年，伊江阿出任山
东巡抚，翌年，和珅曾作《和东抚伊中丞喜雨元韵》
一诗，叮嘱好友惩戒偷惰官吏，清介爱民：

> 旧雨情殷阅岁更，喜君莅止体舆情。
> 随车甘澍天心顺，载道讴思众志明。
> 勉励风裁惩吏惰，倍饶清介厚民生。
> 闲赓佳作无多嘱，愿听齐东起颂声。②

和珅是历史上著名的巨贪，厚颜无耻、奴颜婢膝
是人们对他一贯的看法。但从这首诗的内容来看，和
珅谆谆告诫好友的却是体贴舆情，爱惜百姓，希望在
其治下，山东百姓一片赞颂之声，这似乎大大出乎世
人的意料。《嘉乐堂诗集》是和珅死后其子丰绅殷德
所刻，和珅生前权倾朝野，而死后刻版的《诗集》无

① 《清仁宗实
录》卷38，嘉庆
四年正月。

② 和珅：《嘉
乐堂诗集·和东
抚伊中丞喜雨元
韵》，《清代诗
文集汇编》第426
册，第674页。

人作序，亦无刊刻的情况，足见和珅后人"树倒猢狲散"的悲凉处境。丰绅殷德刊刻父亲的诗集，大概也有为其辩白之意，但肯定不敢无中生有，自找麻烦。

◎ 和珅府邸"嘉乐堂"匾额

当时和珅已下狱，书信落到嘉庆帝之手，这令身为九五之尊的皇帝颜面扫地，震怒不已。伊江阿在书信之中，劝慰和珅要节哀保重身体，而对遭遇大丧的嘉庆帝却只字不提。其实以人之常情而论，写信吊唁自应劝慰人子，而伊江阿对和珅再三劝以节哀，而对皇帝只是上一个请安之折，同时又上奏了一些地方寻常事件。但从反推来看，可以看出和珅与乾隆帝的感情非同寻常。

伊江阿身为满洲贵族，现任封疆大吏，又是大学士永贵之子，并且曾在军机处行走，并非不通晓政体之辈。伊江阿如此目无君臣大义，着实让嘉庆帝无法忍受。因此他说："可见伊江阿平日不知有皇考，今日复不知有朕，唯知有和珅一人，负恩昧良，莫此为甚。"[1] 故嘉庆帝对伊江阿传旨严行申饬，交部严加

① 《清仁宗实录》卷 37，嘉庆四年春正月。

议处，这里面似乎又有嘉庆帝与和珅争夺父爱的"吃醋"之嫌。其实朝廷中目无皇帝的大臣，又何止伊江阿一人。

军机大臣福长安是大学士傅恒之子，福康安之弟，而傅恒是孝贤纯皇后之弟，任大学士、军机大臣长达30年之久。福长安的祖父叔侄兄弟皆位居高官，世受皇恩，因此其向背非他人可比，而福长安自幼被乾隆帝养育宫中，备受宠爱。乾隆五十一年（1786），补授户部尚书，五十五年（1790），加太子太保衔，五十七年（1792），廓尔喀平定，画像悬挂在紫光阁，嘉庆三年（1798），赏封一等侯爵。在嘉庆帝看来，福长安与和珅朝夕聚处，对和珅贪黩营私之事了如指掌，而乾隆帝经常召福长安独对，若将和珅不法之事直陈无隐，比其他大臣的弹劾更有优势，但福长安丝毫没有揭发和珅的意图。

嘉庆帝也频频召见福长安，特别是福长安独自随同嘉庆帝拜谒泰陵，在沿途行宫，嘉庆帝每天数次召见福长安，并且"微示以意"，希望福长安站在自己一边，并将和珅平日的专擅妄为直陈无隐。但福长安始终讳莫如深，并无一语道及和珅的罪行。事实上，从宣谕颙琰为皇太子到乾隆帝崩逝的四年时间里，福长安有充裕的机会揭发和珅，对此嘉庆帝说：

此数年中，伊常有在朝内直宿，不与和珅

同直之时，何难自请独对？或将和珅罪状胪列，
具密摺奏陈，如先前曾有片纸只字，则此时朕
不但不肯将伊与和珅一同治罪，并不肯夺伊官
爵。乃始终并无一语，是其有心扶同徇隐，百
喙难辞。①

①　《清仁宗实
录》卷38，嘉庆
四年春正月。

②　《清仁宗实
录》卷50，嘉庆
四年八月。

　　福长安在嘉庆帝递出笼络橄榄枝的情况下，仍不
肯站在嗣皇帝一边，而是死心塌地甘为和珅死党，这
使嘉庆帝深感若不铲除和珅，自己的皇帝威严就无法
树立。因此不管和珅有无其他罪行，仅凭冒犯皇帝尊
严这一点，被抄家处斩已是历史的必然。因此嘉庆帝
明确表示，将福长安革职拏问是他本人的意思，并非
由他人举发："如果福长安曾在朕前有一字提及，朕
断不肯将伊一并革职拏问。"②但查抄福长安家产，不
及和珅家产的十分之一二，不过亦非分内所得，最终
福长安从宽改为斩监候，秋后处决。

　　其实和珅结党营私、招权纳贿的种种罪行，可谓
满朝无人不知，但除了曹锡宝、尹壮图、钱沣等少数
正直的御史之外，朝廷重臣如阿桂、王杰、董诰诸
人，虽然表示自己不与和珅同流合污，但对和珅的贪
黩枉法皆沉默不语。嘉庆帝逮捕和珅之后通谕各省督
抚，要求他们或是揭发，或是表态。在江西巡抚张诚
基正月二十三日所上奏折的批语上，嘉庆帝坦言："朕
若不除和珅，天下只知有和珅，不知有朕，实出于万

不得已，是非公论，自有定评，无庸置辩也。"由此可见，嘉庆帝之所以铲除和珅，主要是从现实政治上着眼的。不除掉和珅，天下人只知道有和珅而不知有皇帝，和珅着实抢了嘉庆帝的镜头，成为皇权独尊的最主要障碍。

当时弹劾和珅的大臣，有人将和珅比喻为曹操、王莽。嘉庆帝询问曾入值军机处的大臣吴熊光，谈论和珅是否有异志的问题。在吴熊光看来，和珅并没有曹操、王莽那样的雄略与野心，因为"凡怀不轨者，必收人心，和珅则满、汉几无归附者，即使中怀不轨，谁肯从之？"[1] 此言信然，事实上，和珅对于乾隆帝而言，不过是俳优弄臣而已，将他比喻为曹操、王莽，也太高看他了！民国时期学者陈登原指出：

> 官书所举和珅之罪，不过一般宰相揽权以后能有之事，而其最具体者，不过黩货无厌，盖以小有才情之士，当荒君衰眊之日，专权好货，事诚有之，然亦不必视之为奸人之雄。高宗固久昇诸膝，仁宗忽能沉诸渊，缧绁乍加，一无惊人之表演。[2]

其实和珅对于乾隆、嘉庆二帝来说，不过一个奴才、弄臣而已，可以被宠幸，权势熏天，招财纳贿，也可以轻而易举被铲除，并不是真正意义上的权臣。

① 赵尔巽：《清史稿》卷319《和珅传》，中华书局1998年版，第10757页。

② 陈登原：《国史旧闻》（第三分册）卷60，中华书局1980年版，第626页。

二是和珅贻误军国大事，破坏朝廷纲纪。嘉庆帝宣布的和珅二十大罪状，其中大罪九、十两款，就是属于严重影响民族关系的罪行。嘉庆三年十二月，西宁办事大臣奎舒奏报说循化、贵德二厅，聚众千余人，抢夺达赖喇嘛以及商人的牛只，杀伤二命。对于青海肆劫一案，和珅竟然将原奏驳回，隐匿不办，全然不以边务为事。另外，乾隆帝病逝之后，嘉庆帝谕令蒙古王公未出痘者不必来京，而和珅不遵皇上谕旨，竟然命令蒙古王公无论是否出痘，皆不必来京。清代由于天花肆虐，严重威胁着皇室宗亲的生命安全，朝廷谕令未出痘的蒙古王公不必来京，本来意在防止天花感染。但和珅全然不顾朝廷抚绥外藩之意，要求蒙古王公一律不必来京，简直是居心叵测。

和珅在位时，对吏部、户部成例多所变更，如各省督抚以及盐、织、关、差所呈进的贡物，必须先报告和珅，而和珅擅自准驳，遇有皇帝不全部收下时，就私自将贡物归入自己府第。步军统领巡捕营兵弁在和珅私宅供役的多达千余人。同时和珅专擅，担心言官弹劾，往往命令在京各部院将年老平庸的司员保送御史，使他们对自己的胡作非为缄默不言。嘉庆帝亲政后引见各衙门保送的御史，就明显感觉到保送人员多为衰朽平庸之人。

更为严重的是，和珅对清代最为重要的军国机构——军机处的旧制破坏无遗，如和珅用印文传知各省抄送折稿，先副封关白军机处，原来部院大臣与封疆大吏直达皇帝御前的奏折，现在却要和珅事先过目，这就造成了和珅与内外大臣"通同扶饰徇隐"的弊病，破坏了雍正以来创建的密折陈奏制度，严重影响了皇帝的"乾纲独断"，同时又将军机处记名人员任意撤去，这使朝廷典制遭到极大的破坏。和珅这么做的目的，主要是为了"预知所奏事件，作为应对便捷，而以显其能"，[①] 但在一定程度上，和珅控制了皇帝据以决策军国大事的信息渠道。

再者，三年以来，白莲教大起义如火如荼，乾隆帝在染病弥留之际，日夜盼望军书捷报，而和珅对各路军营递到的奏报，任意延搁，有心欺蔽，以致军务未能蒇事。各地义军皆以"官逼民反"为词，而事实上，川楚民变确实起于各地方官的贪污婪索，而他们多以和珅为奥援，剥削下属搜刮百姓，以满足和珅的贪欲，"和珅"成为贪污腐败的代名词，和珅一日不除，纲纪一日无法肃清。

另一方面，"剿匪"已有三年之久，所用军费已超过七千万两，而和珅一手把持户部题奏事务，各路带兵大员养寇玩兵，倚仗和珅主持军需销算，上下通同舞弊，冒功糜饷，致使军国大事一误再误。在嘉庆帝看来，镇压白莲教久而无功，与和珅有着密切的关系，带兵大员"倚恃和珅为之护庇，遂致恣意妄为，毫无顾忌"，他们"在军营中酒肉声歌，相为娱乐，

① 吴晗辑：《朝鲜李朝实录中的中国史料》第12册，第5019页。

以国家经费之需，供伊等嬉戏之用"①。因此和珅不除，就无法清除军营积弊。

三是和珅结党营私，招权纳贿，贪黩婪索。和珅将大学士傅恒之子福长安拉入军机处，二人狼狈为奸，其弟和琳官至总督，其子丰绅殷德累迁都统兼护军统领、内务府大臣。他广结徒党，80岁高龄的苏凌阿庸碌贪劣，只因为是和琳的姻亲，和珅竟然保举其出任职掌繁剧的两江总督；侍郎吴省兰、李潢，太仆卿李光云等人，因为曾在和珅家教读而被保列卿阶，兼任学政，各地封疆大吏也纷纷攀附和珅。

和珅以赂财之多寡，定保奏人员官阶之高低，这就导致内外官吏贪墨成风，和珅党徒更是搜刮聚敛，吸纳民间脂膏，而民间生计维艰，相率思乱，铤而走险，百余年来的国家元气丧失殆尽，整个官场风气日益败坏下去。和珅被抄家之时，家中所藏珍宝无数：珍珠手串竟然有200余串，比皇宫之中多至数倍，并有比御用冠顶还大的大珠；宝石顶并非大臣应戴之物，而和珅藏有数十个真宝石顶，整块大宝石更是不计其数，甚至有些皇宫中都没有。

和珅家内的银两以及衣服等物，数逾千万，夹墙之中藏金2.6万余两，私库藏金6000余两，地窖内埋藏银200余万两，和珅拥有的金银数目已有数百余万两之多；京师附近通州、蓟州地方均有和珅所开设的当铺钱店，资本不下 10 余万两；和珅家人刘全不过家奴，而查抄资产竟至 20 余万两，并有大珠及珍珠手串，这显然是和珅纵令刘全需索所得。像和珅这样的贪黩营私，实为有清一代所罕见罕闻，时人有"和珅跌倒，嘉庆吃饱"的谚语，足见和珅家财的富甲天下。不铲除和珅，纲纪就无法整顿，朝政就无法肃清。

和珅家中金银无数，但令人不可思议的是，其人极为吝啬。根据与和珅同朝为官的礼亲王昭梿记载，和珅家中出入金银，都是他本人亲自进行称量，检查成色好坏与分量是否充足。和府偌大的费用支出，都是交给宅下官承办，和珅自己从来不发私财，家中虽然姬妾众多，但和珅从不赏给她们钱物，那些有身份有门路的姬妾可以私下勒索，以维持个人生计，而那些地位低下、人又老实的只能每天吃粥度日。和珅的贪婪与吝啬，简直不可思议。

和珅被抄家之后，有人引用元人吊丞相脱脱的诗云："百千万贯犹嫌少，堆积黄金北斗边。可惜太师无脚费，不能搬运到黄泉。"[1] 对和珅来说，偌大家产不能运到黄泉继续享用，是他莫大的遗憾。和珅抄家之后，豪华的和府赏赐给谁，也是人们关注的焦点之一。庆亲王永璘与嘉庆帝是同母兄弟，因此和珅抄家之后，嘉庆帝念及手足之情，将和珅府邸赐给永璘居住，实现了他多年的愿望。

---

① 钱泳：《履园丛话》二十一《和相》，中华书局 1979 年版，第 570 页。

余党既往不咎，加强整顿军机处

和珅被赐令自尽之后，他的亲密党徒也一并受到惩罚。福长安斩监候，秋后处决，至嘉庆四年八月监禁半年后，被加恩释放。由于乾隆帝生前，福长安曾经充任捧茶之职，因此嘉庆帝特派他前往裕陵，永远充当供茶拜唐阿 ①。和珅之弟和琳三年前卒于剿办"苗匪"的军营，因功配飨太庙，建立专祠，故嘉庆帝明令和琳撤出太庙，为和琳所立专祠一并拆毁。和珅之子丰绅殷德加恩承袭伯爵，在家闲住，不许出外滋事。

和琳之子丰绅伊绵被革去公爵，斥退侍卫，不准在乾清门行走，但仍加恩赏给云骑尉，在本旗充当闲散差使。福长安之侄锡麟，也被斥退侍卫，不准在乾清门行走，回本旗当闲散差使，但仍可承袭其父傅灵安云骑尉世职。大学士苏凌阿以原品休致，嘉庆帝命其守护裕陵，不久去世。侍郎吴省兰、李潢，太仆寺卿李光云皆为和珅引用之人，李光云以原品休致，吴省兰、李潢降为编修，吴省兰撤回学政，不必在南书房行走。

鉴于和珅专权 20 余年，所管衙门又比较多，由其保举升擢的朝中官员不在少数，而外省官员奔走和珅门下，逢迎馈送亦在所不免，如果一一追究，必然

① 拜唐阿，无品级的办事人员。

会株连多人。如果过事搜求，难免会导致整个朝廷的告讦报复，如果指实一二人附和和珅的一二事，则举不胜举，这就容易流为党援门户的陋习。因此，嘉庆帝在赐死和珅之后，明确宣布除和珅及其死党外，不再广为株连，大小臣工无须心存疑惧。况且臣工内中材居多，若能迁善改过，即为为国家出力之人；若从前干谒奔竞，一时失足依附和珅，则能痛改前非者，"仍可勉为端士，不至终身误陷匪人。特此再行明白宣谕，各宜凛遵砥砺，以副朕咸与维新之治"①。嘉庆帝此举稳定了朝廷局面，未因铲除和珅而掀起更大的政治风波。但和珅专权期间，那些奔走和珅门下而贪污纳贿的官吏，并未受到应有的惩罚，乾隆后期以来官场的贪污之风，没有得到应有的遏制。

但嘉庆帝加强了对军机处的整顿，以快刀斩乱麻的方式，把密奏这一重要的朝政信息来源控制在自己手中，将军机领班通过"副封关会军机处"以探知政情的途径切断，使军机处恢复创设之初的机密性，即只有皇帝才能第一时间掌握朝政的方方面面，而其他大臣不得与闻。四年（1799）正月初八，朝廷谕令：

> 各部院衙门文武大臣，及直省督抚藩臬，凡有奏事之责者，及军营带兵大臣等，嗣后陈奏事件，俱应直达朕前，俱不许另有副封关会军机处。各部院文武大臣，亦不得将所奏之事，豫先

① 《清仁宗实录》卷 38，嘉庆四年正月。

告知军机大臣，即如各部院衙门奏章呈递后，朕可即行召见，面为商酌，各交该衙门办理，不关军机大臣指示也。何得豫行宣露，致启通同扶饰之弊耶？①

① 《清仁宗实录》卷 37，嘉庆四年正月。

嘉庆帝不许将奏折另有副封关会军机处，意在重申奏折的机密性，对和珅擅权而导致皇权旁落极为不满。军机处的军机章京向来没有定额，由军机大臣在内阁中书及六部司员中挑补，并不由皇帝引见。而和珅专权期间，擅自将军机处记名人员撤去。嘉庆帝认为军机章京职事较重，因此规定嗣后满汉章京各定为十六缺，由内阁、六部、理藩院堂官在中书、司员、笔帖式等官之中，选择人品端方，年富力强，写字端正之人，交由军机大臣带领引见，由皇帝亲自简用。若记名人员遇有出缺，按照一定次序陆续挑选候补，这就加强了皇帝对军机处的控制。

军机处为枢密重地，非奉有诏旨不许擅自出入。和珅专权时党羽众多，他们丛集于军机处台阶上下、窗外廊边等候和珅，或是商议所谋之事，或是给文稿画诺，或是探听消息，甚至直入军机堂中回稿，视为泛常。这使军国大事容易泄露，甚至奏折还没有到达宫廷，新闻早已传于街市，民间信口评论朝政。

嘉庆五年（1800）十一月，为了整顿这些积弊，嘉庆帝谕令：军机大臣不准在军机处办理部院案稿；

本管司员不准到军机处回事；闲人不准窥视军机章京的办事处；文武大臣不准到军机处同军机大臣谈论事体；通谕王公大臣之事要在乾清门外阶下传达，不准在军机处传旨；军机章京不准将公事拿回府邸办理。嘉庆帝还命都察院科道一人每天在军机房附近轮流监视，军机大臣散后方准退值，如果发现上述情弊立即参奏。这样军机处的纪纲得以整肃。

二、诏开言路，咸与维新

为了保障官僚机制的正常运行，清代都察院设六科和十五道，各科设给事中，各道设监察御史，构成清代的官僚监察系统。科道为朝廷耳目之官，负有政治、经济监察的使命，举凡政治利弊，科道如有真知灼见，自应据实上陈，直言无隐。特别是科道专门负责纠劾百官，监督中央和地方各衙门事务，大臣奸邪贪酷，小人结党营私，皆可弹劾，是吏治清明与否的重要防线。若科道之官不尽言事之责，国家的监察机制就会逐渐脱离正常运行的轨迹，必然导致各级官吏相互包庇，欺上瞒下，相互串通，形成官官相护的关系网络。乾隆统治后期，朝廷言路出现严重的壅塞现象。

和珅专权时期监察失灵与言路壅塞

　　乾隆帝晚年陶醉于所谓的太平盛世，对其统治后期所出现的督抚贪污、藩库亏空、民生艰难的现实视而不见。而事实上，当时社会危机四伏，大规模农民起义的风暴正在酝酿。特别是和珅令庸劣年老的官员担任御史，使其缄默不言，结果朝廷言路壅塞，致使朝政"事事不得其平者，不知凡几矣。千百中无有一二能上达者，即能上达，未必即能见之施行也"①。自乾隆四十年至嘉庆四年的 24 年时间里，作为风宪之长的都察院满、汉左都御史，皆为风烛残年的老年人，任职不到两三年就相继或是乞休，或是卒于任上，他们对和珅的贪赃枉法睁一只眼闭一只眼。言路壅塞颇为严重，嘉庆帝亲政后，想方设法疏通言路势在必行。

　　对于和珅擅权，除了曹锡宝、尹壮图和钱沣三位御史之外，科道及内外诸臣无不唯唯诺诺，无一人敢挺身相争，出面弹劾，不过私下议论而已，御史科道的废职使吏治迅速败坏。更为可悲的是，乾隆五十一年（1786），御史曹锡宝弹劾和珅家人刘全衣服、车马与房屋奢侈逾制。而曹锡宝与吴省钦、吴省兰为同乡素好，因此事先将奏稿给二吴阅看，结果吴省钦卖友求荣，偷偷将奏稿揣入袖子，奔走和珅之门，立即

①　赵尔巽：《清史稿》卷 356《洪亮吉传》，第 11308 页。

为其通风报信，让刘全销赃毁证，结果曹锡宝以查无实据而被革职留任，六年后含冤而死。嘉庆三年二月，作为风宪之长的左都御史就是出卖曹锡宝的吴省钦。等到和珅身败名裂、其权势化为乌有之时，科道以及朝廷内外大吏弹章纷上，实属可悲可笑。嘉庆帝亲政后，吴省钦被革职回籍。

大学士王杰为乾隆二十六年（1761）状元，是乾嘉两朝重臣，他工于书法诗文，有"文章三江，字冠中原"之誉。当时和珅权势煊赫，遇事专擅，同僚大多克制忍耐，默不作声，而王杰遇到此类事情，一定会据理力争。乾隆帝颇为了解王杰的秉性，因此和珅虽然讨厌他，但不能将其排挤出朝。王杰绝不与和珅交往，同值军机时除了议政，常常一个人默然独坐，距离和珅的座位非常远。和珅没话找话，王杰只是漫不经心地应付一下。有一天，和珅拉着王杰的手，笑着说："何其柔荑若尔？"王杰堪称美男子，手长得柔软细腻，因此和珅戏谑地夸赞王杰"手如柔荑"，听到和珅的戏谑之言，王杰正颜厉色地说："王杰手虽好，但不会要钱耳！"[1] 和珅自讨没趣，羞得面红耳赤。但王杰并未大义凛然地弹劾和珅，估计他深知只要乾隆帝活着，就无法参倒和珅。

对于满朝文武不敢揭发和珅，嘉庆帝深为不满，他说："设数年来，廷臣中有能及早参奏，必蒙圣断，立寘重典，而竟无一人奏及者。"朝廷言路的壅蔽可

① 昭梿：《啸亭杂录》卷4，《王文端》，第103页。

想而知，惟有诏开言路，才能刷新政治，扭转朝廷的颓废风气。亲政之后，为了使内外臣工各抒己见，指陈朝政利弊，以收兼听并观、集思广益之效，嘉庆四年正月初五，嘉庆帝打着"咸与维新"的旗号，下诏求言，发出上谕说："凡九卿科道有奏事之责者，于用人行政一切事宜，皆得封章密奏。俾民隐得以上闻，庶事不致失理。"① 嘉庆帝认为"曹锡宝独能抗辞执奏，殊为可嘉，不愧净臣之职"②，而和珅治罪后查抄刘全家产，竟有 20 余万两之多，曹锡宝所劾并非虚言，因此朝廷加恩追赠曹锡宝为副都御史，其子照加赠官衔给予荫生。按照清制，五品官以下若非敌寇入侵殉难，子孙不赠官给荫，五品官也不追赠至正三品，而曹锡宝以弹劾和珅家人获此殊荣。嘉庆帝此举传出之后，天下人无不同声感叹，赞美当今天子圣明。

清制，内外臣工有上疏言事之责的，内而大学士、九卿、科道，外而总督、巡抚、布政使、按察使，为了广开言路，嘉庆帝下令各省道员亦可具折奏事。事实上，当时封章奏事的远不止上述诸臣，其中候补、捐纳微员甚至平民百姓亦上疏言事。数月以来，凡是指陈得当的多能付诸实行，其间妄抒臆见荒唐可笑者，亦不乏人。嘉庆帝并未以妄言之罪处罚他们，原因在于既然让人各尽其言，又要以言罪人，难免会引起臣僚们的误会。嘉庆帝将这类奏折留中不

① 《清仁宗实录》卷 37，嘉庆四年春正月。

② 《清仁宗实录》卷 38，嘉庆四年春正月。

发，也并不宣示，有些奏折甚至军机大臣亦不得与闻，显示了虚怀纳谏的仁君气度。

事实上，还在嘉庆帝身为皇子时，就深深懂得言路畅通、虚怀纳谏的政治意义："夫圣主明王，置谏鼓谤木，招贤才而用之，察过失而改之，政令所行，岂能尽善而无过哉？有能论其得失，正所以启迪身心，开陈至道，犹吾之师也。体察其言，分其善恶，所言果善，吾则补其弊而力行之；所言无益，置之弗论可也，无害于国之大体，而有益于朝廷之治道。"① 此言甚为至论，作为君主应该主动引导朝臣畅所欲言，兴利除弊，择善而从，才能达到刷新政治的目的。而钳制言论则会造成"防民之口，甚于防川"，出现"道路以目"的现象。

诏开言路，一时言官皆有丰采

嘉庆帝下诏求言之后，御史广兴、给事中王念孙首先参劾和珅、福长安，结果二人被依法惩办；之后地方酷吏如郑源璹、胡齐仑、常丹葵亦被弹劾而遭查办；福康安虽然屡立战功，但担任封疆大吏期间，广纳苞苴，搜刮民脂民膏，卫谋上疏弹劾福康安贪婪，不宜配享太庙，他的奏请虽然未得允准，而一时公论大快。

马履泰首论和珅族孙湖广总督景安在征讨白莲教

① 颙琰：《子产不毁乡校论》，《味余书室全集定本》卷36，《清代诗文集汇编》第458册，第25页。

中畏缩偷安，劳师糜饷，结果景安被免职；内阁学士蒋攸铦参劾外省理应降革的贪吏，结果李奉翰、秦承恩诸人先后获罪，外省吏治因此大有改观；宜绵之子瑚图灵阿首先条陈关税、盐务之弊，又奏请皇上不应接纳地方督抚贡献财物，停止官员捐纳，一时尽显丰采。嘉庆帝亲政后，立即下诏停止督抚贡献方物土产，瑚图灵阿有首谏之功。

这些被参劾的地方酷吏大多与白莲教起义有关，其中郑源璹为湖南布政使，收发库项加扣平余，数额超过八万，署内携带的眷属有三百人之多，还自蓄优伶，服官奢侈。这使署内用度浩繁，因此他侵贪钱粮八万两势所必然。其实布政使收发库项，增加平余动辄上万两是普遍现象，除了用于私人生活的奢侈用度之外，还要应酬馈送皇帝、上司与同僚，在清代属于一种制度化的行贿受贿。郑源璹被人参劾之后，嘉庆帝大怒，严厉痛责说："诸直省大吏宴会酒食，率以嘱首县，首县复敛于诸州县。率皆腏小民之脂膏，供大吏之娱乐，展转苛派，受害仍在吾民。通谕诸直省，令悛改积习。"[1] 郑源璹贪污所得最终还要来自民脂民膏，嘉庆帝一怒之下将其斩首。

白莲教大起义始于湖北宜都聂杰人起事，这实际上是由武昌府同知常丹葵逼迫而起，是典型的官逼民反。常丹葵素来喜欢虐民多事，乾隆六十年（1795），

---

① 赵尔巽：《清史稿》卷 339《郑源璹传》，第 11077 页。

被委派查拏宜都县境的邪教，而他却把查拿邪教当作
发财之路："吓诈富家无算，赤贫者按名取结，纳钱
释放。少得供据，立与惨刑，至以铁钉钉人壁上，或
铁锤排击多人。情介疑似，则解省城，每船载一二百
人，饥寒就毙，浮尸于江。殁狱中者，亦无棺敛。"[1]
常丹葵以查拏白莲教为名，对当地百姓进行敲诈勒
索，给钱的取保放人，不给钱的用大铁钉将人钉在墙
上，许多善良无辜的百姓被其虐待而死。押解到省城
的嫌疑犯每船装一二百人，一些人由于受刑、饥寒而
死，以至于长江上漂满尸体。

① 赵尔巽：《清
史稿》卷 356，
《谷际歧传》，
第 11317 页。

聂杰人号称当地首富，常丹葵屡索不厌，无可奈
何之下聂杰人勾连白莲教首张正谟拒捕，于嘉庆元年
（1796）正月初十率众起义，之后屯兵于地势险峻的
灌湾脑抗拒官兵。嘉庆帝诏开言路后，酷吏常丹葵被
人参劾，结果逮捕解京治罪，可谓大快人心。诏开言
路使一些祸国殃民的贪官酷吏得到应有的惩处，在一
定程度上笼络了人心，使朝野上下对嘉庆朝的新气象
充满希望。

继善虽为和珅引见之人，但对和珅并无攀附。当
时近臣子弟多借翻译科进身，而顶冒传递之弊不可胜
言，当时无人敢言，惟有继善首论翻译科的各种弊
病，此后场务得以整肃。后来继善迁升太仆卿，弹劾
八旗士卒畜养马匹，多冒领饷银，这些弊病逐渐得以
清理；金光悌专擅刑部 20 年，包庇堂官，后来迁升

光禄寺少卿，仍恋位不去，御史张鹏展敢于直言，对金光悌加以弹劾，结果金受到应有的处分，堪称大快人心。

周枟畅论封疆大吏参劾属员时不列举劣迹，就会使真心实意办事而毫不虚假的属员，因不得上司欢心而被劾，朝廷应采取防弊措施；周枟又弹劾朱珪以肩舆擅入禁门，虽然没有无君之心，但有无君之迹；周枟还指斥温承惠冒乡勇之功为己功，又依附秦承恩，致使围剿白莲教的武关之役失利，所有这些建言皆受到朝廷的重视。

沈琨举劾宗室宜兴外任江苏巡抚期间，自以为宗室体尊，办公时南面正坐，令道府官员侍立一旁，并命令属下称其为爷，平时宜兴荒于饮酒，日在醉乡，任听家人需索门包使费，每一州县索银三四百两。宜兴嫌苏州街道狭窄，乘轿难以通行，因此命令属下将街道铺户的门面拆毁，不从者就加以枷责，结果民怨沸腾。宜兴对告讦者严刑审讯，结果发生江苏生员之狱，还创制小夹棍、头脑箍等酷刑名目；再者宜兴在国丧期间任意演剧，无所忌惮，结果宜兴被参劾罢职，嘉庆帝加恩赏给二等侍卫，前往巴里坤为领队大臣。

五年（1800），嘉庆帝想巡幸盛京，范琨又上疏加以阻止，一时受到舆论的称赞。萧芝洋洋洒洒上疏数千言，高论端正风俗、崇尚淳朴的重要性，直接针对乾隆晚年官场的奢靡之风；王宁炜论用人行政，朝廷应了解所用人员平素所作所为，不可因大吏保举而骤加升用，又论督抚的壅蔽之习，士民的捐输之累，以及州县漕粮折收之患，无不切中时弊；游光绎论朝廷大臣未尽和衷共济，国家武备未尽整饬，愿效仿魏征《谏太宗十思疏》以裨益政治教化，结果受到嘉庆帝的嘉奖。

对于诏开言路，礼亲王昭梿曾说："今上即位，首下求言之诏，故一时言官皆有丰采，指摘朝政，改如转圜。虽其间不无以妄言获咎者，然其补益良多矣。"[①] 由此可见，诏开言路在一定程度上剔除了朝政的积弊，刷新了政治，反映出嘉庆帝虚怀纳谏的政治作风。但另一方面，诸多九卿台谏素质低下，缺乏治国安邦的宏图远略，所上建言多有不尽人意之处，所言多不切政要，对此嘉庆帝说：

> 朕近阅臣工条奏，累牍连篇，率多摭拾浮词，毛举细故，其中荒唐可笑，留中不肯宣示者，尚不知凡几。若诸臣无所建白，不必有意搜求，希图塞责，朕于未经条奏之科道，又何尝加之责备耶？嗣后有官守者，各言官守；有言责者，各尽言责。即风闻陈奏，不应以漫无凭据者肆意指摘，开报复之渐。……所望者直言正论，有裨国是。[②]

①　昭梿：《啸亭杂录》卷10《嘉庆初年谏臣》，第350页。

②　《清仁宗实录》卷44，嘉庆四年五月。

有些上疏言事的臣工，打着直言上谏的旗号，或揭发他人阴私，或发泄个人恩怨，十件上奏之中只有一二件切实可行，但部臣与言官又各存己见，结果因格于部议而难以实行，这使诏开言路的政治效能大为降低。

改革御史保送制度，完善监察机制

此外，嘉庆帝还从御史保送制度方面加以改革，四年十二月，赓音布上奏，各部院衙门向来保送御史，多以年力就衰、才具平庸之员进行保送，对稽察差使大多难以胜任，请求嗣后各部院在司员之中，保送年轻勤快者，60 岁以上及办事平常者，均不准保荐。事实上，嘉庆帝在引见御史时，亦明显感觉所御史多为衰迈之人，因此赞同赓音布所奏，认为御史有纠劾百官、巡城巡漕之责，年力衰颓、精神迟钝之人难以胜任，规定嗣后各衙门保送御史，年龄过轻的固然不便保奏，若年逾耆艾之员精力尚强，仍可保送，以 65 岁为准，超过 65 岁者不准保送。

事实上，终嘉庆一朝，保送御史的状况并没有多大改变。各部院衙门仍将年老才庸之员列名搪塞，作为风宪衙门的都察院，竟然成为投闲置散之地。各部院堂官将属员中优等出色之人，留在本衙门办事。在嘉庆帝看来，衰庸之辈自然不能忝居言官，各衙门只要把才具稍次、明白有识之员，慎选保送御史即可，并不追求御史皆为精明强干之员，皇帝态度如此，科道言官的才识自然不会有大改善。嘉庆帝诏开言路，虽不乏直言敢谏、为国除弊的言官，但科道各官才智平庸，多撷拾浮词封章入告，以博取建白之名，使皇帝知其姓名，再以敢言为荣身之具，其所陈奏很少为国宣猷，厘剔大奸大弊，而对实政无甚裨益。

在封建专制体制下，官僚有着他们自身独特的利益，他们嘴上虽然高调忠君爱民，但他们更关心的是自身的升官发财，对于嘉庆帝的诏开言路，根本不会从刷新朝政、厘替积弊着眼，因此直到嘉庆六年（1801），朝廷的言路状况还是没有发生根本性的转变，对此嘉庆帝曾经忧虑地说：

> 大臣公忠体国，总当一意对君，尽心公事，知无不言，言无不尽。不但毁誉荣辱，早应置之度外；果有裨国是，即身家祸福，亦所不计，方为纯臣事君之道。况此等实心为国之臣，朕方奖擢之不暇，亦岂有因公获罪、累及身家之理？乃近日风气，见有一人不避嫌怨、独秉公论者，众人不以为持正，而转相非笑，致沮其忠谠之气。若人人容默自全，必致渐成朦蔽，虽尧舜在上，欲明目达聪，亦不可得。①

①　《清仁宗实录》卷90，嘉庆六年十一月。

嘉庆帝深知言路阻塞的恶果，因此谆谆告诫大臣要不避嫌怨，秉公持论，但科道言官很难真正做到尽心朝政，封章言事，直陈无隐。为了敷衍职责，每遇朝廷行查事件，多于事后纷纷条奏，事前则沉默不语，这就大大降低了监察百官的力度，因此诏开言路并未起到彻底通畅言路的作用。

毋庸讳言，只有言官敢于参劾不法官吏，充分发挥监察的功效，才能起到净化官场的作用。但在嘉庆帝执政中期，言官"挟私报复"的风气更为盛行。对于其中的危害，嘉庆帝有着清醒的作用，他说：

近年言官中，竟有怀挟私怨，阳沽鲠直之名，阴施报复之计，以巧试其术者，其初列款上闻，浮言耸听，及查明毫无证据。若将言官惩罚过重，似杜敢言之路，而被劾之大臣，一登白简虽辨明心迹，谴责不加，究以枉受诬蔑，使在廷之议，谓其曾遭指摘，不免中怀畏歉，损其精白之衷，且君臣之间，亦不若无此芥蒂，益孚股肱心膂之义也。……嗣后诸言官务当各矢天良，遇有不公不法之事，必求确据，直列弹章，不可因有此旨，缄默不言。若以毫无影响之谈，诬人名节，天鉴难逃，国法具在，凛之慎之。①

①　《清仁宗实录》卷242，嘉庆十六年夏四月。

弹劾朝廷内外的奸佞之臣乃言官之责，若因参劾不实而受到严惩，则会阻塞言路，但一些敢于兴利除弊的大臣，难免会得罪同僚，招人忌恨，一些言官挟私报复，弹劾往往捕风捉影，而那些忠心体国的大臣一旦被人参劾，即使洗刷干净，也难免心存芥蒂，可谓"青蝇一相点，白璧遂成冤"，因此嘉庆帝谕令言官既要敢言，不畏权贵直上弹章，亦不能挟私报复，诬陷忠臣，但他并没有采取行之有效的措施。

三、政治阴霾：洪亮吉事件

嘉庆帝诏开言路半年之后，发生了"洪亮吉事件"，使朝廷的刷新政治蒙上了一层阴影，也可以说是嘉庆初政期间的"政治阴霾"。此后朝廷上下人人自保身家，不敢再秉公持论，并非毫无缘由，而是受到"洪亮吉事件"的冲击与影响。但嘉庆帝不到半年将洪氏赦还，在一定程度上挽回了人心。

政治气节：嫉恶如仇与怒怼和珅

洪亮吉广为人知的既不是什么汉学著述，也不是震惊朝野的上疏嘉庆帝，而是他的《治平篇》《生计篇》，论述乾隆年间人口增长过快造成人地矛盾加剧、社会资源短缺，最终必然引发社会动乱，实为中国近代人口学说的"先驱"，被誉为中国的"马尔萨斯"。洪亮吉，字稚存，号北江，晚号更生居士，江苏阳湖（今常州）人，生于乾隆十一年（1746）。洪氏少年丧父，与母亲相依为命，31 岁时母亲亦去世，他厉行古制，在七七之内仅喝稀粥睡草席，昼夜号哭，终丧穿戴白衣白冠，不进肉食，不入内室，嗣后每遇母亲忌日，就终日不食，30 年如一日。

　　史载洪亮吉为人刚急豪迈，酷爱古人偏奇之行，喜欢游览高山大川，登黄山必到天都峰绝顶，钻入茅山石洞，手持蜡烛独行数里而不顾危险；也曾在洞庭西山缥缈峰之下放舟，风大浪急，而他吟啸自得，毫无畏惧。这些在常人很难做到的事，而洪亮吉却潇洒自如，其人气质醇厚，胆识过人，可以担当大事。此外，洪亮吉的性情更有放荡不羁的一面，其一生以气节自励，嫉恶如仇，钦慕古人风骨，效仿古人气节，每每厌恶汉代胡广所注《中庸》及孔光、张禹的为人，对佛教深嫉痛恨，著书作文从来不引佛藏之语。

　　乾隆四十八年（1783），同乡好友黄景仁在投奔陕西巡抚毕沅的途中，客死山西安邑，洪亮吉闻讯，骑马四昼夜奔驰 700 余里抵达安邑，筹资将其遗体送归故里。后来又操持黄景仁的儿女婚嫁，堪称是生死至交。对于洪氏性情，王昶评价说："稚存少孤失

① 王昶：《蒲褐山房诗话新编》，周维德辑校，齐鲁书社 1988 年版，第161—162页。

怙，为母夫人守节教养而成，是以刻意厉行，确苦自持……而于取与尤严，盖古之狷者也。"① 洪亮吉由于成名早，才华高，又深得当世名公大儒的推重，因此对自己的期许颇高，常以名士自标榜。

乾隆末年和珅当国，结党营私，招权纳贿，当时的士大夫可谓斯文扫地，他们之中有的职任尚书、侍郎，却心甘情愿在和珅面前卑躬屈膝；有的贵为大学士、九卿之长且年龄长于和珅，却求为和珅私人与门生；有的寡廉鲜耻结交和珅僮仆，以求高官厚禄与荣华富贵；太学三馆与士林风气大有关系，有人为了署理祭酒而昏夜乞怜；更有甚者在人前长跪，以求讲官一职；大考翰林时，则有人向军机章京求认师生，以探取御制诗韵。但常州在京的老辈学者却洁身自好，特立独行，表现出异乎寻常的凛凛风骨，他们相戒不与和珅往来，被京师同僚呼为"常州憨物"，其中洪亮吉与孙星衍则为领袖人物。

孙星衍为乾隆五十二年（1787）殿试榜眼，据刘禺生《世载堂杂忆》记载，孙氏留京后无一日不骂和珅，结果翰林院散馆后未能留馆而改为刑部主事，此是和珅所为，尽人皆知。五十五年（1790），洪亮吉成为榜眼，授翰林院编修，充任国史馆编纂官。洪亮吉书法名重于世，因此在上书房行走，和珅通过成亲王永瑆转达洪氏，要他为自己写对联，洪氏无法公开拒绝。第二天，对联书写完毕，洪亮吉上呈成亲王，题款从左轴左方，以小字直书自己的官衔"赐进士出身翰林院上书房行走"洪亮吉敬奉成亲王之命，书赐大学士和珅，当然和珅的官衔更是长长的一大串。成亲王一见，就说这样题款怎么交付和相？洪亮吉却说，我本来就是奉命书对，只能如此题款而已。和珅得知风声后，向成亲王索要洪氏所书对联，成亲王每每以游移不定之词加以延缓。

孙星衍与洪亮吉是同乡好友，二人不仅是学识渊博的汉学家，而且是具有气节风骨的士大夫，他们不畏和珅权势，拒绝与权倾朝野的和珅往来，向世人表明自己绝不与和珅同流合污的决绝态度，颇为后世所敬仰。此外，洪氏好友武亿，亦对扰害百

◎ 洪亮吉书法

姓的和珅番役痛加杖责。乾隆五十六年（1791），武亿补山东博山知县。第二年，有传言说清水教首领王伦未死，大学士和珅密遣番役寻访王伦踪迹。于是番役横行山东各州县，扰害百姓而莫敢谁何，进入博山县境后，更是饮酒赌博，为非作歹。武亿将番役收押，痛杖头目成德。山东巡抚吉庆惧怕和珅权势，颠倒黑白，上奏乾隆帝污蔑武亿任听衙役安拏平民，滥行重责，以致拖累无辜，武亿因此被革职。嘉庆四年（1799）正月，和珅伏法被诛，嘉庆帝下诏荐举枉曲之员，十一月，朝廷敕谕吏部起复武亿，而武亿已先此一月病故，时人为之惋惜。洪亮吉作为武亿好友，既钦佩其气节，亦对和珅的迫害痛恨不已。

此外，浙江萧山人汤金钊身为著名学者与道光朝宰辅大臣，早年对和珅的笼络也不屑一顾。乾隆五十九年（1794），22岁的汤金钊乡试第一，成为解元，之后进京参加会试，和珅闻听汤氏的才华，打算将其延揽门下，托人说要见汤氏，并许下会试保证其大魁的诺言。汤氏一听马上出京，没有参加会试。等到和珅伏诛，才于嘉庆四年参加会试，终成进士，至道光朝成为颇有政绩的一代宰辅大臣。嘉道时期著名的理学家、浙江归安人姚学塽，对和珅的权势同样表现出蔑视之情。

嘉庆元年，姚学塽成进士，对策之日，侃侃谈论时政得失，表现出士大夫应有的傲骨。此时和珅权倾朝野，吏治腐败，纲纪废弛，姚氏此举招致和珅的排挤，称其为"狂生"。抑置三甲。姚氏任内阁中书时，和珅为大学士，按例中书对大学士应当行弟子礼，而他非常厌恶和珅为人，以自己为和珅弟子而感到羞耻，加上其母不愿居住京师，于是以奉养母亲之名回乡。和珅被诛后姚氏才回到京师供职。这些士大夫对和珅或"敬而远之"，或公开与之对抗，给乾嘉时期的士大夫保留了最后一丝尊严，而这些士大夫中，洪亮吉的铮铮铁骨表现得最为突出。

嘉庆三年（1798）二月大考翰詹，洪亮吉作《征邪教疏》数千言，力陈内外弊政，认为白莲教起义一方面固然由于"邪教"蛊惑；而另一方面则由于官府压迫，是官逼民反的结果。他说，楚蜀之民"因受地方官挟制万端，又以黔省苗氛不靖，派及数省，赋外加赋，横求无艺。忿不思患，欲借起事以避祸，邪教起事之由如此"[1]。因此要剿平"教匪"，肃清吏治是颇为关键的一环。洪氏此论深中时弊，一时京城人士争相传颂。但洪氏自上而下批评朝廷剿匪战事，为当权者所忌讳，以致阅卷大臣大惊失色，最初拟定洪氏名列二等前列，结果被置于三等二名，洪亮吉的言论没有受到朝廷应有的重视。

嘉庆帝亲政之后，大学士朱珪向朝廷引荐洪亮吉，因此洪氏得以参加《高宗实录》的修纂，由于他主张修史要依照古法，务求简洁，意见与其他修纂官

① 洪亮吉：《征邪教疏》，《洪亮吉集》第1册，中华书局2001年版，第206页。

① 昭梿：《啸亭杂录》卷七《洪稚存》，第186页。

② 万正中编撰：《徽州人物志》卷六《学术·洪亮吉》，黄山书社2008年版，第354页。

③ 吕培：《洪北江先生年谱》，《洪亮吉集》第5册，第2345页。

不合。朱珪为人非常迷信，自以为是文昌宫前的盘陀石转世，这与白莲教首领自称弥勒佛转世并无二致，因此在宴席上，洪氏公开指斥朱珪崇信释道，为"邪教"首领。朱珪正色说："吾为君之师辈，乃敢搪突若尔？"而洪氏却说："此正所以报师尊也。"同时他又讥讽大学士王杰刚愎自用，刘墉为当场鲍老，结果"一时八座，无不被其讥者"。① 正是这种迂鲁狂放的性格，使洪亮吉面对朝政的黑暗，发誓宁可"谔谔而死，不能默默而生！"②

诏开言路之后，洪亮吉非常振奋，由于翰林没有上疏言事之责，因此洪氏扼腕纵论时势，劝告在京大僚激扬人物清浊，时人都以为他性格怪异。吏治的腐败，白莲教的如火如荼，洪亮吉目睹时势的艰难，可谓"晨夕过虑，每闻川陕官吏偶言军营情状，感叹焦劳，或至中宵不寐，自以曾蒙恩遇，不当知而不言"③。一颗忧国爱民的赤诚之心让洪氏再也无法沉默下去。《高宗实录》第一次稿本修成，洪亮吉告假回原籍，四年八月二十三日回籍之前，作《乞假将归留别成亲王极言时政启》。按照清制，翰林院编修例不奏事，因此他将上疏写成三份，一寄成亲王永理，一寄吏部尚书朱珪，一寄左都御史刘权之，希望他们能将自己对时政的指陈转达皇帝。上疏发出之后，洪亮吉还将原稿给长子洪饴孙阅看，并做好弃官待罪的准备。同僚得知消息后，都担心洪氏身遭叵测，而他却仍然像往常一样议论国事，毫无惧色。

洪亮吉"长身火色，性超迈，歌呼饮酒，怡怡然。每兴至，凡朋侪所为，皆掣乱之为笑乐，而论当世大事，则目直视，颈皆发赤，以气加人，人不能堪。会有与君先后起官者，文正公并誉之，君大怒，以为轻己，遂怏怏不乐"[1]。洪亮吉与人讨论当朝国事，眼睛直视对方，脖子发红，气势之盛令人难以忍受。嘉庆帝诏开言路，洪亮吉愤然越职上疏，激烈批评时政，亦在情理之中。

此外，还有一事颇能反映洪亮吉的刚直性情，从而窥视其上疏的性格因素。袁枚、法式善等人曾记载，某相国问洪氏，你对人说我刚愎自用，有这件事吗？洪氏回答，有！相国生气地说："汝乃我之门生，乃谤我乎？"没有想到洪氏毫不客气地说："老师只一愎字，何尝有刚？门生为师弟之谊，妄加一刚字耳。"[2]可称洪氏老师的只有大学士朱珪，面对朝政百废待兴，洪氏心急如焚，抱怨老师不能在整饬朝政方面大有作为。他指责朱珪只"愎"不"刚"，无非是痛惜朱珪没有刷新朝政的魄力。正是嫉恶如仇、忧国忧民的个人情怀以及对朝政时局的种种忧虑，才使洪氏不顾个人安危，毅然决然给嘉庆帝上疏。

① 恽敬：《前翰林院编修洪君遗事述》，《恽敬集》，上海古籍出版社 2013 年版，第 405 页。

② 陈登原：《国史旧闻三》卷 60《洪亮吉》，中华书局 1980 年版，第 642 页。

上疏直斥当今皇帝，龙颜震怒发配新疆

在《极言时政启》中，洪亮吉认为当今皇上求治心切，而天下之人望治急迫，但朝局并未根本扭转，原因在于嘉庆帝未能效法祖宗初政之勤，用人行政未能改变权臣当国时的各种弊病，而且官风士习日益卑下；再者，朝廷赏罚不能严明，以致言路似通非通，吏治欲肃非肃。事实上，自诏开言路以来，指陈时政积弊者大有人在，但无人胆敢将矛头直指皇帝本人。而洪亮吉把朝政时弊未能扭转的根源，归结为嘉庆帝没有"尽法祖宗初政之勤"，竟然规劝当今皇帝先效法雍正帝的严明，雷厉风行刷新政治，然后效法康熙帝的宽仁，以达到天下大治的目的，这在嘉庆帝眼中更是"小臣妄测高深，意存轩轾，狂谬已极"。其中"自三四月以来，视朝稍晏，窃恐退朝之后，俳优近习之人，荧惑圣听者不少"[1]，尤其让嘉庆帝觉得刺耳，忍无可忍。

而洪亮吉的本意，无非是希望嘉庆帝加大朝政改革的力度而已。事实上，洪氏对嘉庆帝"视朝稍晏"的批评，亦非"皆无实据"。在四年八月的上谕中，嘉庆帝曾自称："朕现在二十七个月素服内，仍于八月间选看内务府三旗女子，明年二月选看八旗秀女。"刑部郎中达冲阿之女没有送选秀女，就自行许婚，受

① 洪亮吉：《乞假将归留别成亲王极言时政启》，《洪亮吉集》第1册，第223页。下面对《极言时政启》的引用，均出于此书，后不再注明。

到嘉庆帝的申斥，并为此"通行晓谕八旗及内务府三旗"，重申八旗女子选秀之后，方能婚配的制度。①由此可见，洪亮吉所言并非"信笔胡说"，他批评皇帝"视朝稍晏"亦非空穴来风。

洪亮吉全面揭露了乾隆晚期以来的官风士习，认为内外臣工尽为模棱软弱、钻营苟且之徒，在京诸臣觉得多一事不如少一事，各省贤良督抚自守成例，不肖者亟亟营私。蔓延五省如火如荼的白莲教大起义，则是官逼民反的结果。和珅被治罪确实大快人心，但和珅党羽并未清除，贤臣能员未受重用。洪氏在上疏中罗列负国罔上的朝廷重臣有 40 余人。洪氏希望嘉庆帝分清内阁六部何为国家成法，何为和珅更张；谁为国家自用之人，谁为和珅引荐而受贿舞弊之人。他们虽然遍布朝廷内外，不能一概摒弃，但升迁调补时应劝善惩恶，使天下人知道天子圣明，宽仁为怀，虽不为己甚一律罢黜，但对是非正邪明察秋毫。只有如此，才能使和珅党羽洗心革面，由权臣私人转变为效命国家之人。因此洪亮吉建议皇帝以铲除和珅的英明神武，加大整肃朝政的力度，使军国大政耳目一新。

洪氏《极言时政启》揭露了清代中叶吏治腐败、政治黑暗的社会现实，既弹劾了诸多内外臣工，又谆谆规谏当今天子，个别言辞虽然难免过激，但句句切中时弊，若是遇到雄才大略的圣明天子，一定会为其忠诚感动。同时，洪氏刚直敢言，表现出一位士大夫的忧国爱民，更喊出了正直官僚普遍的心声，嘉庆帝若能加大改革力度，定能广泛笼络人心，进一步刷新政治。

洪亮吉将《极言时政启》投书永瑆、朱珪、刘权之之后，永瑆作为当今皇帝的皇兄，马上将洪氏上疏交到嘉庆帝御前，而朱珪、刘权之则没有将原书上呈。一向宽仁的嘉庆帝看到洪氏上疏，不禁龙颜震怒，决心对这位翰林院词臣大加挞伐，因为洪亮吉上疏言辞过于激烈，令他难以忍受。上至皇帝下至胥吏，朝廷内外无一不在洪氏的谴责范围之内，的确，朝政颓败朝臣贪墨，这些都是冷酷的现实，嘉庆帝必须面对，但他生性心慈面软，没有雍正帝雷厉风行的施政风格，更没有高明毒辣的政治手腕，他只能做一位守成之君，刷新政治、力挽狂澜他根本无法办到，他所能做到的只有处分洪亮吉而已。

再者，洪亮吉触犯了嘉庆帝的忌讳，亲政之初他下令诸臣将奏事直达御前，而不得关白副封军机处，更不能将奏事内容告知军机大臣。洪亮吉把揭发皇帝阴私及朝政黑暗的上疏，送交军机大臣成亲王永瑆转达，是犯忌之中再犯忌讳。本来，和珅专擅引发了皇帝信息不灵，一些政事朝堂还未讨论，民间却早已广为传播，嘉庆帝亲政后广开言路，试图通过这一方式达到及时掌控朝政信息、调控帝国政治生态的目的。

为了确保军国大事的机密，皇帝采取了禁抄附稿、道员密奏、条陈封口等诸多措施。而洪亮吉却露章条奏，还委托永瑆、朱珪、刘权之代为呈奏，最终破坏了嘉庆帝对信息机密的控制而遭受惩处。上疏中"视朝稍晏""小人荧惑"等语不仅触犯天子威严，而且分别送给三位朝廷重臣，更是恶意"谤君"。因此嘉庆帝斥责洪氏"狂谬已极""大逆不道"，洪亮吉的"言事违例"可谓"居心殊不可问"，遭到惩罚在所难免。其实，嘉庆帝对和珅党羽以及朝廷内外的贪官污吏，都从来没有如此辣手。而洪氏这些激烈的言辞不过道出了政治黑暗的现实，却令他这个皇帝忍无可忍，竟然以超过处置和珅同党更为严厉的手段处分一个词臣，不禁令人感慨唏嘘。

洪亮吉上疏的第二天，即八月二十四日被下令革职，交军机大臣会同刑部会审。下狱之后，形势非常危急，探监亲友忍不住对着洪氏大哭，亮吉口占一绝安慰他们，末句云："丈夫自信头颅好，须为朝廷吃一刀。"亲友闻听后不禁破涕为笑。事实上洪氏也深知自己处境不妙，他的从容镇定表现出一位士大夫面临政治险境的铮铮铁骨。

① 蔡冠洛：《清代七百名人传》第四编《学术・艺事・洪亮吉》，中国书店 1984 年版，第 1726 页。

审讯前承审大臣宣布皇帝谕旨："亮吉读书人，体弱，毋许用刑。"[①] 闻听圣谕之后，一向重感情的洪亮吉伏地自认有罪，对于皇上的宽容大度感激涕零。承审大臣问他为何上疏，洪氏说："庶人传语，况翰林乎？"承审大臣又问他所言宫闱之事有何依据？洪氏说："一时糊涂，信笔胡写。"第二天，因为朱珪、刘权之没有将洪氏上疏进呈，因此受到降三级留任的处分。审讯结果，洪亮吉按大不敬罪被处以斩立决。

为了给洪亮吉求情，大学士朱珪入见嘉庆帝，免冠叩首说："亮吉小臣妄发，罪死不赦，然亦愚忠人也。陛下幸无督过之。"[1] 此时嘉庆帝火气消了大半，他也并不想把事情作绝，虽然他认为洪亮吉实属罪由自取，但他又要显示仁君风度，说自己正在励精图治开通言路，不想以言语罪人，不想做诛戮言臣、自蔽视听的平庸之主。因此下诏说："今因伊言，惟自省于心，有则改之，无则加逸而已。"

但嘉庆帝同时指出，洪亮吉并非大义凛然的"谏诤之臣"，因其"平日耽酒狂纵，放荡礼法之外，儒风士品，扫地无余"。不过，即使洪氏"讪上无礼，虽非谏诤之臣可比，亦岂肯科以死罪？俾伊窃取直名，致无识者流，妄谓朕诛戮言事之人乎？"为了显示自己的宽宏大度，嘉庆帝决定免去洪亮吉的死罪，将其发配新疆了事。但嘉庆帝也表达了对于士林当中"东林党人"风气的担忧："惟近日风气，往往好为议论，造作无根之谈。或见诸诗文，自负通品，此则人心士习所关，不可不示以惩戒。岂可以本朝极盛之时，而辄蹈明末声气陋习哉？"[2] 清朝统治者对于汉族士大夫的防范，一直保持着高度的警惕，言路不畅、士风萎靡由来有自。

①　谢阶树：《洪稚存先生传》,《洪亮吉集》第5册"附录"，第2361页。

②　《清仁宗实录》卷50，嘉庆四年八月。

对于洪亮吉上疏当中所说诋事和珅诸人，嘉庆帝一一进行了辩解，比如孙士毅、窦光鼐、李绶等人早已人亡物故；吴省钦已经被罢斥；蒋赐荣、韩锓虽然尚列朝籍，但已不复重用；此外吴省兰、胡长龄、汪滋畹等人与和珅交接密切，素为嘉庆帝所知，和珅一案定谳时已明降谕旨，凡依附和珅者一概不必株连，岂有因洪亮吉一言而复行追究之理？又如杨天相一案，嘉庆帝早有耳闻，特交费淳确查，并无冤枉的确凿证据；若果有屈抑，案内参革治罪的陈大用以及目前监禁的林朝相、沈春发等人，岂无一言申诉，何待洪亮吉为其哓哓不平？

又如秦承恩关闭城门不纳难民之事，屡经审讯，并询问陕西文武大臣，则实无其事，因此加恩将秦承恩释放，发还所抄家产；惠龄因为屡获白莲教"逆首"，因此被革职后又降补侍郎。这些贻误地方公务的大员，只有罪至于死方可加以重典。嘉庆帝犀利地指出，目前洪亮吉"显肆谤讪"皇帝与朝臣，不也没有绳之以法吗？况且那些封疆大吏罪状未明，怎么可以立行重辟？此外，洪亮吉罗列军机章京章煦向和珅求认师生，洪氏也是得自传闻，并无确据。因此在嘉庆帝看来，洪亮吉的上疏是"肆意妄言，有心诽谤"，假如按照大不敬罪斩立决，实属"罪由自取"。只是他要显示自己作为"仁君"的宽宏大度，才饶过洪亮吉的死罪。

天人感应与洪亮吉的赦还

八月二十七日，嘉庆帝决定将洪亮吉从宽发落，发配到新疆伊犁效力赎罪，交由伊犁将军保宁严加管束，同时传谕保宁说：等洪亮吉解到后严加管束，随时察看，如果洪亮吉能改过自新，安静守法，三五年后据实具奏，听候朝廷降旨，倘若洪亮吉故态复萌，还是使酒尚气，甚至肆行妄议朝政，诋毁国是，又复形之于文章笔墨，保宁则一面锁拿，一面据实严参具奏，不得加以讳饰。当时洪亮吉在刑部共计三昼夜，后来被移至兵部，从京师彰仪门赶赴新疆戍所，这期间慰问的人不绝于道路，其中许多人虽然未曾与洪氏谋面，但因为崇敬洪氏的胆量与人格而前来为他送行。

伊犁将军保宁为了讨好嘉庆帝，曾经上奏说，洪亮吉一到伊犁，就将他毙之以法，结果嘉庆帝明确不允，斥责保宁糊涂。洪亮吉八月二十三日上疏，二十七日就被遣戍伊犁，整个案件的审理仅仅三天时间，其速度之快，处分之重，令人瞠目结舌。这给满朝文武造成极大的震撼，他们不想因言获罪，于是又相率缄默不言，明哲保身。即便偶尔有人上疏言事，也只是不痛不痒的泛论官常，对于那些与君德民隐休戚相关的国家大事，再也无人论及，朝堂上下又归于一片沉寂。亲政之初嘉庆帝处置贪污婪索的和珅，也没有如此大动干戈，朝臣们觉得何必自找麻烦，多一事不如少一事。

五年（1800）四月，京师大旱，田里禾苗焦枯，嘉庆帝亲自登上社稷坛祈雨，但万里晴空未雨。无奈之下皇帝又降旨清理刑狱，查明各省军流以下各案案犯，减等进行发落，同时派遣官员祭祀雨神 24 天，但依然没有下雨。接着，嘉庆帝谕令刑部及各省详查监狱中永远监禁及永远枷号人犯，分别从宽释放。再者，先前惩办各省亏空案中身陷囹圄的犯官及其子孙，还有发配新疆年久未归的官员，开单候旨分别加恩从轻处罚，但老天爷依然不下雨。

嘉庆帝心中狐疑，反思自己的执政，认为善于纳谏乃为政之本，他隐隐感觉对洪亮吉处分有些过重，再次详加披阅《极言时政启》，认为有些字句虽然未免过激，但洪亮吉所言都是实实在在存在的问题，"实无违碍之句，仍有爱君之诚……亮吉所论，实足启沃朕心，故铭诸座右，时常观览，勤政远佞，警省朕躬"[1]。嘉庆帝还将洪亮吉原书特加宣示，并装潢成卷，置于座右，使朝廷内外臣工"知朕非拒谏饰非之主，实为可与言之君。诸臣遇可与言之君而不与言，负朕求治苦心"[2]。因此嘉庆帝朱笔亲书谕旨，交军机处颁发中外，宣布洪亮吉立即释放回籍，但他仍谕令地方官留心察看，不准出境。结果诏书发布的当天

[1] [2] 《清仁宗实录》卷 65，嘉庆五年闰四月。

下午彤云密布，京师即得透雨，难道真有所谓"天人感应"吗？

谕旨到达伊犁戍所之后，洪亮吉手捧诏书涕泣如雨。五月初一，洪亮吉离开戍所东还故里，为了感激皇帝的不杀之恩，他将书室改为"更生斋"，并自号"更生居士"，洪亮吉谪居伊犁总计不到半年，有清一代，发配新疆的汉员赐还之速，无人能比。嘉庆帝这一做法，不但使洪氏感激涕零，而且缓和了朝廷紧张的氛围，在一定程度上挽回了人心。对此，洪亮吉的好友孙星衍说：

> 吾于洪君之遇，而知圣世容人纳谏之政，度越千古也。唐宋不杀言官，恕其一死；或探上意，毙之道路；或不见省录，终于戍所，何可胜道！君以违例言事，蒙恩免死，不毙于边帅阴谋之手，于是知圣明之独断远矣。[1]

① 孙星衍：《翰林院编修洪君传》，《洪亮吉集》第 3 册"附录"，第 1218 页。

孙氏此言，颇能代表当时士大夫阶层对洪亮吉事件的普遍看法。唐宋时期表面上不杀言官，而将其流放之后，一生不再召还而老死于戍所，或者趁机在路途中将其杀害。但嘉庆帝并未如此，而是不到半年即将洪氏赦还，因此获得了"圣明"的美誉。洪氏赦还之后，两淮盐运使曾燠作诗云："圣主求言量独宏，谤书宣示举朝惊。竟将钟爱怜苏轼，不许公卿害贾

① 曾燠:《题万里荷戈集诸友人诗》,《洪亮吉集》第 3 册,第 1218 页。

生。绝塞乌头三月白，归装驼背一编轻。旁观犹感君恩重，何况亲为雪窖行。"① 嘉庆帝对洪亮吉的宽大处置，使他博得了善于纳谏、胸怀大度的美誉。

肆

勇改父之道：
嘉庆帝的拨乱反正

《论语·学而》篇曰："父在观其志，父殁观其行，三年无改父之道，可谓孝矣。"其实"三年无改父之道"要具体看"道"是什么，好的父道传统即先辈的正义事业与先进的治国理念，后辈一定要继承和发扬；如果不问"道"是什么而一味盲目遵守，那么只能是愚孝。嘉庆帝以端正仁孝著称，一生最为崇拜的就是父皇乾隆帝，因为他不但给了他生命，而且是主宰他命运的"神"，而乾隆帝的"十全武功"足以彪炳千秋，更是令他仰视。因此亲政后不久，四年十二月，嘉庆帝下诏明确表示："朕以皇考之心为心，以皇考之政为政，率循旧章，恒恐不及，有何维新之处？"此语有一定道理，嘉庆朝在文化政策方面，继续推行乾隆朝"稽古右文"的文化政策，继《四库全书》后搞了一系列大型文化工程，如编撰《全唐文》《大清会典》《委婉别藏》等大型文化典籍。

但在诸多方面，嘉庆帝对乾隆晚年的弊政进行拨

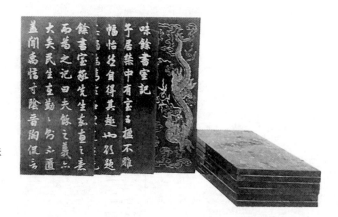

◎ 嘉庆皇帝书《味余书室记》

乱反正，也可以说是勇改"父之道"。如废止自行议罪银，断然终止乾隆时代的南巡盛典，同时以"崇俭去奢"相倡导，严禁内外臣工贡献方物，以期扭转朝野上下的奢侈浮靡之风。同时，他松弛文网，断然放弃相沿 170 余年的"文字狱"，给士大夫一个宽松的政治环境，希冀引导士人于实学之途。可以说，崇实黜华、以实心行实政，摒弃祥瑞粉饰，反对虚妄欺饰，是嘉庆帝掌政期间督率群臣、治国理政的最大特点。

一、以实心行实政，摒弃祥瑞粉饰

乾隆帝好大喜功，晚年尤其喜欢听吉祥话，结果造成上下欺蒙、粉饰太平的恶劣习气，训政期间白莲教大起义如火如荼，领兵大员养寇玩兵，每次奏报打仗情形，取得一点小小的胜利就铺叙战功，纵然吃了败仗也想方设法加以掩饰。乾隆帝由于年岁日高，对诸多军政大事多从宽处理，凡是军营奏报小有胜仗，即赏赐丰厚；而带兵大员贻误军务也不过拔去花翎，传旨申饬，一旦小有功劳，就赏官复爵。嘉庆帝亲政后整饬朝政，注重实心行政，主张摒除虚妄欺饰，主要表现在两个方面，一是嘉庆帝对历代封建帝王都十分看重的景星庆云、吉语祥瑞之类并不看重，相反对于上天降灾示警比较重视；二是对于官场普遍存在的粉饰欺妄之风进行了严厉的批评与惩治，倡导大小官员要以实心行实政。

百姓家给人足，最为朝廷祥瑞

　　大臣们最喜欢恭维皇帝，动不动就赞颂当今圣上为尧舜之君，对此嘉庆帝颇不以为然："上有圣主，必得贤臣辅佐，若举朝庸碌无能，尸禄保位，尚腆颜颂其君为尧舜禹汤，自问己之政绩果如皋夔稷契乎？所谓虚美熏心，恐致灾祸否塞矣。"① 嘉庆帝对朝臣阿谀奉承自己为尧、舜、禹、汤那样的圣主颇为反感，因此让朝臣们反思自己是否为皋、夔、稷、契那样的贤臣，没有贤臣辅佐，怎么可能凭空产生圣主？表现出一种颇为务实的政治作风。

　　嘉庆帝心目中所谓的祥瑞，就是时和年丰，百姓富足，如果皇帝铺陈符应，大臣就容易粉饰太平，但对于灾异示警嘉庆帝却高度重视。只有不讳言灾异，皇帝才会修身反省自己。古人称麟凤来游或者出于附会，而上苍示警垂戒，则属于天人感应，帝王不可不戒惧。嘉庆三年（1798）冬十月二十八九日夜间，众星交流如织，由于太上皇圣躬不豫，钦天监没有上奏。嘉庆帝认为这是天象示警，深感敬畏，认为自己应躬行修德以消弭灾祸，岂可任意隐瞒？因此嘉庆四

① 颙琰：《清晖阁观书记》，《清仁宗御制文二集》卷四，《故宫珍本丛刊》第580册，海南出版社2000年版，第142页。

年三月，他再次提及此事并批评说，向来灵台占验，眼睛只盯着吉祥符瑞，比如每年春分、秋分、夏至、冬至占风，不论这天风来自何方，都事先选择应候协方，取名"佳光"，这种做法相沿已久，固然可笑。至于这次星象异常，则存心隐匿不报，这样钦天监的职守何在？因此嘉庆帝要求嗣后钦天监占星观象，惟当据实直陈，以实不以文。

四年四月初一，钦天监上奏说昨夜日月合璧，五星联珠，再次以合璧联珠侈言祥瑞，嘉庆帝认为这样会开启满盈骄肆之心，大失钦天敬畏之意，而日月合璧，五星联珠，前代史册多所记载。嘉庆帝明确指出，他也粗知天文历算，合璧联珠的躔度运行很容易推算而得，并非如同景星庆云、麟凤来游之类，可以虚词附会。合璧联珠的出现只是天体运行的一种巧合而已，哪有什么祥瑞可言？他又说，现在川陕一带"教匪"没有荡平，遭受荼毒的苍生赤子至今未返家园，作为皇帝，他深为怜悯百姓处境惟艰，哪里还敢侈言符应？"如能逆匪即日荡平，黎民复业，吏治肃而政通，年谷成而时若，其为休应，孰过于斯？若此等铺陈，侈言祥瑞，近于骄泰，实为朕所不取。"[1] 在嘉庆帝看来，"教匪"荡平，黎民复业，年和谷丰，政通吏肃，才是真正的吉祥符瑞，如今"兵戈未息，何足言瑞"？一味奢言合璧联珠，则近乎虚妄。

[1] 《清仁宗实录》卷42，嘉庆四年四月。

批评官场粉饰欺妄之风

　　嘉庆一朝吏治最大的弊病，在于粉饰欺妄，对此嘉庆帝进行了严厉的批评，他注重行政尚实，反对徇隐欺饰，突出表现在于他对白莲教起义原因的反省，以及对平叛战争中的军营腐败进行尖锐批评。在嘉庆帝看来，白莲教起义除了"邪教"煽惑之外，根本原因在于官逼民反。嘉庆三年冬，白莲教首领王三槐被俘解京，审讯时供词内就有"官逼民反"之语。嘉庆帝闻听后为之恻然，并对王三槐暂停正法。他认识到黎民百姓如果不是万不得已，哪里肯不顾身家，铤而走险？正是地方官不能宣示朝廷圣德，层层朘削，百姓承受无穷的苦累，才冒死揭竿而起。嘉庆帝对白莲教起义原因的反思，表现了一位封建帝王清醒的政治意识。

　　此外，平定白莲教的战事已数年之久，糜饷七千万两，而战事远未结束的根本原因，在于带兵大臣不以军务为念，玩兵养寇，冒功营私。他尖锐地揭露军营奏报的欺妄粉饰："且伊等每次奏报打仗情形，小有斩获，即铺叙战功；纵有挫衄，亦皆粉饰其辞，并不据实陈奏。……但军务关系紧要，不容稍有隐饰。伊等节次奏报杀贼数千名至数百名不等，有何证验？亦不过任意虚捏。若稍有失利，尤当据实奏明，以便指示机宜。似此掩败为胜，岂不贻误重事？"① 嘉庆帝深知军营积弊已非一日，因此他处理军务注重综核名实，惟以时和年丰、平"贼"安民为上瑞，而对于军旅之事信赏必罚。嘉庆帝明白宣谕各路带兵大员，应当洗心革面，不要再重蹈欺饰怠玩的故辙，而且他言出法随，如果带兵大员再欺妄粉饰，不实力"剿贼"，惟有按军法严惩不贷。这充分展示了嘉庆帝实心行政的决心和勇气，使朝政出现了某种新的气象。

嘉庆七年（1802）八月间，直隶景州、河间一带发生蝗灾，嘉庆帝担心与该处毗连的山东境内不免也有飞蝗，因此降旨询问山东巡抚和宁，和宁在复奏折内声称济宁、金乡等州县，间有飞蝗，不伤庄稼。嘉庆帝随后谕令新任巡抚祖之望加以查勘，结果祖之望奏报说济南、泰安、沂州、东昌、济宁等州府所属五十多个州县，均不同程度上遭受蝗灾，山东全省有十之六七的地方受灾。嘉庆帝大怒，将故意讳灾、无视民瘼的巡抚和宁革职，发往乌鲁木齐效力赎罪。

九年（1804）六月，直隶各州县发生蝗灾，而总督颜检上奏说偶尔有飞蝗过境，全在空中飞扬，不伤庄稼。嘉庆帝指出，飞蝗经过之处道路绵长，哪有久飞不停之理？既然落地停歇，断然不会忍饥挨饿，哪有不伤庄稼之理？地方官为了规避处分，总是讳灾不报，或说不伤庄稼。嘉庆帝一面派大臣范建丰查勘，一面降旨谕令颜检查明复奏。结果颜检奏报蝗虫已扑

灭净尽，并说蝗虫不伤庄稼，只吃青草。嘉庆帝认为
颜检此奏太不像话，他说颜检平日办事还算认真，只
是奏折内总是敷陈吉语，近乎虚浮。家给人足才是太
平之象，哪里容得一丝粉饰？颜检喜欢说吉祥话，属
员就存心迎合，出现灾歉地方官就不肯据实上报，在
上者就不了解闾阎的疾苦。嘉庆帝再次命令颜检迅速
派人查勘灾情，务必将蝗虫扑捕净尽，对于因蝗灾而
减少收成之处，也要据实上奏，不得仍像从前那样讳
饰。嘉庆帝还御制《见蝗叹》一首，命人誊录交给颜
检阅看，并将宫内捕获的蝗虫，一并送交颜检。

　　经过嘉庆帝再四严饬，颜检仍未据实陈奏。对于
颜检的粉饰，嘉庆帝再次告诫说，皇帝应以家给人
足、时和岁丰为上瑞，地方灾歉皇帝早一天得知，就
可以早一天赈济，百姓就早一天安居，各省督抚暂时
隐匿不奏，似乎表面上不让皇帝烦心，等到酿成大
患，皇帝则更加焦劳。总之，粉饰之习一开，"则督
抚等惟事敷陈吉语，而属员意存迎合，日久相蒙，必
至一切国计民生之事，概不以实上陈"[1]。嘉庆帝深
知封疆大吏如果事事务求粉饰，其流弊就是民隐无法
上达，诸事欺妄而已，他再次指出颜检以粉饰太平
为颂扬，是非常荒谬的，他说："人情孰不好谀恶直，
朕独不然。常存良药苦口利于病、忠言逆耳利于行之
见，期与吾民共享太平，方遂素志。"[2]嘉庆帝反对
颂扬粉饰的精神，着实难能可贵。

① 《清仁宗实录》卷131，嘉庆九年秋七月。

② 《清仁宗实录》卷132，嘉庆九年七月。

嘉庆十八年（1813），林清攻打紫禁城的禁门之变发生，此事极大震撼了嘉庆帝，事后颁布《遇变罪己诏》，对当时的吏治状况进行深刻的反思。嘉庆帝认为，大内突发非常变故，实在是汉、唐、宋、明所未有，事变虽然起于一时，但祸患的积累却并非一朝一夕，当今吏治大弊，在于"因循怠玩"四字，皇帝虽然再三告诫，以致唇焦笔秃，但诸臣不能领会。一年后嘉庆帝颁布《御制实心行政说》，对于去年发生的"禁门之变"，他朝夕难以忘怀，因此孜孜求治，不敢懈怠。而此事在诸臣脑海里渐渐淡忘，皇帝召对时又满口天下太平。

嘉庆帝认为，当前最大的政治弊病，在于"官无实心，民多伪诈；官则因循怠玩，民皆诪张为幻"[1]。大小官吏对国家治乱漠不关心，缺乏实心为国为民的思想，一些奸徒就会利用"邪教"煽惑愚民，小则聚众敛钱，大则揭竿作乱，自古乱贼称王称帝的不乏其人，但从来没有僭越上古三皇之号的，当前的世道人心可想而知。事实上，只有以实心行实政，天下才能大治，因此嘉庆帝要求"诸臣尽一分实心，国家受一分实福，民生免一分实祸"[2]。

---

① ② 《清仁宗实录》卷 297，嘉庆十九年九月。

重视上天降灾示警，主张尚实黜华

嘉庆帝不重祥瑞，相反对上天降灾示警却非常重视。二十三年（1818）四月初八，京师一带从东南方向暴风骤起，俄顷之间尘霾四塞，皇宫之中点燃蜡烛才能看清东西。对于这一异常天象，嘉庆帝心中震惧，认为这是上苍示警，第二天他下诏求言，认为尘霾四起或是源于他办事不明，用人不当；或是他意存怠忽，不能力勤政事；或是有下情不能上达，朝政尚有缺失，而无人能够匡正；或是小民冤苦，壅遏不得上闻；或是内外大臣有奸邪之人，而皇帝不及觉察。嘉庆帝要求有言事之责的大臣务必摒除私意，进谏忠言。

给事中卢浙上奏说风沙示警，请求皇帝禁止缉捕员弁贪功冒赏，因擒拿林清"逆案"内的祝现等六犯，而借机扰累平民。嘉庆帝赞同卢浙的上奏，认为承缉人员不能擒获祝现等人，转而以他犯搪塞，番役兵丁等乘机肆虐，或诬陷平民，或借端报复，娄索财物。即使解挐到官审明昭雪，而被害之人早已倾家荡产，甚至因此丧命的更不在少数。嘉庆帝谕令凡内外缉捕衙门，惟有严密查访祝现六犯的踪迹，确有证据才可以就地擒挐，官弁之中有贪功冒赏、诬陷无辜的，一旦查出其上司也要一体严参治罪，以免扰累平民。

十二日，嘉庆帝以京师风霾，下诏谴责内外臣工乖离，并说自己恪遵祖宗成宪，每天召见廷臣不下十余次，似乎未有乖离之事。但与皇帝同心望治的大臣不过十之一二，他召对时虽然虚怀询问治国之策，而大臣总是以为政治毫无阙失，惟知颂美皇上圣明，这就是所谓貌合而神离，君臣乖离。即使诸臣同僚之中，也每每心知其非，而不肯直言匡正，甘为小人之同而非君子之和，这也是大臣之间的乖离。嘉庆帝要求嗣后君臣以及同僚之间，应当共矢忠诚，痛改前失，以尽人事而感天和。

嘉庆帝并没有因此停止清查阴霾四塞的原因，他降旨在近畿一带遍行查访。据廷臣陈预奏报，山东海丰滨海地方于四月初八日东北风大作，昼夜不停。初九日海潮骤然而至，漫淹滩地盐场，沿海地区的居民房屋损失很大。嘉庆帝认为海丰在京城之东，初八日申刻海风暴起，瞬息千里，至酉刻到达京师，因此沙尘蔽空，形同黑夜。由于沿海居民遭受风灾，嘉庆帝饬令山东布政使广庆前往查勘抚恤，毋使灾民流离失所。

嘉庆帝尚实的施政精神，可谓终生坚定不移。二十五年（1820）七月，他到承德避暑山庄举行木兰秋狝，二十日驻跸密云县行宫，直隶总督方受畴奏称，深州地方秋禾有双穗甚至十一穗者，并摘取一些作为样本进呈，方受畴的本意是想让嘉庆帝高兴一番，并在皇帝起銮时取个好兆头。但嘉庆帝并不赞成这种做法，他说，本来今年风调雨顺，各省年谷丰登，他内心十分欣慰。国家以丰年为瑞，又何必以双歧合颖为美谈？进献样本也难免耗费物力，以后各省遇有瑞麦嘉禾，只要据实奏闻就可以了，不能稍加粉饰，也不许摘取样本呈进，以免辜负皇帝崇本务实之意。这充分体现了嘉庆帝尚实黜华的一贯作风。

二、黜奢崇俭与停止下江南

乾隆帝好大喜功，在位期间做了诸多崇奢尚盛、劳民伤财之事，致使乾隆中后期库藏日绌。影响所及整个统治阶级穷奢极欲。据昭梿《啸亭杂录》记载："乾隆末，和相当权，最尚奢华，凡翰苑部曹名辈，无不美丽自喜，衣褂袍褶，式皆内裁。其衣冠敝陋，恫幅无华者，人皆视为弃物。"[1] 至嘉庆元年乾隆帝内禅归政时，国库几乎因征边、平叛、南巡、贪污等原因而挥霍一空。嘉庆帝亲政以后，整个社会依然弥漫着争奇斗富的奢靡之风，上层社会征歌逐舞，处处花天酒地。

嘉庆初年生活在北京的著名学者郝懿行，对京师生活的奢侈有着切身的感受："乃至士大夫家，穷奢极丽，踵事增加，不能仰承德美。至于'弃事就酒'，'衣服过度'，盗在其家，恒流不免。又或优伶杂坐，间以诙嘲，肴饵鲜新，更相夸竞，比之珍厨玉食，迥不俟矣。风会所趋，羞贫艳富，或乃典衣候客，贷息称觞，妇女佚游，竞为华饰，'封藏不谨'，惟盗之

① 昭梿：《啸亭杂录》附《啸亭续录》卷二《刘文清语》，第 423 页。

① 郝懿行:《〈六韬逸文〉跋》，安作璋主编:《郝懿行集》第7册，齐鲁书社2010年版，第5266—5267页。

招。"① 士大夫之家竞相奢侈浮华，造成社会财富的极大浪费。因此黜奢崇俭势在必行。另一方面，民间生计日蹙，民变频生，白莲教起义远未平息，但国库已趋于枯竭，崇尚节俭、扭转社会风气有着重要的现实意义。

爱惜物力民生，主张黜奢崇俭

嘉庆帝登基之后，往昔乾隆盛世的光环已经黯淡下去，他首先要面对财政空虚、吏治腐败的现实，而整个社会却奢侈浮靡，因此嘉庆帝大力提倡黜奢崇俭。身为皇子在"味余书室"读书时，嘉庆帝就已意识到帝王奢俭与国家治乱兴衰相攸关，曾作《礼与其奢也宁俭论》《慎乃俭德论》《节俭论》等文，抒发自己节用爱人的思想。嘉庆帝认为人君治天下，首先要崇俭去奢，这是爱惜物力民生之道。人君只有撙节靡费，爱养百姓，培护民间元气，抑制服用器物的奢华，不开奢靡之风，才可以永葆上天赐予的福禄。而人君的节俭不在于聚敛财富，搜刮百姓，而在于皇室服御的适度节俭，如果皇室用度"逞巧盈侈，耗国正用"，就应当进行限制。一般情况下，创业之君都能做到节俭，而守成之君安富尊荣，容易骄奢淫逸，尤应注意崇俭黜奢。

再者，清代至嘉道年间生齿日繁，人口增长速度远远超过社会财富的增长，因此导致民生日蹙，嘉庆帝倡导节俭有着深刻的社会意义。他说："方今生齿日繁，即果能相率以俭，犹恐日用不足。第由奢返俭，其事不易，亦惟有默化潜移。"[1] 因此嘉庆帝刚刚亲政，就再次表示，节用不但能够养身，而且能够养人，上行下效则其功立见。他治家向来以崇俭为本，现今治理天下也不忘初心。百姓富足则皇帝之愿足矣，黎民家有盖藏则是皇帝的大富。

嘉庆帝黜奢崇俭，除了本人性格之外，还深受师傅朱珪的影响。朱珪阐发仁政爱民的王道思想，具体而言不外乎以修身养性、节俭以表率天下："日导上以今古嘉猷，侍讲幄十年余，无一时趋之语，今上甚重之"[2]。朱珪的教导对颙琰日后的为人为政影响很大，尤其是在勤政、崇俭、仁厚、慎重等方面，表现最为明显。在朱珪看来，君主清廉俭朴不仅是个人修养问题，而且关系到一个王朝的治乱兴衰。早在嘉庆亲政后召其进京，朱珪就陈述了这一治国理想："修身则严诚欺之界，观人则辨义利之防，君心正而四维张，朝廷清而九牧肃。身先节俭，崇奖清廉，自然盗贼不足平，财用不足阜。"[3] 朱珪认为，皇帝躬亲节俭，褒奖清廉大臣，是为政的根本所在，并希望嘉庆帝以圣君尧舜为楷模，做圣明君主。在黜奢崇俭这一问题上，嘉庆帝与朱珪的认识高度一致。

以个人居官而言，朱珪可谓两袖清风，清廉自

[1] 《清仁宗实录》卷82，嘉庆六年夏四月。

[2] 昭梿：《啸亭杂录》卷四《朱文正》，第104页。

[3] 赵尔巽：《清史稿》卷340《朱珪传》，中华书局1998年版，第11093页。

守，40多岁丧妻之后没有续妻纳妾，过着独身的生活。对于朱珪的廉洁，阮元曾说："公领试事，不受外僚赠遗，不留贫生银。布政数省，平余银钜万，悉不取。抚安徽，裁芜湖关陋规。闽省洋商陋规事发，钦使莅治，独公实不受一钱。公官干外，厓岸廉峻，中朝大官绝无所援。"[1] 的确，朱珪一生位居高官，从来不贪一钱，生活之清寒不亚于穷困儒生。去世之日，由于府第门庭低矮，以致亲来祭奠的嘉庆帝的辇舆无法进入，只得步行至灵柩之前，而朱珪躺卧之处仅有一床布被布褥，其他地方则堆放残书数箧而已，同僚见此情形，无不悲伤感叹。嘉庆帝对师傅的评价是："半生惟独宿，一生不言钱。"朱珪以自己的身体力行，感召嘉庆帝躬亲节俭。

① 阮元：《太傅体仁阁大学士大兴朱文正公神道碑》，《揅经室集·二集》卷三，中华书局1993年版，第419页。

弛禁新疆玉贡，严禁臣工贡献

嘉庆帝的崇俭，主要表现在弛禁新疆玉贡与严禁臣工贡献两个方面。乾隆二十四年（1759），清廷平定回部大小和卓叛乱，新疆统一，采自新疆的玉石大量流入内廷。次年，朝廷规定叶尔羌、和阗每年贡玉四千斤，特贡不计。为了保证宫廷供应，新疆和阗等地玉禁甚严。嘉庆帝亲政后，为了恩养回民，疆宇宁静，他表示玉之多少不足重轻，因此谕令解除私买新疆玉石的例禁，规定嗣后贩卖新疆玉石，无论是否成器，一概免除治罪，从前贩玉案内的各人贩，准许他们报部核准释放。另外，朝廷又将各卡士兵撤回营伍，以免借机扰累民众。每年在官玉采完之后，允许商民请票售卖玉石。

嘉庆三年十二月间，由叶尔羌采押解的大块玉石，在运送至京的途中，由于行走非常艰难，伯克都尔嘉将这些情形告知和珅，而和珅隐匿不奏。亲政后嘉庆帝得知这一情况，认为叶尔羌离京师路途甚为遥远，运送玉石倍觉费力，为了解除当地百姓的劳苦情状，他谕令"所解玉石，行至何处，即行抛弃，不必前解"①。并寄谕所经地方督抚赏赐伯克头目绸缎，并赏给回众人等银两若干，以表示朝廷矜恤回众之意。据昭梿《啸亭杂录》记载："今上亲政时，首罢贡献之诏……时和阗贡玉，辇至陕、甘间，上即命弃诸途中，不许解入。故一时珠玉之价，骤减十之七八云。"② 这表明嘉庆帝此举收到了应有的效果。

七年（1802）十一月，和阗伯克采获斤数较重的两块白玉，办事大臣兴肇上奏嘉庆帝，赏伯克花翎，结果引起嘉庆帝的不满。他认为白玉何足为贵，并说对朝廷而言最为宝贵的，在于时和年丰，物阜民安，一切耳目玩好之物，素来为他所鄙弃。因此嘉庆帝晓谕各伯克，嗣后实力当差，朝廷必当加恩赏赍，现在所采获的两块大玉，如果可以趁例贡之便送京，则准许附带，如果沿途运送稍有不便，即抛弃在该处，不

① 《清仁宗实录》卷38，嘉庆四年正月。

② 昭梿：《啸亭杂录》卷一《却玉贡》，第27页。

必进呈。此事体现了嘉庆帝注重边疆政务，不好珍玩的可贵精神。

嘉庆十一年（1806）十一月，新疆办事大臣玉庆再次上奏，认为当年所弃掷的大玉，一重七千五百余斤，一重三千七百余斤，比正供玉料还重，因此他锐意将这些玉料运送至京，嘉庆帝认为，运送重达千斤的玉料，又要翻山越岭，沿途各处都需要派兵保护，因为运送无用的玉石而烦扰地方，实属妄动无谓之举。因此他再次表示："朕实天性不喜珠玉，非故为矫情之举，是以谆谆停止贡献。"[1] 结果玉庆被传旨严行申饬。嘉庆帝认为玉庆不识政体，不能胜任回疆办事大臣之职，因此降调为伊犁领队大臣，并再次下令停止起运大玉。但嘉庆一朝，新疆玉贡始终没有停止。嘉庆十七年（1812），考虑到新疆距京迢迢万里，长途运送玉石，回众非常劳苦，再者清廷造办处所存玉石甚多，因此嘉庆帝谕令减少玉贡数额，嗣后岁贡以二千斤为率，但质地要精良温润，以免浪费。

乾隆年间，内外臣工贡献方物，突出表现在皇太后七旬、八旬万寿以及乾隆帝六旬万寿上，各省督抚纷纷购觅珍奇古玩充贡。其实各省督抚每年于皇帝、皇太后万寿以及年节，都要一例进贡，以致王公大臣、头品大员纷纷效尤。各省布政使、按察使等不应进贡之人，在进京陛见时也当面恳请皇帝允许他们进献。翰林院翰林，在年节与皇帝万寿时书写诗册、诗

① 《清仁宗实录》卷170，嘉庆十一年十一月。

扇以及春帖恭进皇帝，也理所当然，可他们偏要购置古玩进献。对此，乾隆帝也曾下令内外臣工除土贡外，不得再有贡献，但他晚年奢侈无度，禁止贡献的诏令成为虚文。至和珅专权时，凡是外省督抚呈进贡物，是否准许呈递，必须先报告和珅，和珅有权擅自准驳。而督抚等所进贡物乾隆帝不过赏收一二件，其余尽入和珅私宅。这样，各省督抚贡献方物，为内外臣工贿赂讨好和珅提供了绝佳机会。据李岳瑞《春冰室野乘》记载："四方进御之物，上者悉入（和）珅第，次者始入宫也。"[1]

四年正月十五日，嘉庆帝亲政十余日，就下令严禁内外大臣呈进贡物，他首先明定"贡"的含义："夫贡之为义，始于禹贡，原指任土作贡而言，并非崇尚珍奇，所谓不贵异物贱用物也。"[2]嘉庆帝非常清楚，各省督抚置办玉、铜、瓷、书画、插屏与挂屏等件，当然不肯自掏腰包，而是全部取自州县，州县又取自百姓。数目稍有不足，官吏敲扑百姓随之而来，闾阎小民脂膏有限，而官吏朘削无穷，民众哪堪承受？因此允许督抚贡献就给各地官吏提供了剥削百姓的借口，在嘉庆帝看来，臣工贡献的古玩玉器，饥不可食，寒不可衣，如同粪土一般。而他视为珍宝的惟有时和年丰，国泰民安，延揽贤才治理国家。

嘉庆帝从不娄索掊克百姓的角度出发，严禁内外臣工呈进贡物，他指出应进的土贡，必须是生活日用

① 李岳瑞：《春冰室野乘》卷上，《纪和珅遗事》，沈云龙主编：《近代中国史料丛刊》第60册，第81页。

② 《清仁宗实录》卷37，嘉庆四年春正月。

所必需的物品，如吉林、黑龙江将军每年所进的貂皮、东珠、人参，川广的药材，九江的瓷器，江浙的绸缎以及徽墨、湖笔、笺纸、茶叶、瓜果等项，这些仍然准许按旧例呈进，而所有如意、玉、铜、瓷、书画、挂屏、插屏等物，嗣后一概不许呈进。至于在京王公大臣，每年所得俸饷有限，当差办公尚且不足，哪里有钱呈进贡物？以后一概不许贡献。而内廷翰林所录制的御制诗文册以及自作书画，还可以呈进，断不许进献古玩。至于各省盐政、织造、关差，并无直接的治理地方之责，如果办公费用充裕，应进的贡物准许他们照例呈进。再者，王公大臣、督抚等年节进献的如意，也一并禁止。经过此次谕令之后，诸臣如果贡献所禁之物，即以违制论处，决不宽贷。

四年七月二十五日，嘉庆帝下令永远停止各省督抚以及盐政、关差、织造在中秋节向朝廷呈进方物。福州将军庆霖以八月十三日为乾隆帝万寿诞辰，违例呈进方物，庆霖依照兵部部议革职。但考虑到庆霖不熟悉国家体制，而且兼管福建海关事务，所呈进的只是土物，又属于初犯，因此从宽处置，改为革职留任。但嘉庆帝惟恐朝野一些无识之徒，因减轻对庆霖的处分，而把禁止臣工进贡的谕令视为具文，侥幸尝试贡献，向皇帝邀宠以开幸进之门，他再次表示黜奢崇俭的决心早已坚定，断不容许臣工阳奉阴违。嘉庆帝说他在藩邸时，一切起居服御非常简朴，亲政后

◎ "永禁开场聚赌窝蓄流娼碑"刻石拓片

尤其注重崇俭黜华，以期厚民生敦风俗。他明确指出，外省呈进贡物，名为孝敬皇上，实为借机营私。因为每次皇上没收的物品，既可以馈赠权贵，又可以归入私囊。而属员巧于逢迎，往往以帮贡为借口，借端派累，层层巧取朘削小民，因此臣工贡献最为吏治之害。嘉庆帝再次重申，倘若臣工因为庆霖从宽处分，就有意效尤贡献珍奇，一定照违制例革职，决不宽贷。

嘉庆帝黜奢崇俭的为政作风，可以说是一贯坚持的。他在位期间，降旨永禁京师内城开设戏园。乾隆年间隆重操办的节日，比如每年的节庆、万寿节明显冷清下来。十四年（1809）是嘉庆帝五十大寿，为了防止臣工竞献珍奇，早在一年之前，嘉庆帝就向内阁发出上谕，表示自己躬行节俭，不喜欢珍异华美之物，实由天性，并非出于矫情虚饰。明年皇帝的五十大寿庆典，各省督抚呈进土贡仍旧循例进献，所有金银珠玉古玩等物，一概不准呈进。届期来京祝贺的督抚，只准呈递如意；官员若是科甲出身工于书法词章，准许进献诗册书画，以表示对皇帝寿辰的庆贺之意。嘉庆帝五旬万寿庆典期间，只是较常年稍增宴飨，以促进君臣上下联情，但不允许民间广陈戏乐，巷舞衢歌。

十六年（1811），黄河南河漫口，下游各州县被水成灾，嘉庆帝因此盱宵莫释。但御史景德因为得到商贾的贿赂，九月，上疏声称京城内由于限制歌舞唱戏而冷冷清清，希望皇帝万寿节期间允许内城演戏十日，以后照例每年如此。结果嘉庆帝大怒，在景德奏折上朱批"一片犬吠之声"！而景德因此被嘲讽为"犬吠御史"①。嘉庆帝将景德革职杖责，发往盛京充当劳苦差使。这里应该指出的是，清初京师内城除了僧道之外，汉官汉人一律搬到外城居住，同时为了保持满洲风俗的淳朴，与汉人生活密切相关的庙会、书肆、灯会、戏园、妓院等，一律转移到外城地区，朝廷尤其禁止在内城开设戏园与妓院。京师内城旗人、外城汉人的居住格局，直到道咸年间之后，才逐渐被打破。景德的上疏犯了双重忌讳，因此受到发配盛京的处罚。

二十四年（1819）为嘉庆帝六旬万寿，可谓寿登周甲，但嘉庆帝并没有大庆的打算。早在一年之前他上谕内阁，表示敦崇节俭出于本性，来年并不举行隆

①　昭梿：《啸亭杂录》卷十，《犬吠御史》，第486页。

重烦琐的庆典。并告诫各省督抚只准循例进呈土贡，
所有金珠玉器仍一概不许呈进，表现了嘉庆帝崇俭黜
奢的一贯作风。对于乾隆、嘉庆两朝奢俭风气的演
变，朝鲜使者有着鲜明的感受，十一年（1806）初，
朝鲜使臣向他们的国王汇报说，嘉庆帝"大抵以勤俭
见称，观于宫殿之多朴陋，可谓俭矣"①。

毅然终止南巡盛典，减少出巡活动

　　乾隆帝一生，六次出巡江南，主要目的是视察
黄河工程，考察京杭运河，检阅驻防八旗，笼络
江南士绅，检查江南吏治以及探访民情，当然吃喝
玩乐也必不可少。乾隆帝在南巡途中肆意挥霍，供
亿浩繁，可谓劳民伤财。侍读学士纪昀是名重一
时、颇得乾隆帝赏识的才子，他找机会向皇帝进谏
说："东南财力竭矣，上当思所以救济之。"但乾隆
帝根本不买他的账，竟然怒斥道："朕以汝文学尚
优，故使领四库书馆，实不过娼优蓄之，汝何敢妄
谈国事？"②事实上，才子名流也罢，达官贵人也罢，
在乾隆帝眼中，不过都是一些只能高呼"皇帝万岁
万万岁"的奴才罢了。

　　特别应该指出的是，嘉庆帝年轻时曾随父皇南
巡，对苏杭美景时怀留恋之情，四十九年（1784），
乾隆帝最后一次南巡，25 岁的皇子颙琰随驾前往，

①　吴晗辑：《朝鲜李朝实录中的中国史料》第 12 册，中华书局 1980 年版，第 5060 页。

②　印鸾章：《清鉴纲目》，岳麓书社 1987 年版，第 374 页。

扬州金山、镇江焦山的美景令他流连忘返，第二年依旧作诗《烟花一万重》《忆渡扬子等金焦歌》来赞叹扬州风景的迷人。《烟花一万重》诗云：

> 淮上扬州郡，江关秀气钟。
> 春烟凝万叠，花雾障千里。
> 竹径思前度，山堂忆旧踪。
> 迎人香馥馥，荫地草茸茸。
> 宝刹凌孤塔，名园号九峰。
> 荡桡新共赏，策骑景常供。
> 柳坞阴尤密，桃溪色更秾。
> 但闻莺对语，只有鹤相从。
> 小涧通泉窄，危桥漱石淙。
> 临风余绮散，举棹细波冲。
> 游迹还如梦，诗情半在胸。
> 还思明月夜，度曲韵从容。①

① 颙琰：《烟花一万重》，《味余书室全集定本》卷19，《清代诗文集汇编》第458册，第403页。

江南风景秀美旖旎，确实与北京作为皇城的庄严辉煌不同。颙琰随同乾隆帝下江南来到扬州，那春烟花雾、竹径山堂、柳坞桃溪、溪涧泉水、莺啼鹤舞，给他留下了很深的印象，以至于发出"游迹还如梦，诗情半在胸"的慨叹。在《忆渡扬子等金焦歌》中，颙琰更是慨叹"轻帆北上返京国，心萦只觉情难消。经年复对春暮候，江云摄我诗情遥。人生壮游岳与海，幸俱登览雄联镳。云烟过眼虽善喻，根尘心印难腾超。春山春水等游客，江草江花送画桡。虚舟观我本不系，云散青天风过箫。"[1] 颙琰对江南美景的留恋之情，跃然纸上，渴望有机会再度下江南简直呼之欲出。

的确，明清以来，扬州、苏州、江宁（南京）、杭州等城市，以风景秀丽、人文昌盛著称于世。清人欧阳兆熊、金安清《水窗春呓》曾将四地的风景与人文进行精辟对比说：

① 颙琰：《忆渡扬子等金焦歌》，《味余书室全集定本》卷19，《清代诗文集汇编》第458册，第403页。

② 欧阳兆熊、金安清：《水窗春呓》卷下《广陵名胜》，中华书局1984年版，第46页。

　　江宁、苏州、杭州，为山水之最胜处。江宁滨临大江，气象开阔宏丽，北城林麓幽秀，古迹尤多。苏州则以平远胜，所谓山温水软也。太湖诸山非不蒨美，而蹊径率不深。惟杭州之西湖，则烟波岩壑兼而有之，里山尤深邃曲折，四时皆宜，金陵、姑苏不能不俯首矣。扬州则全以园林亭榭擅场，虽皆由人工，而匠心灵构，城北七八里夹岸楼舫无一同者，非乾隆六十年物力人才所萃，未易办也。[2]

在此欧阳兆熊、金安清指出，南京、苏州、杭州之美在于山水，而扬州之美在于园林。南京是六朝金粉地，自古帝王洲，长江气象开阔，秦淮河名胜古迹众多；苏州则有山温水软的柔美，太湖一带山水交相辉映；杭州自古就有"人间天堂"的美誉，"淡妆浓抹总相宜"的西湖美景，令多少达官贵人、文人墨客流连忘返；扬州园林独具匠心的精雕细琢，塑造了"人生只爱扬州住"的人工美景。魏晋以降中国经济重心逐渐南移，京杭大运河的开通，江浙海塘水利的兴修，杭州山水的形胜，加上五代时期吴越的建都，南宋王朝的驻跸，中原衣冠士族的南渡，所有这些使杭州的文化影响力不断上升，成为东南地区一大都会。由此可见，颙琰留恋江南美景，亦在情理之中。

但即位初期白莲教远未平定，嘉庆帝也没有南巡之想。至嘉庆十年（1805），国内政治渐臻正轨，嘉庆帝东巡盛京昭陵，返京途中到达夷齐庙，吴熊光去迎驾，与董诰、戴衢亨同对嘉庆帝。嘉庆帝忍不住说："道路风景甚佳！"熊光不禁越次说："皇上此行，是稽考祖宗创业艰难的踪迹，以为万世子孙效法，风景美不美怎么值得一提？"过了一会儿嘉庆帝又说："你是苏州人，朕年少的时候扈从先皇去过苏州，苏州的风景真是天下少有啊！"熊光说："皇上所见，剪彩为花。苏州惟有虎丘称得上名胜，实际上就是一个大坟堆！城中河道狭窄，粪船拥挤，哪有什么风景可言？"嘉庆帝有些不高兴，忍不住责问说："照你这么说，皇考为何六次南巡，一定要去苏州呢？"① 其实，熊光担心嘉庆帝效仿乾隆帝南巡江浙，劳民伤财，因此

① 赵尔巽：《清史稿》卷357《吴熊光传》，第11324页。

以"坟堆""粪船"之类形容苏州风景，其言辞之大胆，令左右大臣震惊不已。最后吴熊光连忙叩头说，皇上是大孝之人，我从前侍奉皇上拜谒太上皇，太上皇曾谕令说，我临御天下六十年，并没有失德之处。惟有六次南巡，劳民伤财，有害无益。将来皇帝如果南巡，你不加阻止，就是愧对皇恩。太上皇的追悔之言，依然响在耳边。嘉庆帝深觉吴熊光所言有理，他在位期间毅然中止了南巡，这也反映了嘉庆帝从谏如流、黜奢崇俭的为政作风。

嘉庆帝在位期间，其他出巡活动也明显减少，而且每次出巡，都一再叮嘱一切从简，不准兴建新行宫，连旧有行宫也只作适当修补。即使要修建行宫，嘉庆帝也下令只修建正殿、寝殿、照房、耳房、厢房、群房等，不许兴建游廊、山石、山洞、厂厅、水池等项。十五年（1810），嘉庆帝巡幸五台山，为了防止地方官为了迎接圣驾而铺张浪费，他特别指出，只修缮五台山庙宇内的十处地方，不得任意增添。而山西巡抚素纳奏报修葺状况时，嘉庆帝发现素纳竟然任意增加了30处之多，结果大怒，指出任意加修处所的费用，无非是科派百姓，属员大饱私囊，实属违制妄为，上不能体谅皇帝崇俭之心，下不知体恤百姓征派之苦，真是太不晓事。嘉庆帝对素纳传旨严行申饬，交部议处，而任意加增的工程，立即停止。黜奢崇俭，是嘉庆一朝的突出特色。

三、终结"文字狱"，实行宽松的文化政策

嘉庆帝毅然放弃清廷相沿 150 多年的"文字狱"政策，希望给官僚士大夫一个宽松的政治环境，是对前朝政治最大的拨乱反正。"康乾盛世"是中国封建社会最后一个盛世，不仅疆域辽阔，社会稳定，而且经济繁荣，文化昌盛，成为封建时代最后一道亮丽的风景线。然而就在康乾盛世朝廷却一再大兴"文字狱"，仅见诸史籍记载的大型"文字狱"就不下 70 余起，文网之密，文祸之重为历代所罕见，尤其是乾隆朝平均每年发生一两次"文字狱"。清廷推行"文字狱"政策，严重禁锢了士人的思想，使他们"避席畏闻文字狱，著书只为稻粱谋"，而嘉庆一朝内忧外患纷至沓来，振刷政治首先要放松思想文化的控制，放弃推行百余年的"文字狱"政策。

嘉庆帝的宽仁性格与"文字狱"的放弃

嘉庆帝亲政后对"文字狱"的放弃，固然是内忧外患的中衰时势使然，同时也和嘉庆帝的宽厚性格以及朱珪的影响有关。朱珪充任经筵讲官 20 余年，给

诸皇子讲授大学修齐治平之道，经常受到乾隆帝的赞扬，而嘉庆帝受益最深，使其形成宽厚仁德、不嗜杀人的性格。正如礼亲王昭梿所言："今上在藩邸时，朱文正为上书房师傅，朝夕训迪。上深知其醇正，于亲政后特召入都，日加亲信。朱故宿儒，亦持躬勤谨，时有嘉猷入告，故上之行政，惟以仁厚为本。"①朱珪不仅在经筵讲席上反复申述儒家仁义之道，更以自己躬亲仁义的巨大人格力量感染着嘉庆帝，因此嘉庆帝为人宽厚仁爱。甚至由于林清攻打紫禁城，"骈戮百余人，上恻然哀悯，命有司于菜市口筑坛超度，犹秉文正（指朱珪）之教也"②。对于诛戮攻打皇宫的天理教徒，嘉庆帝还要命人设坛超度，更何况"文字狱"案犯的子孙。

但厉行"文字狱"是清廷的"祖宗之法"，不能公开否定，嘉庆四年二月朝廷从侧面传达了中止"文字狱"这一信息：

> 至比照大逆缘坐人犯，则与实犯者不同。即如从前徐述夔、王锡侯，皆因其著作狂悖，将家属子孙遂比照大逆缘坐定拟，殊不知文字诗句，原可意为轩轾，况此等人犯生长本朝，自其祖父高曾仰沐深仁厚泽，已百数十余年，岂复系怀胜国？而挟仇抵隙者，遂不免藉词挟制，指摘疵瑕，是偶以笔墨之不检，至与叛逆同科，既开告

① 昭梿：《啸亭杂录》卷一，《重朱文正》，中华书局 1980 年版，第 29 页。

② 昭梿：《啸亭杂录》卷一，《重朱文正》，第 29 页。

讦之端，复失情法之当。著交刑部除实犯大逆应行缘坐人犯，毋庸查办外，凡比照大逆人犯，其家属子孙或已经发遣，或尚禁囹圄，即详晰查明注写案由，开单具奏，候朕核夺降旨。①

　　在嘉庆帝看来，对于实犯大逆缘坐的人犯，自然应当按律办理，而那些比照大逆缘坐的人犯，只是因为文字偶尔不检点就与叛逆同罪，于人情王法不当。他指出文字诗句本来就意义轩轾，而某些挟仇报复之人则会利用"文字狱"，进行告讦陷害，况且自高曾祖父就生长于大清朝的子民，怎么会怀恋前朝呢？因而他要求刑部详查比照大逆缘坐人犯的案情缘由，开单等候皇帝重新定夺，这就使从前因"文字狱"犯案的人犯及其子孙得到了平反昭雪的机会。而嘉庆一朝除了"洪亮吉事件"外，再也没有发生"文字狱"案。

　　嘉庆五年（1800）五月，刑部将从前获罪官犯子嗣不准应考出仕的原案，分别开单具奏皇帝，嘉庆帝披阅之后指出，高秭、高棚、高穊为原任广东知府高纲之子，高纲曾为僧澹归的"悖逆"文集写序文，并募资刊行，当时不过按比照大逆缘坐办理，与实犯大逆罪不同，因此准许高秭、高棚、高穊出仕应试，但是大逆不道的年羹尧，贻误廓尔喀军务的巴忠，甘肃捏灾冒赈的王亶望，婪索多赃亏缺库项的福崧，其子孙仍不准出仕应试。由此可见，嘉庆一朝对于因"文字狱"案而身陷囹圄或遭到发遣的缘坐人犯，进行了开释，并允许他们参加科举考试，这使嘉庆朝的文化政策逐渐走向了宽松。持续了170余年的"文字狱"，自此废止，嘉庆帝之后，清朝基本上没有发生过"文字狱"案件。

嘉庆十年（1805）闰六月，江西巡抚秦承恩上奏，称彭泽县逆犯欧阳恕全编造逆诗，请照大逆律凌迟处死，并将逆诗进呈嘉庆帝。嘉庆帝阅览欧阳恕全所编诗句，确实属于悖逆不法，按例应该凌迟处死，但嘉庆帝考虑到欧阳恕全并没有悖逆不轨的实际行动，因此改为斩决，立即正法。欧阳恕全在嘉庆六年参加童试时，曾将所作《思孝铭》等三篇文章书写于试卷之上，恳请当时的学政吴烜代为转奏，当时吴烜就应该奏明朝廷办理，或者对其进行责罚惩戒，交地方官严行管束，但是吴烜仅仅将其呵斥逐出。以致欧阳恕全产生痴心妄想，甚至因此而抑郁，妄作逆诗。吴烜咎无可辞，交部严加议处。由欧阳恕全的经历可以看出，无论是朝廷还是地方官员，对于文字之罪的处理都有从轻的趋势。

龚自珍慷慨论政，经世致用思潮萌动

随着嘉庆朝政治环境逐渐走向宽松，一些激进的士大夫如龚自珍之流开始慷慨论政。嘉庆十八年

（1813）禁门之变发生后，龚氏"慷慨论天下事"，做《明良论》四篇，深刻剖析封建专制制度下的君臣关系、朝廷风气以及吏治用人方面的种种弊端，指责那些三公九卿以至百士大夫是醉心利禄、谄媚君上、犬马自为的寡廉鲜耻之徒，是专制君主"视臣下如犬马"的必然结果，展现青年龚自珍的政治抱负与议政风采。二十、二十一年间，龚氏作《乙丙之际箸议》诸文，预言衰世即将到来，认为有文字记载以来的世道分为三等，即治世、乱世与衰世，每一等世道皆以人才而论，衰世最先衰败的就是人才。衰世不但没有才相、才史、才将、才士、才民、才工、才商，甚至连才偷、才驵、才盗都非常罕见，非但君子无才，就连小人亦愚蠢至极。之所以如此，是专制制度与名教纲常对人性进行摧残的结果。

　　统治者为了稳固统治，千方百计对人才进行迫害、束缚乃至杀戮，但杀戮并非以刀锯与水火，而是以伦理纲常、思想教化、利禄科名以及行政司法，统治者摧残的并非人的身体，而是人的精神，是一个人的"能忧心、能愤心、能思虑心、能作为心、能有廉耻心、能无渣滓心"，而这种摧残并非三年五载，而数百年一贯如此。结果，士大夫的锐气风骨消磨殆尽，士风萎靡、官风败坏成为普遍的社会现象。在文恬武嬉、沉醉于歌舞升平的嘉庆王朝，自珍的批判之音显得格外刺耳。《乙丙之际箸议》在文人学者、达官贵人之间广为传播，因此龚自珍的清狂之名扩散开来。嘉庆二十四年（1819），龚氏的好友庄绶甲劝自珍删改《乙丙之际箸议》，自珍不禁作诗感叹：

> 文格渐卑庸福近，不知庸福究何如？
> 常州庄四能怜我，劝我狂删乙丙书。①

庄绶甲，江苏常州人，字卿珊，诸生，少从叔父庄述祖受业，尽通祖父庄存与今文经学，而于《尚书》尤精。庄氏认为，科举应试的八股文章不能追求超迈高古，应该迁就考官口味，录取几率才会大大提高，金榜题名的庸福才会靠近自珍。庄氏还特别怜惜自珍，劝告自珍删改议论政治、主张变革的《乙丙之际箸议》，以免引火烧身。

事实上，清代在康雍乾时期屡兴"文字狱"，这使"文字狱是一顶人人提在手上的帽子，遇到不满意的人便把帽子往他头上一戴"②，造成人人自危的局面。而且"它造成一种'风'，使得人们不敢往容易触罪的方向去从事思想、文化方面的活动，而且无时无刻不在检点自己，造成了无所不在的自我压抑、自我删窜的现象"③。因此庄绶甲出于对"文字狱"的畏惧以及对自珍的爱护，进而劝其删改《乙丙之际箸议》。但龚自珍就是龚自珍，对于好友的劝告无动于衷。

① 龚自珍：《杂诗，己卯自春徂夏，在京师作，得十有四首》其二，刘逸生、周锡𨍏校注：《龚自珍诗集编年校注》（上），上海古籍出版社2013年版，第36页。

② 王汎森：《权力的毛细管作用：清代的思想、学术与心态》（修订版），北京大学出版社2015年版，第374页。

③ 王汎森：《权力的毛细管作用：清代的思想、学术与心态》（修订版），第375页。

在清代，京师士大夫的交游活动丰富多彩，形式多为宴饮雅集、饯春诗会、游园赏花、重阳登高与冬日消寒，或纪念郑康成、欧阳修、苏轼生日的学术聚会。诸多文人学者在京之时的诗酒唱和，不仅是展示风雅之才的一种方式，在其背后有着"求康济之学"的志同道合与声气应求，嘉道年间频繁参加京师雅集聚会的陶澍、林则徐、梁章钜、张祥河等人被迅速提拔为封疆大吏，而龚自珍、魏源则成为经世派的重要代表人物。嘉道年间的学者朱绶指出，那些参加京师雅集的"皆能以风雅之才，求康济之学。今之官于外者，莫不沉毅阔达，卓卓然有所表现"①，此言堪称确论，无论是京师的低级官僚，还是游学京师的士子，频繁的雅集为他们积聚了人脉、学识与政治眼光。

龚自珍是嘉道时期京师聚会的重要参加者，几乎每有聚会皆积极参与，但奇怪的是，一向善于作诗填词的龚氏，却未有相关诗词传世，亦不见同仁提及龚氏曾有创作，这大概是"避席畏闻文字狱，著书只为稻粱谋"的真实反映，即使在朝廷放弃"文字狱"的嘉道时期，原本喜欢放言高论的龚自珍，亦有所畏惮，其他雅集参与者的诗词，也只是记载宴饮唱和之乐，丝毫不见议政论政的痕迹。对此台湾学者王汎森指出，清代由于"文字狱"高压而在文人中形成自我压抑的普遍现象：

① 朱绶：《宣南诗会图记》，潘曾沂：《功甫小集》卷八，咸丰四年重刻本。

虽然有灿烂的逸乐、有多姿多彩的文化活动，但它们的根本性质却是私性的……或是不以公共讨论的方式来处理政治相关的议题。……人们因为害怕惹祸而小心翼翼地防止自己或防止他人以公开方式讨论政治，所以面临政治的议题时，也常常倾向于将它私化或隐匿，转译成别的方式处理。①

在长期的政治高压之下，嘉道时期京师的雅集聚会，究其目的，确实并非政治集会，大多数呈现出单纯逸乐与文人雅趣的表征，也就不足为怪了。这一状况直到道光初年才有所改变。

道光五年（1825），魏源入江苏布政使贺长龄幕府，代贺氏纂辑《皇朝经世文编》，标志着经世思潮的形成与嘉道年间学风士风的重大转变。翌年是礼部会试之年，全国各地举人云集京师，姚莹、魏源、张际亮、汤鹏等人成为京师雅集活动的参与者，他们与龚自珍志趣相投，经常相互砥砺。五人当中，"定庵言多奇僻，世颇訾之。亨甫诗歌几追作者。默深始治经，已更悉心时务，其所论著史才也。君（指汤鹏）乃自成一子。是四人者，皆慷慨激厉，其志业才气，欲凌轹一时矣"②。五人皆讲求经世之学，关注国计民生与时政利病，其中龚自珍激烈批评君主专制制度，魏源精通水利、漕运、盐政、军政、学术的经世

① 王汎森：《权力的毛细管作用：清代的思想、学术与心态》（修订版），第431页。

② 姚莹：《汤秋海传》，《东溟文后集》卷11，《清代诗文集汇编》第549册，第533页。

色彩尤为突出。

与魏源、龚自珍、汤鹏并称"道光四子"的诗人张际亮，道光五年（1825）进京，之后留居京师三年多，与名流徐宝善、黄爵滋、汤鹏、潘德舆等人广泛交游雅集，因此"深观当世之故，颇能言其利而救其弊"，但摄于"文字狱"的高压以及自身地位的卑微，张氏"既不敢献策，复不欲著书"，所以只能恸哭。而友人担心张际亮因此伤身，所以"每为征乐部少年，清歌侑酒，以相嬉娱"①。张际亮政治眼光的开阔与诗名大振，皆与京师雅集有密切的关系，而他不敢向朝廷献策、不敢著书、惟有恸哭的事实，恰恰揭示了京师雅集与议论朝政利弊密切相关，但表面上却呈现出休闲逸乐之态的现实。另一方面，自嘉庆朝放弃"文字狱"至道光初期，已有 30 余年，但士大夫依旧心有余悸，不敢放言论政，康雍乾"文字狱"流毒的影响颇为深远。

但是到了道光中期以后，士大夫之间的交游风气有了很大的改观，因为士大夫以天下兴亡为己任，私下绝口不谈政治的状况大有改观。道光年间乐于发起京师雅集活动的黄爵滋，经常招聚师友饮酒赋诗，多次提出禁止白银出洋，严禁鸦片。道光十八年（1838），身为鸿胪寺卿的黄爵滋上《严塞漏卮以培国本疏》，力主严禁鸦片，受到湖广总督林则徐的大力推崇。史家评论"禁烟之议，创自黄爵滋"，黄氏对

① 张际亮：《金台残泪记自序》，《思伯子堂诗文集》（下），上海古籍出版社 2007 年版，第 1443 页。

道光帝派林则徐前往广东查禁鸦片，起了推动作用。而龚自珍对禁绝鸦片见解深邃，亦曾写信给林则徐，提出各种禁烟主张，龚氏禁烟思想的形成与其频繁和黄氏交往密切相关。由此可见，京师士大夫的交游雅集，并非单纯的投壶雅歌，诸多朝政信息的交流，时政利弊的讨论，亦在暗流涌动。道光朝经世致用学风的兴起，与嘉庆帝放弃"文字狱"的文化政策密切相关。

伍

以正治政：嘉庆帝的治国策略

　　嘉庆、道光二帝统治时期，正处于 19 世纪上半期，此时中国传统社会内部治乱循环的各种问题凸显出来，而此时的中国亦面临西方列强的严峻挑战，中国历史的发展正处于十字路口。因此关于嘉庆朝治国策略的研究至关重要，但学术界的相关研究颇为薄弱。一提起嘉庆帝，人们就觉得他们是平庸之主，没有能力领导当时的大清王朝与中国人民追赶世界发展的时代浪潮，也无力解决中国社会存在的各种问题；一提起嘉庆朝的政治状况，则以"吏治腐败、军备废弛、财政危机、土地兼并严重"笼统概括，至于这一时期为何如此，就不得而知了。

　　加强嘉庆朝的历史研究，让世人了解那个时代的行政困局，了解中国面临西方严峻挑战的前夜，嘉庆帝以怎样的统治权谋管理这个庞大的国家，就显得非常重要。毋庸讳言，嘉庆帝去世后 20 年鸦片战争爆发，随之所签订的一系列不平等条约彻底改变了近代中国的命运，几千年的文明古国一步步沦落到被动挨打的境地，其中缘何至此的制度根源值得学术界反思。深入探讨嘉庆帝的政治思想、用人之道、施政特点，从而窥视中国跨入近代门槛之前的整体政治生态环境，就显得非常重要。

　　事实上，在清代皇帝当中，嘉庆帝个人的性情最为醇厚仁爱。在政治思想方面强调以正治政，强调君主与官员的道德修养，在用人方面认为德先于才，他的君人之术根本没有阴谋诡计的影子，而是一本大正至公的王道治国理念，无愧于"仁宗"的庙号。在嘉庆帝的倡导下，理学风气渐趋浓厚，为道咸年间理学的兴起奠定了基础。但毋庸讳言，大清王朝在嘉庆帝的统治下，国势日益衰颓，吏治日益败坏，各地财政亏空日益严重，历来为世人所诟病。

一、政治思想与用人之道

中国传统的政治思想资源，主要来自儒家与法家，对于儒家的治国理念，著名学者瞿同祖说："儒家以礼为行为规范，为维持社会秩序的工具……儒家认为无论人性善恶，都可以道德教化的力量，收潜移默化之功。这种以教化变化人心的方式，是心理上的改造，使人心良善，知耻而无奸邪之心，自是最彻底、最根本、最积极的办法，断非法律判裁所能办到。"[1] 但法家对儒家的所谓"仁义道德""仁人君子"持极端的藐视态度，主张以严刑峻法进行赤裸裸的君主专制。探讨嘉庆帝的治国策略，离不开对儒家与法家两种治国思路的研究。

[1] 瞿同祖：《中国法律与中国社会》，商务印书馆2017年版，第327—328页。

儒家与法家两种不同的治国思路

中国传统的治道，无非是制度控制与心灵规范两条路径。在治国理念上，儒家主张礼治与德治，正如《论语》所言："道之以政，齐之以刑，民免而无耻；道之以德，齐之以礼，有耻且格。"在儒家看来，政治与刑罚如果不能触及人的心灵，那么百姓即使免于处罚仍旧没有廉耻心，不能使民风淳朴，政治治理蒸蒸日上。而法家治国，则一向藐视儒家所谓的仁义道德，主张靠严刑峻法来治国，如韩非子认为，"仁义爱惠之不足用，而严刑重罚可以治国也"，"无威严之势、赏罚之法，虽尧、舜不能以为治"。[1] 法家迷信严刑峻法，韩非子雄辩地论证以法治国的重要性：

夫严家无悍虏，而慈母有败子，吾以此知威势之可以禁暴，而德厚之不足以止乱也。夫圣人之治国，不恃人之为吾善也，而用其不得为非也。恃人之为吾善也，境内不什数；用人不得为非，一国可使齐。为治者用众而舍寡，故不务德而务法。夫必恃自直之箭，百世无矢；恃自圆之木，千世无轮矣。[2]

在韩非子看来，作为君主以道德恩惠感化世人，

①　张觉译注：《韩非子全译·奸劫弑臣》卷4，贵州人民出版社1992年版，第204页。

②　张觉译注：《韩非子全译·显学》卷19，第1078—1080页。

使之弃恶从善，这样做的效果往往非常有限，只能影响身边少数几个人，因为广大中下层官吏与民众根本没有接触帝王的机会，不能感受皇恩浩荡，所以并不可靠。而严刑峻法则可以雷厉风行之势，规范整个国家与社会的行为，使之不敢犯上作乱。此外，法家反对儒家主张的以圣贤君子为本的"人治"，主张靠公开的固定的"法"来治国。而儒家代表人物荀子则强调为政"人"为本，"法"为末，"法"既不可能离开"人"而自存，也不可能离开"人"的实施而自动实行，所以治国还是应该靠"君子"。他说：

> 有乱君，无乱国；有治人，无治法。羿之法非亡也，而羿不世中；禹之法犹存，而夏不世王。故法不能独立，类不能自行，得其人则存，失其人则亡。法者，治之端也；君子者，法之原也。故有君子，则法虽省，足以遍矣；无君子，则法虽具，失先后之施，不能应事之变，足以乱矣。①

荀子门徒当中出了李斯与韩非子两个重量级法家人物，但荀子的治国思路整体上来说，还是儒家的理念，以治道而言，荀子虽然主张"隆礼"，但还是非常强调制度执行过程当中"人"的作用。孟子更是认为"徒法不能自行"，"法"必须要依靠有德君子去推

---

① 王先谦：《荀子集解》卷8《君道篇》，《诸子集成》本，上海书店1986年版，第151页。

行，而且各地民风政情不同，所以需要解决的政治与社会问题也有所不同，因此必须要有贤能官吏因地制宜地加以解决。而韩非子却指出，附着于个人身上的各种素质具有偶然性与不确定性，所以治国必须依靠具有确定的客观规则性的"法"，他说：

> 释法术而任心治，尧不能正一国；去规矩而妄意度，奚仲不能成一轮；废尺寸而差短长，王尔不能半中。使中主守法术，拙匠守规矩尺寸，则万不失矣。君人者能去贤巧之所不能，守中拙之所万不失，则人力尽而功名立。[1]

① 张觉译注：《韩非子全译·用人》卷8，第448页。

② 张觉译注：《韩非子全译·难三》卷16，第866页。

韩非强调"法"的客观性、确定性、公开性特征："法者，编著之图籍、设之于官府而布之于百姓者也。"[2] 这实际上是说"法"必须通过客观的符号来表达，而不能是仅仅存在于人的主观意识之中，法必须是公开的、为世人所共知的，从而成为整个社会要遵守的行为规范。

事实上，每一王朝建立之初，总是要对整个王朝的典章制度进行规划与设计，人事制度、监察制度、地方行政、边疆民族、人才选拔都会有一整套的制度安排，成为全体社会成员必须遵守的制度规范。但行之既久，各种违法乱纪的事情层出不穷，寡廉鲜耻之徒数不胜数，这就会让人们对于制度的规范作用产生怀疑。于是统治者倾向于反思世道人心，企图通过"擒心中之贼"的方式来洗涤人们的灵魂，教化大众洗心革面，树立具有礼义廉耻的道德楷模，从而挽救世道人心。

嘉庆帝治国，一方面进行制度方面的调整与完善；一方面直指世道人心，希望高层官吏廉洁奉公，从而潜移默化地影响整个官场风气的转向，大有儒家王道治国理念的色彩。但嘉庆帝的治国之道根本无法实现，俗话说："升官不发财，请我都不来。"读书、科举、做官是清代士人解决生计问题的最佳途径，他们大多数生活清贫困苦，并非像古希腊执政官那样拥有雄厚的资产，可以免费从事政治活动，为社会治理提供义务服务以取得个人荣誉。而且清代官员背后是一群嗷嗷待哺的家人、奴仆、宗亲，要他们听了嘉庆帝的谆谆告诫就"大法小廉"，无异于痴人说梦。

重用不与和珅同流合污的乾隆朝老臣

嘉庆帝亲政之前，经历了和珅专权、朝臣无不攀附的政治局面，对这个新君来说是一个巨大的精神刺激。但在满朝文武巴结逢迎和珅的污浊政治氛围中，依然有诸多有骨气的大臣与和珅保持距离，甚至不畏权势公开对抗和珅及其爪牙，这也给嘉庆帝以极大的鼓励，让他意识到礼义廉耻的力量。正

如美国学者费正清《剑桥晚清史》所言："嘉庆帝认为，
掐断了和珅的庇护制网络结构的花朵，它的根株便
会自然枯萎。他逐步地撤换并贬斥了和珅在各省政
务中的一大批有权势的追随者。他对和珅时代仍保
持廉洁的那些在乾隆时期被重用的顾问们再次表示
信任，此即他从前的师傅朱珪、军机大臣董诰和前
都御史刘墉。"①

嘉庆帝亲政之后，主要依靠和珅专权时期那些有
骨气的乾隆朝元老重臣，即使他们可能有其他方面的
瑕疵，但在道德层面却无可挑剔。费正清还说：

在他父亲于 1799 年去世时所面临的最紧迫
的任务，是使他们的政府清除和珅的影响。皇帝
采取了迅速的行动。在他的父亲死去不到一个月
和珅就死了，他的心腹也都纷纷被贬。剩下的问
题是怎样对付和珅那一派所建立和卵翼的庞大的
庇护制网络，因为和珅派的影响已渗透到各省官
僚界中，特别是渗透到了军事部门之中。皇帝决
定，由于这些人人数众多，官职牵涉面广，不宜
搞一场清洗运动。他宁可认为许多人都是诚实的
官员，只是误入歧途而已，因此他们在正确的领
导下是可以恢复工作的。他还进一步担心，无穷
无尽的清洗会恫吓住官僚政治，使他想重建官吏
和皇帝之间互通声气的努力不能实现。他论证

①　费正清：《剑桥晚清史》，中国社会科学出版社 1985 年版，第 123 页。

说，许多人当时是没有别的选择，只有走侵吞公
款的道路，如果他们想保住他们的职位的话。①

的确，嘉庆帝铲除和珅之后，对于那些曾经奔走
于和珅之门的大臣，采取了一定程度上的宽容态度，
只要他们"咸与维新"，在政治站队方面跟着新皇帝
走，以前的各种问题可以既往不咎。对于那些有明显
劣迹、曾经与和珅同流合污的官员，则采取循序渐进
清除的方式，这就避免朝局的动荡不安与相互攻讦的
党同伐异之风，不失为明智之举。

向往三代之治，主张以德治国，以正治政

事实上，嘉庆帝重用乾隆朝风骨犹存的老臣，并
非一时权宜之计，在政治思想与用人方面，他是一个
唯道德论者，身为皇子之时颙琰就主张以道德治国，
认为"人君驭天下之道，当守之以正，行之以仁，亲
君子远小人，未有不享国久长者也"②。嘉庆帝一向
坚定地认为，君主统御天下，应当守之以正，这样国
家才能长治久安。七年（1802）正月二十八日，嘉庆
帝临御文华殿举行仲春经筵，直讲官英和、刘权之进
讲《论语》"为政以德"，嘉庆帝作御论《为政以德》，
充分阐发了以德治国的政治思想：

① 费正清：《剑桥晚清史》，第114页。

② 颙琰：《唐庄宗论》，《味余书室全集定本》卷37，《清代诗文集汇编》第458册，第703页。

人君为政之大纲，莫先于修德，德者，得也。平时克谨常宪，渐仁摩义，动静皆循礼法，则临民莅政，各得其真情实事，风化可臻淳朴矣！若言不由衷，行非身体，或用权术智巧，或自作聪明，徒文具而无恻怛之实，皆不能感动人心，风俗日趋偁薄矣！君心正，天下莫不归于正。诚为治本，道德齐礼，化民之要，以一人之心德，感天下人之心，可期兴起孚应。鲜有犯法之民，则政简刑清，庶几无为而治，唐虞三代良法善政，复见于今。为人君者，奚可不懋修厥德哉！①

① 颙琰：《为政以德》，《御制文初集》卷一，《故宫珍本丛刊》第 579 册，第 6—7 页。

② 颙琰：《德未善政政在养民》，《御制文初集》卷一，《故宫珍本丛刊》第 579 册，第 6—7 页。

　　嘉庆帝向往三代之治，主张以德治国，认为只要君主心正，摒弃权术、机巧与诈伪，则天下莫不归于正，甚至会出现民风淳朴、政简刑清、无为而治的盛世景象。翌年正月二十八日，嘉庆帝临御仲春经筵，进一步阐发他的治道思想："君心正而天下莫不归于正，正者，政也，移风易俗，化莠安民，斯事至大，斯理至精，不外乎清心修己以治百姓，古圣王交儆之法言，诚为君之准则也。"② 在嘉庆帝看来，"君心正"是治理天下的根本，唯有此才能教化百姓，移风易俗。道理确实如此，但在清代，君主的"正与不正"并无法律规范与制度保障，只能靠人君的喜怒好恶与天地良心而已。

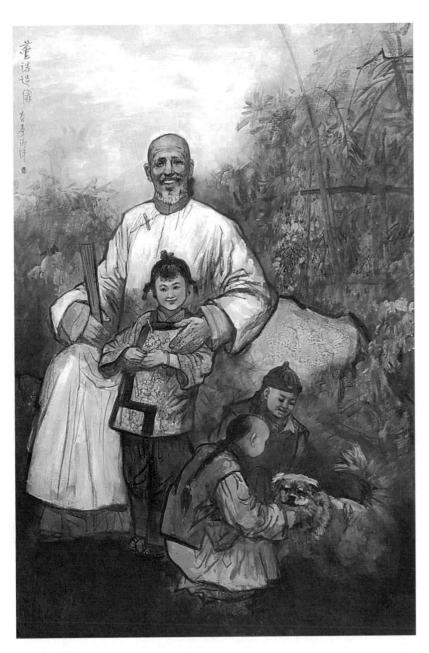

◎ 董诰乡居图（娄春亭、娄海洋绘）

在用人方面，历代统治者深知"为政之要，莫若得人"，嘉庆帝亦不例外。身为皇子时，颙琰作《心纯则贤才辅论》云：

> 君人者为天地之宗子，万民之表率，虽尧舜之君不能独治，然天下之大不能独理，故尧舜有四岳，舜有九官，汤有伊尹之助……惟人君自治之心至纯无伪，以诚求之，以德招之，虽欲高尚其志，而感于人主好善之实，咸思尽其才能导治赞化，故上下一心，君臣合德，纯乎纯者也，夫所谓君心纯而不杂者，非恭默无为之谓也，必求之躬行，心得而谨之于动静，言貌视听之端，皆归于仁义礼智中正之途，会众善于一心而无已，推一心于天下而无人，此圣人之所以廓然大公，物来顺应，不待勉强者也。[1]

在嘉庆帝看来，如果君主没有贤臣辅佐，即使皇帝圣如尧舜，也难以治理好国家，而君主如何得到贤臣的忠心辅佐呢？那就是君主的心思"至纯无伪"，一举一动、一言一行皆合于仁义礼智的中正之途，做到大正至公，以真诚德行对贤人进行感化，使贤臣尽心竭力赞襄政务，这样才能达到至治。那么，嘉庆帝认为的贤才标准是什么呢？

对于朝臣，嘉庆帝特别注重正心诚意对于立身处

① 颙琰：《心纯则贤才辅论》，《味余书室全集定本》卷38，《清代诗文集汇编》第458册，第713—714页。

世的价值："人之立言，既不可造次以取祸，又不可巧变以取容。言，心声也，苟心存仁义，则无益之言不出于口，虽定国安民之策亦不徒以言胜，而治道成焉。心存邪僻，必将巧言以惑君心，诡辞以取倖媚。"[1]在嘉庆帝看来，朝臣只有心地纯正，才能正言直行辅佐君主，否则就会哗众取宠、巧言令色以迷惑君主，从而达到不可告人的目的。

嘉庆帝曾作《张华论》讨论为臣之道。西晋名臣张华是西汉留侯张良的十六世孙，堪称"博物洽闻，世无与比"，阮籍称赞他是"王佐之才"。晋惠帝在位时皇后贾南风专权，谋害杨皇后，毒杀太子司马遹，朝政陷于混乱，而张华身为司空并没有制止贾后祸乱朝政。对此嘉庆帝评判说："贾后之罪天地不容，晋惠之昏周幽为甚"，对于张华所为，嘉庆帝认为并不符合人臣之道，"华以先世老臣，深明理数，当此之时，闇主虐后……为华者力能救则救之，不能则退之，进不违忠，退不失义"。但张华贪位爱身，甘愿与贾后同流合污，在嘉庆帝看来并不符合人臣之道。

作为负德望践台辅的朝廷重臣，张华首先应该"明去就之分，察治乱之原"，对于朝中的奸佞之徒若力能匡正，则竭力而为之，若不能则退隐山林。对此嘉庆帝大发感慨："士君子立于朝廷，固当尽忠竭志，亦必审天时察人事，不可贪位取咎，徒为后人所惜。

非明乎事理决于去就者，岂能免于失身哉？当乱之将萌，既不能弭患于未然，又不能翦除乎恶逆，而徒尸居委蛇，死而无益于国，若张华者，岂不痛哉？"①嘉庆帝认为，作为人臣首先要深明大义，谙练进退之道，而不能像张华那样尸位素餐，虚与委蛇。

对于人才选拔的标准，十年（1805），嘉庆帝写成《德才说》一文，指出"德与才相为表里，不可析也。盖德蕴于中，才应于外，德为才之体，才为德之用，有德者必有才，而恃才自居者去德远矣。夫才德全备者，上也；德优于才者，次也；才过于德者，又其次也。德优于才犹不失为君子，若才过于德，终恐流为小人矣"。注重德才兼备一直是中国传统人才观的特色，且历代统治者都特别强调"德"的重要性，嘉庆帝亦不例外。

在嘉庆帝看来，"用人固取其才识，然亦必先观其德行，斯为有本之才"。"大智若愚，德胜于才也；大诈若忠，才胜于德也。是以修己观人之要，宁可使才不足，不可使德有歉也。"嘉庆帝用人，注重德才兼备，如果德与才不能兼得，他宁可使用有德之人，而不会使用品德有缺陷的大臣："若爱其才而略其行，是舍本而逐末，贻害匪浅，不可不慎。"②从这里可以看，嘉庆帝用人宁愿要德而不要才，尤其是注重气节。而他所说的道德操行，无非是清廉正直，勤慎诚信，也就是要有君子之度。

① 颙琰：《张华论》，《味余书室全集定本》卷37，《清代诗文集汇编》第458册，第694—695页。

② 颙琰：《德才说》，《清仁宗御制文初集》卷十，《故宫珍本丛刊》第579册，第79—80页。

朝臣特点：清正廉洁有余，创拓精神不足

在专制主义统治下，朝臣的特点与君主的好恶直接相关。嘉庆时期的中枢大臣，大都具有清正廉洁、勤于政事的特点，但缺乏杰出的政治才华，少有革新弊政的远大政治抱负和勇于制度创新的精神。如王杰"忠清直劲，老成端谨"，当王杰致仕回归故里时，嘉庆帝赐诗，有"直道一身立廊庙，清风两袖返韩城"之句；刘墉向来"清介持躬"；董诰也是勤慎持正之人，他与父亲董邦达历事三朝，老家没有增添一亩之田，一椽之屋，身后家无余财，子孙生活如同寒门。作为帝师的朱珪，更是"持躬正直，砥节清廉，经术淹通，器宇醇厚"，"服官五十余年，依然寒素。家庭敦睦，动循矩法，洵不愧为端人正士"，[①] 嘉庆称赞他"半生惟独宿，一生不贪钱"。而戴衢亨"性清通，无声色之好，办事谨饬清慎"。他们就个人品质而言，可以说非常清廉，但是"有守"不一定"有为"。

在嘉庆帝的倡导下，中上层官员当中出现了一大批清官廉吏。如岳起为满洲人，以孝廉起家。嘉庆帝亲政后，起用为山东布政使，不久调任江苏巡抚。岳起清介自矢，署中的僮仆不过数人，外出不用舆轿，穿着颇为寒素。他禁止游船妓馆，无事不许摆宴演剧，使江苏奢侈之风为之一变，为数十年所未有。岳

① 李元度：《国朝先正事略》卷19，《朱文正公珪》，岳麓书社 2008 年版，第605 页。

起驭下甚宽，但不假以事权，不许他们染指署中政事，吴中百姓演为岳青天歌，《清史稿》称誉他"清操实政为之冠"。后来岳起卒于京师，赐太子少保，其家产仅有屋宇4间、田76亩。按制，旗人死而无子嗣者，家产入官。岳起无子，嘉庆帝特命留其家产，赡养其妻。岳起堪称两袖清风，对朝廷政务也是竭尽一片赤诚。

陈大文任山东巡抚，下车伊始剔除漕务积弊，参劾贪吏30余员。陈大文接见下属和颜悦色，谈论好久之后就正颜厉色地说："你某事贪污纳贿若干，我知道得一清二楚。如果不快快改正，我弹劾你们的章奏草稿已经写好！"因此下属对陈大文颇为畏惧。觉罗吉庆性情温厚，任督抚时每每在公署中构屋三间，并不修葺装饰，仅能遮风避雨，室中摆设一个长长的桌几，十把椅子，宋儒典籍数册，无论处理公务、拜客见客、起居饮食皆在其中，而其他房屋一律封锁。

汪志伊县令起家，累任至福建巡抚。曾经去热河陛见嘉庆帝，只乘坐一辆破车，打了补丁的被子束于其中，后面跟随着三个奚奴而已，他往来数十处都邑，没有人知道他是封疆大吏，请客只用两篑食物，汪志伊痛恨天下人废弃宋学不讲，曾经刊刻《幼学仪节》等书。荆道乾性情质朴，做县令时穿着破衣服，棉絮露出来而受到他人的笑话，但荆道乾毫不在乎。

由于朱珪的推荐荆道乾代为安徽巡抚，在任期间对于政务无所更张，而下属非常畏惧他，不敢胡作非为，请客惟用五簋食物，饭食只是去了皮壳、不加精制的糙米而已。

但伪君子假道学也同时出现，觉罗长麟在担任江苏巡抚时，禁止奢侈，曾经私行市井之间，访察民隐关心民间疾苦，每每就食于面馆，吴人传为美谈。事实上长麟骨子里喜好奢华，他置办私宅数千厦，甚至毗连街巷，友人规劝他，他回答说："我久历封疆大吏，也知道置办的宅子过多，但我希望日后这个巷子里的人，知道有我长制府的大名就足够了！"

此外，嘉庆帝在吏治问题上也有非常软弱的一面，有些地方官颇有作为，敢于厘替官场积弊，而嘉庆帝作为一国之君，由于担心过于严苛地刷新政治可能导致节外生枝的种种麻烦，并不能给予他们应有的支持，王秉韬的遭遇最为典型。王秉韬，字含溪，汉军镶红旗人，由举人授陕西三原知县，先后任河南光州知州、浙江按察司经历、云南知县、山西保德知州，颇有政声。乾隆五十五年（1790），升擢为安徽颍州（今属河南）知府，因为审理诉讼案件迟延而被罢职。

嘉庆二年（1797），王秉韬复调为颍州知府。白莲教军突然兵临光州，离颍州非常近，而封疆大吏皆畏葸闭关，不敢出战击杀白莲教军，任其掠夺饱扬而去。王秉韬慨然叹息说："均为天子守臣，岂可以疆圉故致遗害？"因此王秉韬与提督定柱一起，武装乡勇数千人，与白莲教军作战，定柱通晓用兵，王秉韬以忠义加以激励，并助以粮饷，结果清军攻破白莲教的壁垒，对方兵败而去，河南境内得以安宁。

当时朱珪为安徽巡抚时，器重王秉韬之才，没有多久王升擢广西左江道，但却以在颍州时失察逃犯，被镌级罢官，留在江南丰、砀河工效力，不久署理庐凤道，嘉庆帝亲政后由于朱珪推荐，升擢奉天府尹，迁升河南布政使。王秉韬性情方正，不好沽名钓誉，长麟、汪志伊皆以廉洁著称，王不喜欢他们的为人，曾经说："长三汪六皆名过于实者，奚足为贵也？"[1]其实王秉韬是一个实心做事的好官，连士大夫最为爱惜的所谓"名节"也不放在心上。

嘉庆五年，王秉韬由河南布政使迁升东河总督，王秉韬娴熟史事，目睹河臣治河时颇为严重的国帑靡费，他治河主张大力节省经费，"堤埽单薄择要修筑，不以不急之工扰民。河北道罗正墀信用劣幕舞弊，曹考通判徐萧张皇靡费，并劾治之。薪料如额采买，河员滥报辄驳斥，使多积土以备异涨，于是浮冒者不便其所为，言官遽论劾"[2]。王秉韬遭到无端弹劾，嘉庆帝下诏慰勉王秉韬。本来，作为河督，就应该尽心河务，平时注意培修河堤，加厢埽工，按时储备物料，对于属员舞弊浮冒进行弹劾，皆为恪尽职守，颇

[1] 昭梿：《啸亭杂录》卷十，《嘉庆初年督抚》，中华书局1980年版，第349页。

[2] 赵尔巽：《清史稿》卷360，《王秉韬传》，中华书局1998年版。

为难能可贵。但嘉庆帝对于言官弹劾王秉韬，除下诏慰勉之外，却告诫其勿偏于节省。五天之后嘉庆帝发出上谕，批评东河自王秉韬任事以来，"惟知节省，以致工不坚，料不足，受病于此"①。事实上，肆意挥霍河费，并不能解决黄河河患问题。

嘉庆帝这种过度强调道德操行的用人思想，对当时的政治生态无疑产生了重要影响。皇帝希望自己与朝廷重臣以身作则，廉洁清慎，为大小官员做出榜样，然后敦促各级官员效仿，大法而小廉，带动整个官场皆有道德操守，爱惜百姓而不贪污腐化。但嘉庆帝对王秉韬勇于剔除积弊的做法，没有给予应有的支持，对于那些力图除弊的官员无疑是一个打击。事实上，朝廷缺乏强有力的政治措施，嘉庆帝的道德说教只能是一厢情愿的幻想，不能根本改变业已根深蒂固的吏治腐败局面。而且这种用人思想只能造就一群所谓品行正直高尚而缺乏远大政治抱负与治国才能的保守官僚，但根本谈不上什么政治作为，致使嘉庆朝的国势衰颓无法得以遏制。

① 戴逸、李文海主编：《清通鉴》卷 162，第 12 册，山西人民出版社 2000 年版，第 5018 页。

二、为政过宽与反腐倡廉

乾隆盛世留给嘉庆朝的政治遗产，是一个内乱频仍、吏治腐败的烂摊子：白莲教大起义如火如荼，而朝廷国库空虚，官风败坏，贪污成风。此时正需要一位雷厉风行的皇帝和一位铁腕宰辅来整饬朝纲，刷新政治，以扭转清廷日益中衰的局面。而嘉庆帝与帝师朱珪的用人行政却恰恰相反，他们主张为政尚宽，优容那些有过错的大臣。对于亲政之始将和珅革职拿问，嘉庆帝甚至觉得有些过分，他反复申说自己"实有不得不办之苦衷，节降谕旨甚明，为天下臣民所共谅，然朕之衷怀，实非得已"[1]。嘉庆帝真不愧"仁宗皇帝"的庙号。

嘉庆帝为政尚宽，以永不加赋为家法

对于为政尚宽尚严的问题，康熙帝曾说："清官多刻，刻则下属难堪，清而宽，方为尽善。朱子云：'居官人清，而不自以为清，始为真清。'又谕督抚大吏：'办事当于大者体察，不可刻意苛求，宽则得众，信则民任焉。治天下之道，以宽为本，若吹毛求疵，天下人安得全无过失？赵申乔抚浙时，民多怨之，后抚湖南，大小官员无不被参，岂有一省之内，无一好官耶？'"[2] 康熙帝指出，清官大多数人较为刻薄，作为督抚大吏，只有清廉宽厚方为尽善尽美，对下属不能求全责备，吹毛求疵。

嘉庆亲政之初，朝臣就明显感到皇帝为政过宽，

[1] 《清仁宗实录》卷55，嘉庆四年十一月。

[2] 赵慎畛：《榆巢杂识》上卷《圣祖论为政从宽》，中华书局2001年版，第11页。

因此不断规劝皇帝治国宜加严厉，对此嘉庆帝解释说，他为政"惟期不偏不倚，一秉公正，实未尝豫存从严从宽成见。……试思庶事虽纷，其理总折衷一是，宜宽而宽，宜严而严，原视事理以为断。若有意从宽从严，则此心即已涉私，非大公至正之谓也"[1]。的确，为政应该"宜宽而宽，宜严而严"，但嘉庆帝当严而不严，不当宽而宽，在"国法之宽，及诸臣之不畏国法，未有如今日之甚者"[2] 的朝局之下，嘉庆为政过宽加剧了官场的因循疲玩。

事实上，早在皇子时期，嘉庆帝对为政宽猛问题就有自己的思考："为政之道，不出宽猛二端。……若专尚宽柔，无义理以节制之，因循废弛渐至于颓败，不可救药矣，周书君陈之篇曰：宽而有制，为政之要言也。……孔子曰：政宽则民慢，慢则纠之以猛，猛则民残，残则施之以宽，宽以济猛，猛以济宽，政是以和。"[3] 嘉庆帝此一认识可谓100%正确，但在现实政治生活中，如何把握宽猛适宜的"度"，让大大小小的官员既奉公守法，又不至于战战兢兢，却并不是一件容易的事情。

在为政宽猛问题上，朱珪与嘉庆帝颇为一致，共同主张为政尚宽。早在嘉庆元年七月，朱珪接到任命他为大学士的廷寄，就欣然赋诗表达自己的施政理想："曾闻乘负忝高官，鼎铼如何免素餐？每夜焚香勤自省，平生妄语戒尤难。苍黎甘苦须教俭，元气调

---

① 《清仁宗实录》卷 55，嘉庆四年十一月。

② 洪亮吉：《乞假将归留别成亲王极言时政启》，《洪亮吉集》第 1 册，第 228 页。

③ 颙琰：《宽而有制论》，《味余书室全集定本》卷 36，《清代诗文集汇编》第 458 册，第 668—669 页。

① 朱珪：《嘉庆元年七月旬日内连奉廷寄恩旨命珪来京将授为大学士恭纪四首》，《知足斋诗集》卷12，《续修四库全书》第1452册，第90页。

和或在宽。"① 其实朱珪为政从宽的思想并不合时宜，乾隆晚期吏治腐败，大小官吏贪赃枉法，川楚白莲教起义即"官逼民反"的结果，因此对于那些贪官污吏绝不应该"宽柔"，而应该以严刑峻法进行惩处，而对于那些生计维艰的小民百姓，确实应该待之以宽，通过轻徭薄赋来培养百姓的元气。

嘉庆朝为政尚宽，确实有非常利于百姓的一面，那就是待百姓以宽仁为主，反对言利加赋。朱珪严守《大学》义利之辨，继承了孟子"何必曰利"与宋儒反对言利的治国思想，力主治国不言利。因此辅政之后，对于朝廷内外的言利之举、加赋之事，朱珪一概坚决反对。嘉庆帝亲政后下令清漕，禁止浮收，而漕运总督蒋兆奎以运费不敷而运丁不得不勒索州县为由，请求朝廷明定章程，在州县浮收漕米之内，划出一斗，津贴旗丁。两江总督费淳也要求津贴旗丁银米。朱珪反复考量各省意见，然后亲自书写驳稿，以"小民未见清漕之益，先受加赋之害"为由加以驳斥，同时命令户部曹司对于凡是"事近加赋"的奏请一律议驳。

嘉庆帝更以"永不加赋"

◎朱珪书法

为祖宗家法。鉴于白莲教官逼民反的惨痛教训，他意识到藏富于民的重要性，在嘉庆帝看来，"百姓足君孰与不足"是百世不变的真理，官吏办公拮据就会取之于民，百姓穷困就会流为盗匪。理财的要道，就是不要横征暴敛！此后长芦盐政奏请每斤盐价加钱二文，广东布政司奏请将滨海沙滩地亩照民田升科纳赋；仓场侍郎奏请预征钱粮四五十倍的准许作义监生，以后终身免赋。这些奏议均遭到朱珪的驳斥，认为断不可行。而嘉庆帝申明他的义利观说："朕躬行节俭，永杜贡献，言利之徒，无所施其伎俩。惟近日臣工，往往藉军需为名，在朕前尝试，巧言利国，实皆利己。"[①] 嘉庆帝与朱珪反对言利加赋，减轻了百姓的负担，有利于政局的稳定。

① 《清仁宗实录》卷 61，嘉庆五年三月。

朱珪宽纵贪官污吏，官风更为败坏

腐败是中国历代王朝的毒瘤，是难以剔除的官场痼疾，官场黑暗，吏治贪腐，小则百姓深受其害，大则官逼民反，改朝换代。嘉庆帝刚刚受禅即位，川楚陕就爆发白莲教大起义，贪官污吏苛剥小民是起义爆发的重要因素，对此嘉庆帝痛心疾首。面对白莲教起义的熊熊烈火，嘉庆帝曾经作诗以责臣工："内外诸臣尽紫袍，何人肯与朕分劳。玉杯饮尽千家血，银烛烧残百姓膏。天泪落时人泪落，歌声高处哭声高。平

① 周明道编著：《观沧楼随笔》，钱塘诗社 1993 年版，第 137 页。

② 赵尔巽：《清史稿》卷 319《和珅传》，第 10757 页。

居漫说君恩重，辜负君恩是尔曹。"① 此诗通俗易懂，语近俚俗，是否确为嘉庆帝所作，不得而知，但诗中对贪官污吏、损国肥私者的指斥，还是符合嘉庆帝的思想情感的。

和珅伏法之后，嘉庆帝并没有穷治和珅余党，而是宣谕廷臣，令其咸与自新："凡为和珅荐举及奔走其门者，悉不深究，勉其悛改，咸与自新。"② 其中的原因非常简单，一是和珅专权太久，满朝文武的迁升黜陟几乎都或多或少与和珅有关，穷治其党的后果可能造成朝政混乱，人人自危；二是在清朝专制主义淫威之下，根本不存在真正威胁皇权的权臣，和珅的背后有乾隆帝撑腰才能专权，作威作福，和珅被铲除之后，那些依附和珅的官员照样可以为嘉庆帝所用，至于反贪倡廉可以日后进行。

但嘉庆帝及其宰辅大臣朱珪对贪官污吏实行宽大政策，则使本来已经败坏的吏治更为败坏。一些头脑清醒的官吏、学者深深意识到了这一点。早在朱珪入阁之初，以古文经学家闻名的张惠言，在大庭广众之下与朱珪进行"治道"之争，张氏乡试、会试都出于朱珪门下，自然对座师敬仰有加，但对其治国理念却不敢苟同：

珪言天子当以宽大得民，惠言言："国家承平百年余，至仁涵育，远出汉、唐、宋之上，吏

民习于宽大,故奸孽萌芽其间,宜大伸罚以肃内
外之政。"珪言天子当优有过大臣,惠言言:"庸
猥之辈,幸致通显,复坏朝廷法度,惜全之当何
所用?"珪喜进淹雅之士,惠言言:"当进内治官
府、外治疆场者。"[1]

① 赵尔巽:《清史稿》卷 482,《张惠言传》,第 13242 页。

在朱珪看来,天子应以宽大得民心,对有过错的
大臣应持优容的态度;而张惠言认为国家承平日久,
百姓官吏习于宽大,以致变乱四起,因此应严肃纲
纪,严厉惩治奸孽,特别是那些平庸猥琐的大臣败坏
朝廷法度,剥削民脂民膏,有何保全宽大的必要?关
于人才选拔,朱珪喜欢提拔学问淹雅之士,而张惠言
认为,朝廷积弊重重,因此应该选拔习于治道的经世
之材。

毋庸讳言,张惠言所论更为切合嘉庆朝的时局,
可谓药石之言,见识远在朱珪之上,而朱珪所论则显
得迂阔不切实际。与朱珪进行"治道"论争的还有其
门生洪亮吉,洪氏始终主张严惩贪官污吏,甚至为此
冒死上疏嘉庆帝,被发配新疆而在所不惜。朱珪为政
从宽的思想对嘉庆朝政局产生了深远的双向影响:一
方面促使嘉庆朝毅然终止了"文字狱",为道光朝经
世致用学风的兴起奠定了基础;另一方面,朱珪主张
优容有过大臣,嘉庆帝宽仁为政的最大恶果,就是乾
隆晚年以来吏治腐败的风气不仅没有得以遏制,反而

进一步恶化，对于和珅同党的处理即为典型例子。

和珅对乾隆朝政最为恶劣的影响莫过于招权纳贿，将其铲除理所当然。但是由于和珅所管衙门过多，依附之人过多，为了稳定朝局，嘉庆帝谕令他们"咸与维新"，明确表示不肯别有株连，惟在儆戒将来，既往不咎，这样大批以和珅为奥援贪赃婪索的官员被轻松放过。嘉庆四年四月，不识时务的八旗副都统萨彬图奏请继续查抄和珅的寄顿隐匿财产，结果被嘉庆帝斥为"无识之徒""不知政体"，而皇帝最为倚重信赖的朱珪，却从未奏及和珅财产隐寄问题，因此嘉庆帝训斥说，嗣后大小臣工，不得再以追查和珅资产，妄行渎奏。朱珪一向主张皇帝优容有过错的大臣，当然不会奏请追查和珅的隐寄财产。

事情远远不止如此。富勒浑作为和珅党羽，在和珅权盛之时，僮仆侍姬、服饰饮食可谓穷奢极欲，和珅垮台后因受牵累而罢官，几年后穷困潦倒以致到街上乞食，当时王公贵族坚决不予施舍，惟独朱珪告诫门人不要拒绝施舍，而且还以茶伺候。富勒浑"每旬日必一至，文正辄手持青蚨二百赠之。一日又至，值书室无人，因窃取小镜，怀之而出。后遍觅不得，诸仆喧言制军顷实来此。文正戒勿声言"[1]。朱珪不仅施舍，对于富勒浑的乘机偷窃也不声张，由此可见朱珪正人君子的高尚品德，也充分表明他对"贪官"过度宽容。

---

[1] 李岳瑞：《春冰室野乘》卷下《乞食制府》，沈云龙主编：《近代中国史料丛刊》第60册，第402页。

嘉庆亲政后，白莲教大起义如火如荼，而川楚前线统兵大员玩兵养寇，贪功冒饷，军营整饬势在必行。亲政之初，嘉庆帝曾严厉指斥过他们，但身为皇帝仍对这些人弃瑕录用，对此洪亮吉曾说：

> 自征苗"匪"、教"匪"以来，福康安、和琳、孙士毅则蒙蔽欺妄于前，宜绵、惠龄、福宁则丧师失律于后，又益以景安、秦承恩之因循畏葸……甚至拿解来京之秦承恩，则又给还家产，有意复用矣。屡奉严旨之惠龄，则又起补侍郎。夫蒙蔽欺妄之杀人，与丧师失律以及因循畏葸之杀人无异也，而犹邀宽典异数，亦从前所未有也。①

洪亮吉所言，正中嘉庆帝用人之弊。勒保屡次剿"匪"不力，经皇帝格外加恩，弃瑕录用，仍任四川总督带兵剿"贼"。嘉庆六年（1801）夏四月，勒保剿"匪"还是一味迟滞贻误，本应革职拏问，嘉庆帝却姑念四川总督屡行更换，此次又将另易生手，结果勒保著从宽革去翎顶，暂留四川总督之任，以观后效。

此外，和珅族孙、河南巡抚景安不敢迎击义军，只是率军在后尾随，号为"迎送伯"，嘉庆帝下令将其逮捕至京，杀一儆百，正是朱珪使其免于惩处。史载："帝曰：'景安至矣！军事久不定，欲去一人以警众，如何?'珪曰:'臣闻景安不要钱。'帝曰:'若乃知操守耶?'竟以是获免。后复用之。"[1] 本来，嘉庆帝想以景安开刀，整饬川楚前线，而朱珪竟然以景安居官不要钱为由，劝告皇帝将其豁免，后来还再次启用。嘉庆帝亲政后，对于川楚前线统兵将领的整饬，大多虎头蛇尾，这种吏治宽纵的情形只能使吏治越发败坏。

朱珪从嘉庆四年（1799）至十一年（1806）去世，身为帝师与大学士，恩遇之隆无人能比。他的一生，正如嘉庆帝所言:"至朱珪立朝五十余年，外而扬历督抚，内而淯直纶扉，身跻崇要，从未稍蹈愆尤，绝无瑕玷，靖恭正直，历久不渝。"[2] 以个人品质而言，朱珪固然无可厚非，但其主张宽仁为政，优容有过大臣，弊病非常明显。当时整个官场日益腐败，要想刷新政治必须要有雷厉风行的政治铁腕，才能达到目的。但嘉庆帝与帝师朱珪为人忠厚宽仁有余，但拓创威猛不足，使乾隆帝中后期以来官场的因循、贪污之风，不但没有得到遏制，反而迅速恶化下去。

董诰对整饬吏治采取宽纵态度

在整饬吏治方面，大学士董诰与朱珪如出一辙，采取宽纵态度。董诰，浙江富阳人，礼部尚书、书画家董邦达之子，工于诗词、古文与书画，曾充任《四库全书》副总裁，两次绘图紫光阁，曾纂辑《满洲源

① 赵尔巽:《清史稿》卷 345《景安传》，中华书局 1998 年版。

② 《清仁宗实录》卷 172，嘉庆十一年十二月，中华书局1986年版。

流考》《秘殿珠林》《石渠宝笈》等，嘉庆元年（1796）
升任东阁大学士。后任实录馆总裁，负责纂修《高宗
实录》，又奉命厘定《全唐文》，监修《皇朝文颖续编》。
嘉庆二十三年（1818）休致，同年卒于京师。董诰出
入宫禁前后40年，熟谙朝廷掌故与政事得失，颇能
洞鉴治道本源。乾隆帝训政期间，和珅乘机陷害嘉庆
帝，董诰极力保全嗣皇帝，表现出非常难得的大臣风
度。就个人品质而言，董诰颇能廉洁自守，两袖清
风，身为宰相30年，勋名之盛一时罕有伦比。去世
后，嘉庆帝亲临祭奠，御制诗"只有文章传子侄，绝
无货币置庄田"是对他一生的最高赞誉。

嘉庆一朝董诰位极人臣，如能下定决心整饬朝
政，还是可以大有作为的。但董诰一生处事谨慎，据
姚元之《竹叶亭杂记》记载，董诰50岁大拜为相，
入值军机处，30余年待人接物从无疾声厉色，礼貌
非常周到，即使对童子也不肯稍有疏忽，退直回家则
性情急躁。出门之后颇能谦恭，而且数十年如一日，
实在难能可贵。董诰管理部务和衷协济，从来不肯稍
持异议。以事投文，对于属文胥吏必定厚加犒劳，他
认为胥吏府史并无俸禄，因此不想薄待他们。此事足
见董诰为人善良，虑事周全，但对一位重臣而言，这
些小恩小惠却不足挂齿。

董诰长子董淇以荫官而任户部郎，不幸中年夭
折，董诰悲愤不已，有一天对门生说："予自问生平

无大谴，西河之痛，天何罚之酷耶？"董诰认为自己平生没有大过，为何中年遭受丧子之痛，难道这是天谴惩罚吗？众人听后婉言劝慰董诰。但编修洪亮吉却不假思索地说："师无无罪？师秉国钧，上之宜法皋、夔、伊、傅，次之亦当效房、杜、范、韩，乃庸庸祗祗，徒效孔光、石庆之所为，不能造福，即有余殃。慎无以无罪自蒙也。"[1] 在洪氏看来，董诰身为朝廷重臣，应当效法三代的贤臣皋陶、夔、伊尹和傅说，其次效法唐宋时期的名相房玄龄、杜如晦、范仲淹、韩琦等人，如果只是庸庸碌碌，就成了汉代持禄保位的孔光、石庆之流，大臣不能造福百姓，就会有祸殃。洪氏所论看似不近人情，但以贤相名臣的角度要求董诰，并非没有道理。不过，清代的政治体制也没有产生房、杜、范、韩的土壤，这也是一个时代的悲剧。

正在此时，分发掣签一案事发，好多候选官员贿赂吏部官员及书吏，希望分到一个富裕地方任官。事发之后，朝议穷治犯事官员，以儆效尤，诸多候选官员及吏部官员都会因此受到严惩。当时董诰掌管吏部，竭力向朝廷陈奏，认为"微员下士，来自田间，不识忌讳。或以笠屐所经，熟其风土；或有葭莩所托，资其饔飧，与指名鬻缺者大异，请恕其既往，禁其将来"[2]。董诰极力保全那些犯事官员，受到惩处的惟有低级书吏而没有相关官员，许多人因此得以保全。董诰这种纵容的态度，无益于刷新吏治。无论是

① 徐珂：《清稗类钞》第7册，《洪亮吉斥董诰》，中华书局1986年版，第3039页。

② 徐珂：《清稗类钞》第7册，《洪亮吉斥董诰》，第3039页。

嘉庆帝、朱珪还是董诰，对于贪官污吏都采取纵容姑息的态度，导致朝政懈怠、吏治败坏无法收拾。

事实上，嘉庆帝、朱珪、董诰等人即使是雍正帝那样的铁腕君相，也不能从根本上解决吏治腐败的问题。司马迁曾说："天下熙熙皆为利来，天下攘攘皆为利往。"发财致富是人类本能的欲望之一，发财本身并非罪恶，但是通过升官发财，则是罪恶之中最大的罪恶，正如陈独秀所说："惟中国式之发财方法，不出于生产殖业，而出于苟得妄取，甚至以做官为发财之捷径，猎官摸金，铸为国民之常识，为害国家，莫此为甚。发财固非恶事，即做官亦非恶事，幸福更非恶事；惟吾人合做官发财享幸福三者以一贯之精神，遂至大盗遍于国中。人间种种至可恐怖之罪恶多由此造成。"[1] 以"做官"为"发财"捷径而孜孜以求，历两千余年而不衰。

中国传统政治制度的设计理念，以防止臣下危害君权为核心，以达到君主绝对专制为鹄的，对于官吏廉洁奉公不能说没有制度约束，但颇为有限。对此清华大学教授张绪山指出：

> 中国传统吏治何以不能防止腐败？其根源在于传统吏治的伦理前提"性善论"。……一相情愿地相信帝王"大公无私"的美德，相信君王趋向"仁政"的自觉性，对人性恶质的存在视而不

① 陈独秀：《新青年》，《独秀文存·论文》上，首都经济贸易大学出版社 2018 年版，第 35 页。

见，从未提出"如果执权柄者怙恶不悛怎么办？"
这种法治制度不可或缺的前提设问，从未正视官
场对人性恶质膨胀的催化作用，使限制大小官员
乃至君王恶性滋长的约束机制无从落实，官员腐
败不可能在萌芽状态中被及时发现和遏制，而只
能在腐败达到不可收拾的局面后，实施不得已的
惩罚，以安抚沸腾的人怨。……拒绝在整体上将
整个权力集团视为潜在的腐败力量，从而建立高
度灵敏的制度防范，正是贪官炼成的根本条件。

清朝专制主义的官僚政治体制不彻底改变，"绝
对权力产生绝对腐败"的宿命是难以逃脱的梦魇。嘉
庆帝的王道政治理念以及苦口婆心的谆谆告诫，朱珪
的清正廉洁与宽大仁厚，董诰的两袖清风与和衷协
济，对于净化清代官场的贪腐可谓微乎其微。不从根
本制度着手解决"做官发财"传统支配下的官场腐败
问题，而是像洪亮吉那种幻想依靠铁腕君相刷新吏
治，无异于缘木求鱼。

三、嘉庆帝对秘密结社的整饬对策

民间秘密宗教盛行是汉代以来中国社会的一大特

色，明清两代则是中国秘密教门发展的重要时期，有清一代究竟存在哪些教门，这些教门有信徒多少，由于资料所限，很难有一个精确的数据统计，但是乾隆朝以后，几乎每年都有"邪教"案件发生，或大或小，或南或北，多如牛毛。至嘉庆朝秘密教门则公开走向武装反抗的道路：漫延五省、历时九载的白莲教大起义，攻打紫禁城的天理教起义，皆与民间秘密宗教密切相关。面对民间教门的盛行，嘉庆帝采取一系列的对策，来抑制民间秘密结社的蔓延，主要包括严厉查禁以取缔邪教，加强立法以惩治教门，强化保甲以查禁教门，同时也不断加强地方教化以消弭教门。

秘密教门的众生相与反叛精神

有清一代民间秘密教门盛行，正如时人所言："独怪世衰道微，邪说充行，愈趋愈下，愈出愈奇，任意捏造经典，随时更改教名，各肆其妖妄、狂悖、荒诞不经之言，为惑世诬民之具。"① 其突出表现即为教派名目激增和经卷层出不穷，清代见于官方记载的秘密宗教，就多达一百余种。嘉庆一朝则深受教门叛乱的困扰："至于白莲八卦之徒，挟左道以惑众，焚香聚徒，敛钱入教……国朝嘉庆初年，川楚教匪，蔓延秦楚豫蜀，征之七年而定；滑县之变，林清扰及京畿，此岂为饥寒所迫而然哉？"② 清代白莲教教派主

① 祥亨：《重刻〈破邪详辩〉序》，黄育楩辑：《破邪详辩》卷首，道光十四年刻本。

② 汤成烈：《风俗篇三》，盛康辑：《皇朝经世文续编》卷74，沈云龙主编：《近代中国史料丛刊》第85辑，第1365页。

要包括罗教、黄天教、弘阳教、闻香教、圆顿教、八卦教以及它们所派生衍变的各种教派，它们的组织和势力遍布全国各地。

总的说来，所谓"邪教"的基本群众是农民、流民、游民、手工业者、小商贩、矿工、水手、城市贫民、道士、和尚、阴阳生等，也有封建体制中的个别成员，比如少数官员与个别太监。但特别应该注意的是，许多乡约、客头、衙役、书办，由于他们是介于官与民之间的官僚队伍的外围与末梢，虽然地位微贱，但却成为具有影响力的地方势力，因而他们加入"教门"，往往成为首领人物，如白莲教大起义当中，诸多教首出身于胥役，其中齐林即为襄阳总役。这些人既是朝廷查拏"邪教"的具体执行者，同时又是教门领袖，即便胥役不入教，也会与教首串通以"吃教"，收取规费。

吸引穷苦群众加入秘密教门的，与其说是信仰，不如说是贫困、疾病与灾难，即使完全出于一种"纯信仰"，也与生活贫苦与不幸这一根源有关，他们有因年老求子而入教的，有患病看香而入教的。教徒入教后，平时念经烧香，拜忏上供，坐功运气，吃斋求福，诵经纳钱而已，谈不上危害统治秩序，对他们则不应一一穷诘治罪。对此曾任山东巡抚的琦善说："其拜师传徒，甘心入教者，自应严行惩办。至乡愚患病，误听人言，领香治病，情稍可原。"[①] 在大的

---

① 《清宣宗实录》卷63，道光三年十二月。

教派当中，弘阳教、黄天教更倾向于以却病延年、长生益寿为内容。此外，有的教派还教人拳棒，习医治病，符咒召鬼以及房中邪术。

秘密教门留下的宝卷，绝大多数在卷首书有"皇帝万岁万万岁"的字样，教首也明确要求教徒既要拜佛敬神，也要报答皇恩，遵从王法。因为"佛是西天来的宾，龙牌是东土的主"，他们对皇帝、皇恩极尽赞美之能事，甚至将天子视为人间的"活佛"。不可否认，其中确有迎合官方以避免打压的因素，但皇帝权威在民众心目中从来就具有不可侵犯的神圣意义，甚至皇帝和清官远远比宗教世界的大小仙佛神圣更能拯救苍生。

即使具有较强政治叛逆性的收元教首刘之协，被捕后所交代的灵文歌诀，也没有什么叛逆之词，嘉庆帝在上谕中曾说："至于白莲教名目，由来已久，即据刘之协所诵经文，大意不过劝人为善，并无悖逆字样。"[①] 尽管如此，朝廷对民间教门并不放心，道光年间黄育楩道出了其中的奥秘："谋逆之原，由于聚众，为教首者，又惑以劫数，诱以逆书，复以符咒迷人，而同教自乐从逆矣。"[②] 出于对聚众则可能谋反的忧虑，因此有清一代朝廷对秘密教门的教首和教徒都重典惩治。

另一方面，中国农民和有些教门也确有"皇帝轮流做"的"谋逆"倾向，嘉庆年间的朱毛俚案则说明

---

① 《清仁宗实录》卷 72，嘉庆五年八月。

② 黄育楩：《续破邪详辩》，道光十九年刊本。

这一问题。嘉庆十八年（1813）八月，江西余干县民胡秉耀买得一本残书，书中有阵图及"天下原有小安土"等悖逆俚语，以测字营生的他大喜过望，随即向同伙夸耀自己能解阵图，若找到为首起事之人，便可以取得富贵。他们把宋元以来世代为农的朱毛俚，假托是前明后裔，是未来佛转生治世。自小与瞽目父亲在街上算命的朱毛俚闻听，自信不疑。于是胡秉耀等人推朱毛俚为主，向其跪拜称臣，朱毛俚改名天龙，表字万邦，称"后明小朝"年号，而前后随同入伙的达七十余人。

朱毛俚将他们封为"平肩王""大将军""都御使""吏部侍郎"等职，并给予官职札付。[①] 一年后阮元任江西巡抚，朱毛俚案被破获，作为真龙天子的嘉庆帝自然无法忍受这种谋逆，结果除了朱毛俚因为前往福建浦城而未获外，其余七十人或被处死，或被发遣，一场称帝封王闹剧结束。但与此类似的称帝"邪教案"，在清代历史上并非仅此一见。无论是传徒敛钱、没有谋反的教首，还是僭越称帝的教首，对于封建帝王来讲都是难以忍受的，重典惩治也在所难免，嘉庆帝亦不例外。

严厉查禁经卷，禁止聚众传徒

严厉查禁教门是清廷的一贯政策，而"办理邪教

---

① 张鉴等撰、黄爱平点校：《阮元年谱》，中华书局 1995 年版，第 109—115 页。

总以有无传习经咒、供奉邪神、拜授师徒为断"，其中查禁经卷为重中之重，原因在于"邪经为邪教根源"，对此道光年间官吏黄育楩讲得最为透彻精辟："近日无邪教，而邪经不尽，能保后来匪类，不据邪经以仍复传徒乎?"[1]即使"邪经"本身没有谋逆之说，但却可用来吸引群众，而"聚众"对统治者而言是最感威胁的社会现象，是动乱的源泉。所以黄氏才把"邪经""聚众""谋逆"三者联系在一起，一再强调若印造邪经，煽惑愚民，遂致聚众传徒。

嘉庆十八年四月，山东巡抚同兴查获姜明等人起立如意会，将其所编歌词抄录呈览皇帝，嘉庆帝阅读之后，感觉"歌词虽属鄙俚，均系劝人为善，并无违悖字句"，但是"若自行编造歌词，私立会名，转相传授，是即与邪教相类"[2]。可见，即便是劝人为善的歌词，百姓也不许编造，因为教化万民是皇帝官吏之事，教门首领以宗教形式劝人为善，则是越俎代庖，人多势众就形同"邪教"。

禁门之变后，嘉庆帝非常重视经卷的查禁，并谕令习教之家将经卷图像呈缴官府。朝廷还允许习教之人赴官府投悔，具结不再习教，即可免于治罪；若经各省督抚晓谕之后，仍敢私自收藏经卷图像，则是怙恶不悛，一经发觉，则重治其罪。十八年，嘉庆帝御制《原教》，再次指出教乱的重要原因之一，就在于民间潜藏"邪教"经卷，他说，"邪教"经卷"鄙俚

① 黄育楩：《又续破邪详辩》卷一，《清史资料》第三辑，中华书局1982年版。

② 《清仁宗实录》卷289，嘉庆十九年夏四月。

不通，俗陋已极。……其年号皆前明之时，竟系彼时
乱民所造，潜藏穷乡僻坏，未能搜出焚毁，贻害至今
日也。"因此他号召各级官吏"去邪教以遏乱，焚邪
经以涤源"。①

　　不同的秘密教门供有不同的神，这些所谓的神佛
都是随着秘密教门的盛行而一时并出，其事迹多属无
稽，不在国家祀典之内，因此朝廷严禁民间供奉"邪
神"，不仅如此，即便供奉皇帝龙牌，也不允许。嘉
庆十七年二月，四川总督常明上奏，川省在白莲教起
义之前，就有无为老祖教，而习教之家都供有圣祖仁
皇帝龙牌。嘉庆帝接到奏报，认为习教之家"供奉圣
祖仁皇帝龙牌，尤属无知妄为"，因为"供奉龙牌，
则国家自有定制。即王公大臣等亦不敢私行尊奉，况
属编氓，何敢妄行僭越？"②在嘉庆帝看来，供奉龙
牌，即使是王公大臣亦不允许，更何况是平民百姓之
家呢？显而易见，皇权不仅统辖世俗万民，就连宗教
神佛世界也不例外，民间祭祀当然不能超脱官府管辖
之外。

　　传徒则可聚众。朝廷在查禁教门时，有无传徒是
定罪轻重的重要标准。道光年间青莲教盛行，道光
二十四年（1844），湖南衡阳县人刘青泉拜同县人王
祖荣为师，王祖荣妄写弥勒老祖、达摩老祖牌位，让
刘青泉礼拜，随后教给刘坐功运气方法，但没有传授
经卷符咒。不久王病故，闻听朝廷查挐"教匪"，刘

①　《清仁宗实
录》卷 281，嘉庆
十八年十二月。

②　《清仁宗实
录》卷 254，嘉庆
十七年二月。

青泉担心被拿获而各处逃避。

二十六年四月，逃到陕西石泉县盘费用完，投寓客店后，为了敛钱活命，刘青泉诱使廖明望等五人吃斋入教，而廖明望等人或因母病乏嗣，或因为自身多病，同意入教，但还没有拜师即被知县拿获，抄出书本的内容是杂症药方，并无荒诞悖谬之词。当时身为陕西巡抚的林则徐，并没有因为廖明望等人尚未拜师而减轻对刘青泉的处罚。结果刘按照"传习各项教会名目，并无传习咒语，但供有飘高老祖及拜师授徒者，发乌鲁木齐为奴"之例，发配乌鲁木齐为奴，而且按例面部刺字，廖明望等人被杖八十，交地方官严加管束。

加强惩治官员失察教门的立法

清承明制，一向对各派教门实行严厉打击政策，查禁教门是地方官的职守之一，为了敦促地方官实力查禁，清廷明确规定："嗣后文武官员，有失察'邪教会匪'滋事重案，其应议以降调者，均按所降之级实降，毋庸查级议抵。"① 也就是对于教门案发之地官员的处分，进行实降实革。由于"教门"案发不仅现任官员有失察之责，且历任官员都要追究，这使得他们不免心存忌惮。因此教门案件发生后，地方官往往设法掩饰，或尽量化小，或自行处理，不愿上报。

① （光绪朝）《钦定大清会典事例》卷 132，《吏部·处分例·禁止邪教》，《续修四库全书》第 800 册。

甚至因为地方官畏惧处分，往往将首告之人反坐。

嘉庆十八年天理教徒攻打紫禁城，这给嘉庆帝以极大的震撼，让他一生难以释怀，这也使朝廷的教门政策发生了很大改变。首先，对于失察的地方官员的处分更为明确，更为细化，规定州县官如怠玩因循，以致酿成叛逆重案，将州县官革职，府州降二级调用，道员降一级调用，两司降二级留任，督抚降一级留任；其由邻境上司访拏在先，该员能随同拏获首犯者减等议处，例应革职者减为革职留任，例应降调者减为照所降之级留任。这样，对于各级失察官员的处分规定详细明确，就可以防止督抚在办理过程中循庇属员。

同时，为了改变地方官员因规避处分而隐讳教门案件的状况，嘉庆十八年（1813）十月，朝廷下旨将吏、兵二部文武各员失察处分另行酌议，对于失察的官员，倘若州县官明知故纵，始终掩匿不报，事发之后朝廷从重治罪，将其革职；倘若属员已详报而上司隐饰不办，则将该上司革职治罪，详报官员免于议处；倘若前任官员在任期间毫无觉察，经后任州县查出"邪教"而且进行举发，即将前任官革职。地方官在案发前主动破获，或在案发后认真查拿，不惟可以将功赎罪，若因此消弭"邪教"大患，还可加以恩奖。这样，对地方官员的处罚重点就放到了对教门案件是否主动查禁和认真缉拿上，就可以避免地方官因规避处分对教门因循不办。

禁门之变在办理"邪教案"的过程中，使清廷逐渐认识到不同教门的政治叛逆性并不相同，对其统治的威胁程度也不相同。嘉庆十八年，议定"禁止师巫邪术律"时，对不同教门、不同犯案情形作出的处罚也不尽相同。把打击矛头指向叛逆性极强的白阳、白莲、八卦等教，而对于较为温和的红阳教则处分较轻；对于不同案情例律的处分也不相同，打击重点在于传习经咒、供奉邪神及拜师授徒，对于赴官投首悔过自新的则免于治罪，对于普通吃斋念佛的信徒则不予追查，这有利于将具有叛逆倾向的"匪犯"与普通信徒区分开来。然而新疆遣犯越积越多，难以控制，喀什噶尔参赞大臣松福上折请求停止发遣。嘉庆二十四年（1819），朝廷调剂新疆遣犯，将被诱习教但并未传徒，而又年逾六十的从犯，改发云贵两广烟瘴地方充军。

强化保甲，严密监控越轨行为

保甲制是清廷将统治触角伸向基层社会与乡村民众的主要途径，因此在查禁教门时，加强保甲几乎成为朝野上下的共识。清代保甲组织实行牌、甲、保三级制，一律采用十进制：十户为一牌，十牌为一甲，十甲为一保，分别设立牌长、甲长、保长各一名，朝廷把查拿"邪教"放在首位。保甲之法深入到每家每户每人，连环相结，为清廷在地方上构筑了一条较为严密的防御线，有力地巩固和加强清朝的统治。有清一代，大凡教门及会党势力猖獗之区，朝廷及各级地方官员大都要强化保甲组织，一方面借此控制保甲内教门、会党的"不法"行为，另一方面也可以保障保甲内的民户不与教门、会党成员产生联系。

在嘉庆帝看来，保甲是惩治教门的良策，他要求地方官因公下乡或审理词讼时应"随意详诘"当地邪教状况。十八年天理教起事后，十一月，嘉庆帝指示在编查保甲时，仅止习教的责令具结改悔，形迹诡异的匪徒拿获后要重加惩罚，以便闾阎安宁无事。为了能准确编查保甲又不影响民生，十九年（1814）直隶总督那彦成提出，应在秋收后查办保甲，届时保甲长将本村丁户人口造册上报，州县亲往覆查点验，取互保甘结，不时抽查，得到嘉庆帝许可。二十一年（1816），嘉庆帝谕令对于首举教门逃犯的十户并赏，而窝藏之家与叛逆同罪，同牌十户连坐，实行保甲连名互保的办法。这样保甲长害怕株连，就不会为来历不明与平日踪迹可疑的人具结，从而利于教门的查禁。

在保甲组织比较严密的地区，教门的活动会受到严格的监视，大多数教门成员的"越轨"活动，很难逃脱甲内民人的耳目，一有举动，便可能招致告发。

因此在这些地区教门活动受到很大限制。清茶门教为白莲教的重要教派，世代传习此教的王姓家族，为了躲避朝廷的残酷镇压，顺治年间从山东迁至滦州石佛口及卢龙安家楼，150 余年中，王家往来直隶、山西、湖南、江西传教，代代不歇，嘉庆十九年，清茶门教被朝廷破获，王家四处传教的只有五六人，而他们手下的教徒也为数不多，每人只不过传徒五六名而已。清茶门教之所以如此冷落，与嘉庆一朝厉行保甲查挐教门有着直接的关系。

尽管清廷三令五申强化保甲，但在多数地区依旧有名无实，特别是平居无事的时候。这首先与吏治腐败、差役胥吏蠹政害民有着密切的关系：差役胥吏向教首收受"规费"，自然对教徒进行包庇，致使教门难以缉捕净尽。其次，保甲的编查并无专门经费，而一县所辖地方辽阔，户口畸零繁多，保甲需费不在少数，因而厉行保甲变为胥吏的扰民之举。还有，保甲编查事宜甚为烦琐，而州县官公务丛集，难以事必躬亲，而保甲长地位卑微，在一个彼此熟悉、几乎不存在个人隐私的乡土社会中，告发"邪教"自然是非常尴尬的事情，他们处于"不为举首，既恐受累，即为举首，又恐结仇"的两难境地。

再者，保甲只适应于很少变动的乡土社会，如果百姓流动频繁，村落不断变迁，保甲所造之册，历时一久即成废纸。因此编查保甲对于禁绝教门所起的作

① 严正基:《复贺耦耕中丞问治黔书》，盛康辑:《皇朝经世文续编》卷14，沈云龙主编:《近代中国史料丛刊》第84辑，第1587页。

用有限，甚至走向事情的反面。清代教徒起事，一方面固然由于教首见教徒众多而渐图非分，但有时也因州县缉挐太严，教徒"既不免于奸胥猾吏，恣行鱼肉于前，复不免于劣保刁棍，横相朘削于后，因而进退维谷，不得已而变计为匪者有之"①。

教化为本，黜异端以崇正学

儒家向来认为教化乃治国之本，所谓"不教而诛谓之虐"，以名教纲常教化民众，则会潜移默化达到"正人心，齐风俗"的目的。特别是"邪教"就本质而言，属于思想意识问题，因此教化在"讦奸止邪"方面确实强于严刑峻法。在朝廷看来，地方官负有教化万民之责，某一地区发生教门案，皇帝往往会指斥地方官吏疏于教化训导，因此编查保甲、加强立法只是"治标"之策，而加强对民众的思想控制，宣讲圣谕广训从思想文化根源消除"邪教"则是"正本清源"之策，所谓"法禁于已然，教施于未犯"，清帝向来比较重视教化根除教门的作用。

地方官于每月朔望宣讲圣谕的制度形成于康熙年间，其中"黜异端以崇正学"即针对明代以来的民间秘密宗教而设。嘉庆一朝深受白莲教、天理教、清茶门等教门的困扰，因此颇为重视教化，嘉庆帝认为禁绝"邪教"在于正人心，而"正人心"关键在于教化，他说："夫正学昌明，则歧途自绝，教化之行必先自上。……凡有教化斯民之责者，平日实心训迪，默化潜移引之规矩之中，而消其暴戾之气。……经正则庶民兴，庶民兴斯无邪慝，圣贤心法治法无逾于此。"①嘉庆帝把推行教化当作禁绝教门的灵丹妙药，因此亲政之后要求地方官"不但朔望宣讲《圣谕广训》，当明切讲论，即公堂听狱、赴乡劝农时，皆可随时训导……可渐收易俗移风之效。"并特地通谕各省督抚实力奉行，不得视为具文，虚应故事。

但地方官多自顾考成，忙于催科与刑名案牍，往往视宣讲《圣谕广训》为"迂阔"，嘉庆一朝尤其如此。天理教事件发生以后，"邪教"成为危及清廷统治的心腹大患，宣讲《圣谕广训》根除"邪教"自然引起朝廷的特别关注。检讨地方官宣讲圣谕的实际状况，嘉庆帝说："近来各省地方官，积习因循，能守法奉职者，已不可多得；至于教化一事，则置焉不讲；间有耻为俗吏勤思治本者，鲜不视为迂谈；朔望读法，孟冬乡饮，皆著于令甲，举行者盖已寥寥。况实能导民于善，更化易俗者乎？"②他再次重申地方官要加强宣讲圣谕的活动，指示各省督抚要善于体察皇帝之言，力矫风气，造就贤才，并以教化之兴替，定官吏之去留。

再者，即使督抚州县宣讲《圣谕广训》，也难以深入僻壤穷乡，家喻户晓，而穷乡僻壤恰恰是"邪教"

---

① 《清仁宗实录》卷73，嘉庆五年八月。

② （光绪朝）《钦定大清会典事例》卷389《礼部·风教·讲约二》，《续修四库全书》第804册。

广为滋生的温床，为了解决这一矛盾，嘉庆帝通谕各
省督抚转饬所属州县，将《圣谕广训》按村颁发一册，
遴选诸生耆老，随时剀切宣讲，以使编户小民趋向正
教而远离"邪教"。对于宣讲得法的诸生，则指示该
省学政统计平日文行，照例核实举优，而耆儒则指示
地方官量加奖励。但嘉道年间吏治积重难返，各级官
员对查禁教门的令旨往往应付了事，并未认真施行。
以教化而言，地方官吏往往虚应故事，朔望并不宣讲
圣谕，还动言民不可化。因此朝廷以加强教化、宣讲
圣谕根除教门的成效，则大打折扣。

陆

嘉庆朝吏治官方

　　中国官僚政治体制下的各级官吏，不仅代表专制君主的利益，而且有其自身的特殊利益，他们只对君主负责，或者说下级只对上级负责，而不会对所谓的"愚民"负责。清朝形成一个数量庞大且拥有很大权势的官僚阶层，官场景观百态纷呈：官权、官职、官威、官势、官制、官话、官腔、官箴、官习、官亲、官场病、官样文章，成为中国社会一道独特的风景，要想在官场上游刃有余，就需要精通"宦术"：

　　投桃、报李、拍马、捧场，此手腕也；标榜、拉拢、结拜、连襟，亦手腕也；排挤、造谣、掠功、嫁祸，又手腕也；如何模棱，如何对付，如何吹牛，如何装病，形形色色，无往而非手腕也。一切手腕，也就是一切皆作态，一切皆做假；一切皆做假，便做官矣！打官话，说假也；做官样文章，写假也；官场的道德，假道德也；官场的事务，假公济私的勾当也。①

① 林同济、雷海宗：《文化形态史观》，大东书局1946年版，第79页。

　　在这样的官场中，贪污、庸劣之风必然盛行，为官者考虑的根本点是升官发财、飞黄腾达，而"多磕头，少说话"，"宦途趋避闪烁，何止万端"，"唯上是从"，"巴结逢迎，不怕难为情"，"笑骂由人，好官我自为之"则是他们奉行的升官秘诀。加上清代厉行"文字狱"，实行专制主义的高压统治，打压官僚士大夫的经世抱负，这使历代本来就有的官场病更加严重。至嘉道时期，"因循疲玩"成为官场的普遍现象，官场痼疾更不可问。

一、百官群像：贪酷者少，疲玩者多

嘉庆一朝，因循疲玩成为官场普遍的习气，所谓因循疲玩，换成现代政治术语，就是不作为不担当，阳奉阴违，太平官、懒官、庸官比比皆是。各级官员懈怠公事，废弛政务，遇事互推诿扯皮，导致整个官僚机构的行政效率严重弱化，大小官员坐等出事。嘉庆朝吏治废弛现象不但发生边远省份，而且京畿地区亦不例外，京官晏起旷职，地方官积压讼案，规避讳盗，种种怪相不一而足。"因循疲玩"的危害在于长远而不在目前，因为表面看似风平浪静的社会深处，隐藏着种种问题，而那些官员却视而不见，听而不闻，一旦出事则后患无穷。

京官懒政旷职，庸臣充斥朝廷

乾隆晚年和珅专权，吏治腐败，事事不得其平。至嘉庆年间，官僚士大夫的锐气早已消磨殆尽，循规蹈矩、平庸无能逐渐成为官场的普遍风气，"一时人才循循规矩准绳之中，无有敢才智自雄、锋芒自逞者。然有守者多，而有猷有为者渐觉其少"[1]。他们位列朝班，不求有功但求无过，"以模棱为晓事，以软弱为良图，以钻营为取进之阶，以苟且为服官之计"，一旦国家有事，民生多艰，那种不顾利害、不计夷险、不徇情面、不顾身家的豪杰之士早已不见踪影。中央各部院大臣与地方吏治的状况，正如洪亮吉所言：

> （各部院大臣）事本不多，而常若碎碎不暇，汲汲顾影，皆云多一事不如少一事。在外督抚诸臣，其贤者斤斤自守，不肖者亟亟营私。国计民生，非所计也，救目前而已；官方吏治，非所急也，保本任而已。虑久远者，以为过忧；事兴革者，以为生事。[2]

因循疲玩、行政效率弱化成为嘉道时期官场的普遍特征。而官场因循疲玩的恶果之一，就是庸臣鄙夫充斥朝廷。近代启蒙思想家魏源认为，历朝历代有七种"亡天下之患"，暴君、强藩、女主、外戚、宦寺、权奸之外，就是鄙夫。而强藩、女主、外戚、宦寺、权奸都是乱世昏君的产物，而鄙夫则滋生于承平之世，他们"除富贵而外不知国计民生为何事；除私

① 曾国藩：《应诏陈言疏》，《曾国藩文选》，百花文艺出版社 2006 年版，第 25 页。

② 赵尔巽：《清史稿》卷 356《洪亮吉传》，第 11309 页。

党而外不知人材为何物；所陈诸上者，无非肤琐不急之谈，纷饰润色之事；以宴安鸩毒为培元气，以养痈贻患为守旧章，以缄默固宠为保明哲，人主被其薰陶渐靡，亦潜化于痿痹不仁而莫之觉"①。对于藩镇、外戚、宦官、权奸亡国的危害，朝廷上下看得一清二楚，历代帝王自然会大加挞伐。而鄙夫之害则在潜移默化之中，攻无可攻，刺无可刺，等到鱼溃肉烂时，朝廷局势已经无法挽回，可谓"运去英雄不自由"。

清帝向来以"勤政"闻名，嘉庆帝还是皇子之时，就已经意识到"勤"的重要性，他说："人日习勤劳，则日近于善矣；日习惰弛，则日近于恶矣。……为治者惰于事功，而庶政怠荒；欲求家国治天下平，其可得乎？"② 因此亲政之后，嘉庆帝每日孜孜以求，夜夜秉烛批阅奏章，从来不畏劳苦。但可悲的是，皇帝"未明求衣，灯下办事"，但他的大臣们却心安理得地高枕酣眠，荒废政务也全然不顾，他们之中"同此劳者，惟军机内廷数人耳"，嘉庆帝曾经气愤地说，"别部堂官遇应奏事件及应带领引见人员，延玩不奏，在家高卧以避晓寒，于心安乎？于理得乎？京员如此怠惰，外任尚可问乎？"③ 但训斥归训斥，大小臣工依然我行我素，懒散拖沓成风，京官只是在进宫奏事之日，才早起进朝，而平时进衙门办事，一般都要拖到上午十点以后，外省督抚更是晏起偷安，属员要忙于逢迎伺候上司，更是无暇处理政务，公事贻误在所

① 魏源：《默觚·治篇十一》，《魏源全集》第12册，岳麓书社2004年版，第65页。

② 颜琰：《民生在勤论》，《味余书室全集定本》卷35，《清代诗文集汇编》第458册，第651页。

③ 《清仁宗实录》卷136，嘉庆九年十一月。

难免。

事实上，京师六部衙门政务殷繁，遇有应奏应办之事，臣工应该随时陈奏办理，以免积压过多。而满朝文武全身保位者多，为国除弊者少；苟且塞责者多，直言陈事者少，甚至堂官将政务推诿给司官，司官推诿给书吏，以致处理公务的能力堂官不如司官，司官不如书吏。廷臣自大学士、尚书、侍郎以及百司庶尹唯诺成风，只得一切听命于书吏，结果书吏"举一例牢不可破，出一言惟令是从"。面对这一局面，嘉庆帝并没有雷厉风行地进行整顿，而只是苦口婆心地加以劝导，听凭京官们"自觉振作"而已。他说："朕此时不难降旨，令各部堂官每晨趋直，以儆忌惰。但念此中尚有年老诸臣，趋走维艰，朕亦不为已甚，嗣后各部臣务宜力加振作，于应办之事，随时陈奏。"[①]没有严格的奖惩考成，仅靠谆谆告诫，当然听者藐藐了。

因循疲玩的官场风气使公卿大臣关注的焦点也发生了根本性的转移，他们不以国事为重，而是斤斤计较于营私保位。嘉庆帝召见廷臣时深有感触，如果召对某位大臣较为频繁，他们就以为皇上眷顾优隆，心中洋洋自得，在皇帝面前就议论风生，若有一段时间没有召见，他们就心存疑惧，妄自猜测，以为前次奏对未能称旨，于是下次召见时就瞻前顾后，缄默不言，即使分内应办之事，也不敢直言具奏，即使嘉庆

① 《清仁宗实录》卷 136，嘉庆九年十一月。

帝再三询问，还是畏首畏尾，唯唯诺诺。其实，身为朝廷大臣，他们全然不以公事为重，惟以揣度迎合皇帝心思为能事，那种为国事而不顾荣辱祸福的大臣，可谓微乎其微。对此嘉庆帝批评说："近日风气，见有一人不避嫌怨、独秉公论者，众人不以为持正而转相非笑，致沮其忠谠之气。"[①] 如果满朝文武不实心任事，而是一味明哲保身，整个朝廷太平官、懒官、庸官充斥，朝政自然不可救药。

因循疲玩最为重要的危害，是导致官员气节的丧失与官场风气的败坏，选士择官首先应该推崇气节，阿谀谄媚之徒很难为政干练廉明，但嘉庆年间六部堂官所提拔保荐的司员，大率以迎合己意为晓事之人，以执稿剖辩为不晓事之辈；以经常拜谒上司、言词捷巧者为勤慎，以在司办公、言语木讷者为迂拙，以致内外臣工没有操守气节，终日忙于奔竞攀附，迎来送往，整个官场日趋卑下，颓风积习相沿，大有狂澜难挽之势。嘉庆帝认为要转移风气，在京察之期各部院应慎重保举，对于猷守兼优的堂官自应首先保荐，其余则荐举资格较久、谨慎朴实之员，而少年浇薄、才华发越的则令其历练，下届再行保送。

嘉庆年间，吏治废弛不但发生在天高皇帝远的边远省份，而且作为首善之区的京师亦不例外。六年（1801）六月，京城一带连降大雨四五个昼夜，永定河两岸四处决口，卢沟桥一带几成泽国，但七八天来

① 《清仁宗实录》卷90，嘉庆六年十一月。

地方大吏对此不闻不问。这令嘉庆帝震惊不已："岂
有京师帝居所在，为臣子者漠不关心，视同膜外，有
如此之封疆大吏乎？"[1] 此时嘉庆帝接到直隶总督姜
晟的奏折，称本年永定河没有断流，汛前节次长水，
实为嘉兆，又说大雨叠沛，查明庄稼生长尚无妨碍，
这简直如同梦呓。畿辅地区离京师近在咫尺，地方大
员的废弛疲玩尚且如此，远省督抚可想而知。嘉庆帝
以姜晟昏愦无能、形同木偶而将其革职拏问。但十月
永定河决口合龙后，嘉庆帝又对姜晟从宽处理，说姜
晟到任不久，对地方事务自然不熟悉，对河道工程也
不甚了然，结果加恩赏给姜晟刑部主事衔。

地方官积压讼案，坐等出事者比比皆是

嘉庆时期，地方吏治的废弛远远超过中央各部
院，对此两广总督蒋攸铦曾说："近日州县贪酷者尚
少，而委靡者甚多。该道府耳目切近，非不知某员阘
冗，某员勤干；每以阘冗者为安详，勤干者为多事，
黑白莫分，是非倒置。督抚藩臬稍不加意，即受其欺
蒙。夫阘冗之酿患，与贪酷等。"[2] 的确，阘冗委靡是
嘉庆朝官场的普遍现象，它的危害不亚于贪酷，但往
往被朝廷上下所忽视，而整顿又无从下手。嘉庆年
间，大计考核道府州县官员的结果，卓异官员基本上
在半数左右，而年老、有疾病的官员占有相当大的比

① 《清仁宗实
录》卷 84，嘉庆
六年六月。

② 清国史馆原
编：《清史列传》
（五）卷 34《蒋
攸铦传》，台北
明文书局 1985 年
版，第 146 页。

例，难怪官场暮气沉沉，因循守旧。

州县所掌刑名，有自理词讼与大狱案件之别。自理词讼包括枷、杖刑以下的民间纠纷，比如一切户婚、田土、钱债、斗殴等民间细故纷争，都属于此类。如果州县官勤于听讼，随时判别是非曲直，则良弱小民因为得到官府保护而自立，凶狠强横之徒有所畏惧而不敢滋事。如果州县积压讼案，冤抑小民经年累月奔走号呼，而州县官置之不理，结果民间构怨泄愤，于是纠众械斗、乘危抢劫、要路仇杀、匿名倾陷等案件层出不穷，以致小案积压而酿成大狱，并使人心风俗日趋刁悍。但词讼需要州县衙门自理，没有册籍可供上司稽查，又无关考成，因此州县官大多漫不经心，任意积压延搁，致使积案累累，逐渐形成牵连众多的大狱。其实每年各州县要处理的大狱案件不过数起，而词讼则不啻百倍，拦轿告状、击鼓喊冤的几乎每天纷至沓来，如果地方官及时处理，则有利于地方社会的稳定，如果草率审案，或是一味宕廷，则拖累无辜百姓，久而久之造成社会动荡不安。因此地方官勤于词讼，才是真正的爱民。

嘉庆年间，州县官不理词讼，玩视民瘼者比比皆是，"州县旧案常至千数，署前守候及羁押者，常数百人。废时失业，横贷利债，甚至变产典田，鬻妻卖子，疾苦壅蔽，非言可悉"①。各省民间控案，全在督抚大吏敦促州县官随时审理，以免积压拖延，激化

①　包世臣：《为胡墨庄给事条陈清理积案章程折子》，《齐民四术》卷七下，中华书局 2001 年版，第 252 页。

社会矛盾。督抚到任之初，大都给皇帝上奏折表示要清理积案，其实只不过以一个空洞无物的奏折加以塞责，日久则视为具文。各直省所辖州县甚多，民间控案原本不少，若不随时审理，积压势必累百累千。以嘉庆十二年（1807）为例，江苏省藩、臬两衙门未结案件，均不过数十件或者数件，而转饬府州审办未结之案，自二百余案至十余案不等，积压尚不严重。而直隶、江西、福建各省未结案件，多者二千余件，少者不下数百件。[①] 事实上，各省积案远远不止此数，各省官员恐干吏议，被朝廷怪罪，因此故意以多报少，或是将案件草率完结，希图少报瞒报以免于处分。词讼案件日久不结，无辜拖累者甚多，致使小民有冤不能伸，盗匪横行不法，久而久之，底层社会民怨沸腾，甚至造成严重的社会动乱。

　　一般而言，外省奉旨交审及部院咨交案件，例限为四个月、两个月不等，逾限不办者则要受到参处；如果任意延期扣压，则处分更为严厉。但嘉庆年间，多有钦定案件拖延至三四年而不能审结，但朝廷并无有效的制度加以约束。原因在于刑部主管案件的审查复核，而吏部主管官吏的处罚，但吏部不谙刑名，他们对于案件期限有应准展扣、不准展扣之分的规定不甚了然，唯有依照刑部来文咨议，查明定例定议；而刑部又以参处逾限官员事属吏部，他们只是核明案情应准应驳，对限期问题竟然置之不问。结果吏部、刑

① 《清仁宗实录》卷 183，嘉庆十二年秋七月。

部书吏彼此关照，使外省案件得以任意展扣，甚至有些案件由于迟延太久，以致无案可稽。如此一来，外省控案积压以致拖累无辜的问题，朝廷并不能加以有效控制，甚至出现人犯羁压省城候审的，一案常至数十人之多，而且经年累月不得结案的怪相。对于积压讼案给民间造成的疾苦，曾国藩曾经沉痛地指出："一家久讼，十家破产，一人沉冤，百人含痛，往往有纤小之案，累年不结，颠倒黑白，老死囹圄，令人闻之发指者。"① 这一状况在嘉庆年间最为严重，吏治废弛可谓到了极点。

地方官贤能与否，直接关系到社会秩序的稳定，汉宣帝曾说："与朕共治天下者，其唯良二千石乎！"在汉代"两千石"是地方官的代称。吴熊光出任直隶布政使，上任之前入觐皇上，嘉庆帝颇为得意地说："教匪净尽，天下自此太平。"当时白莲教已被彻底剿灭，嘉庆帝有些沾沾自喜，吴熊光却说："督抚率郡县加意抚循，提镇率将弁加意训练，百姓有恩可怀，有威可畏，太平自不难致。若稍懈，则伏戎于莽，吴起所谓舟中皆敌国也。"② 事实上确实如此，只有地方督抚与州县官尽心政事，关心民间疾苦，兴利除弊，才能保障国家的长治久安。但嘉庆朝官员的因循疲玩已达极点，坐等出事者所在多有，结果嘉庆一朝，各种社会反叛事件层出不穷，亦在情理之中。

对于整个官场的风气，嘉庆帝有着清醒的认识，

① 曾国藩：《备陈民间疾苦疏》，盛康辑：《皇朝经世文续编》卷32，沈云龙主编：《近代中国史料丛刊》第84辑，第3334页。

② 赵尔巽：《清史稿》卷357《吴熊光传》，第11324页。

他说："方今中外吏治，贪墨者少，疲玩者多。总尚
因循，每多观望，大臣不肯实心，惟恐朕斥其专擅。
小官从而效尤，仅知自保身家。此实国家之隐忧，不
可不加整顿！"[①] 事实上，内外大臣如果实心任事，
专制君主则疑心其专擅，同僚则认为其多事，结果整
个官场以推诿搪塞为苟全之道，久而久之，因循疲玩
之风愈演愈烈。对于因循疲玩风气，嘉庆帝可谓"深
恶痛绝"，申饬训谕不绝于史，但此弊早已病入膏肓，
大有积重难返之势。为此，嘉庆帝曾专门作《因循疲
玩论》，痛斥"禁门之变"乃由各级官员的因循疲玩
所致，并对因循疲玩进行严厉指责，"诏敕谕说，几
及百篇，朱批奏折，更不能数计也"，但各级官员仍
旧我行我素，为官理政"畏首畏尾，患得患失，私念
盛而良心蔽，重功名而轻朝廷，懈弛存心，悠忽度
日"，[②] 根本不要指望他们成为一代名臣，或是大清
栋梁。

① 《清仁宗实
录》卷 142，嘉庆
十年夏四月。

② 颙琰：《清
仁宗御制文·余
集》卷下，《故
宫珍本丛刊》第
579 册，第 287—
288 页。

二、因循疲玩缘由：防弊过甚

嘉道时期官员因循疲玩的根源，在于中国封建专
制制度本身的理论建构。无论是法家还是儒家，都主
张大一统，支持专制主义中央集权，法家尤甚，为了

保障君权绝对不受侵犯，对各级官员的事权严加防范，甚至不惜牺牲国家正常的职能，因为卧榻之侧，岂能让他人酣眠！结果造成防弊过甚，从而扼杀了官员的积极性主动性。清朝文法律例繁重，官员动辄得咎，因循疲玩成为官场的普遍现象，亦属情理之中的事情。加上嘉庆帝整饬无方，官场因循疲玩的积弊无法得以纠正。

保障君权绝对神圣，扼杀官员为政的主动性

在中国古代政治思想方面，起主导作用的是儒家和法家，尊崇君权是他们的共同主张，孔子反对"犯上作乱"，反对弑君僭越，主张"尊尊""亲亲"，"礼乐征伐自天子出"，孟子主张天下"定于一"，而法家主张绝对君权更是广为人知。学者魏光奇指出，儒家与法家强化国家治权的方式不尽相同：大体说来，儒家主张国家全能化，认为国家在行使政治统治职能的同时，还应该强化自己的社会管理职能，建立一个"鳏寡孤独废疾皆有所养"的大同社会；法家以维护君主的绝对权力为最高原则，绝不允许臣下损害君权神授，主张竭力限制各政府部门和官员的职权，为此而不惜弱化乃至牺牲政府机构的各种社会职能。用当时人的话来说，儒家讲求"兴利"，希望政府多办事，办好事，无所不管；法家讲求"防弊"，希望政府各

① 魏光奇：《天人之际：中西文化观念比较》，首都师范大学出版社 2000 年版，第 189 页。

部门的官员仅为君主的鹰犬爪牙，为君主专制服务，除此之外尽量少办事，办不成事。①

法家政治理论所关注的焦点，就在于如何保证君权不受臣下势力的威胁，政府机构建制的宗旨就在于"尊主卑臣"，完全以控制、威慑臣下而强化君主专制为目的。在治权思想方面，西汉以后历代统治者虽然号称"独尊儒术"，然而自秦代至清代，实际上占据主导地位的仍是法家君主绝对专制理论，而且这种理论已经不像先秦时期停留在思想领域，而是逐渐落实到政治制度设计的方方面面，渗入政治生活的每一个角落，演变成为一整套缜密的政治制度。对此，梁启超所作《论中国积弱由于防弊》云："自秦迄明，垂二千年，法禁则日密，政教则日夷，君权则日尊，国威则日损。上自庶官，下自亿姓，游于文网之中，习焉安焉，驯焉扰焉，静而不能动，愚而不能智。"

为了"防弊"，历代专制君主想方设法使官僚机构各部门、各官员的权力互相牵制，相互掣肘，对此梁启超进行了深刻的揭露和批判，他说，"古者长官有佐无贰，所以尽其权，专其责，易于考绩"，清代为了防止官员专权，中央各部既有尚书又有侍郎，还有管部大臣，"计一部而长官七人，人人无权，人人无责"，他们"不相掣肘，即相推诿，无一事能举也"。地方行政方面，由于惧怕亲民之官权力过重，"为监司以防之；又虑监司之专权也，为巡抚、巡按等以防之；又虑巡按以专权也，为节制总督以防之"。层层防范的结果，造成政事不举，吏治腐败，"守令竭其心力以奉长官，犹惧不得当，无暇及民事也；朘万姓脂膏，为长官苞苴，虽厉民而位则固"。

为了防止本地人舞弊，地方官的任用实行回避制度，甚至搞"南北互选"，致使官员上任路途遥远，"必须举债，方可到官，非贪污无以自存"。而"土风不谙，语言难晓"，又导致事权落于猾胥之手。为了防止官员结党营私，后世取消汉魏时期主管官员自辟属吏的制度，将所有大小官吏的铨选集中于吏部，结果长官与属吏互不熟悉，政事废弛。

为了防止官员久居一职可能造成的种种弊端而实行任期制度，朝廷对官员频繁进行职务调动，"宜南者使之居北，知礼者使之掌刑"，结果使得官员在较短任期内无法取得政绩，而权力却落在那些"世其业"而"盘踞不去"的胥吏手中。为了防止相权侵害君权，对宰相制度屡屡进行旨在削弱的变更，使"其位日卑，其权日分"，最后宰相"遂为天子私人"。而这样做的结果，是"政无所出，具官盈廷，徒供画诺，推诿延阁，百事丛脞也"[1]。以上梁启超所论，揭示了历代包括清朝在内的中国传统行政的深层弊病。

具体到清朝，朝廷对官员的防范与历代相比，可谓有过之而无不及，由于是异族入主中原，为了镇压汉族官僚士大夫的反抗，清朝统治者实行高压政策，

---

[1]　梁启超:《论中国积弱由于防弊》，《饮冰室合集·文集之一》，中华书局 1989 年版，第 96—98 页。

屡次大兴"文字狱"，结果官僚士大夫摄于朝廷高压，噤若寒蝉，根本不敢放言论政。清代学者李祖陶曾说："今之文人，一涉笔惟恐触碍于天下国家……人情望风觇景，畏避太甚。见鳝而以为蛇，遇鼠而以为虎，消刚正之气，长柔媚之风，此于世道人心，实有关系。"① 朝廷以雷霆万钧之力，横摧严压文人士大夫的骨气与个性，他们出口稍有差错，就可能招致杀身大祸。时间久了不但不敢高谈国事，甚至连思考国事的基本能力都没有了。结果时至嘉庆一朝，整个社会文恬武嬉，不知忧国爱民为何物，"避席畏闻文字狱，著书只为稻粱谋"成为一种普遍的现象。

"天下兴亡，匹夫有责"是中国士大夫精神的优秀传统，但清帝对这一精神的看法却大不相同，因为乾纲独断是清朝的"家法"，士大夫"以天下为己任"就成了有谋反之嫌的"大逆不道"之事。正如乾隆帝曾说："且使为宰相者，居然以天下之治乱为己任，而目无其君，此尤大不可也。"② 在他看来，宰相"以天下为己任"尚且目无君上，更何况是普通士大夫呢。清朝历代皇帝对士大夫的经世抱负实行打压政策，是造成官风士习萎靡不振的重要因素，除了高呼"皇帝万岁万万岁"之外，官僚士大夫就无事可做了。

专制君主为了便于集权，防范官僚集团势力过大，往往越过已有的法定机构及官员，另立机构挑选亲信处理政务，甚至废除由来已久的丞相制度，由君

① 李祖陶：《与杨蓉诸明府书》，《迈堂文集》卷一，《续修四库全书》第 1672 册，第 250 页。

② 《书程颐论经筵札子后》，《清高宗御制诗文全集》第十册，中国人民大学出版社 1993 年版，第 708 页。

主亲自统率六部，这就使君主的决策者身份与大臣的执行者角色大为混淆，使政治与行政之间的界限十分模糊，这就给国家机构对于行政效率的追求，设置了巨大障碍。与此同时，皇帝为了大权独揽，还利用文法对大臣的事权横加钳制，天下政务事无巨细，都束缚于牢不可破的"例律"，清朝当然也不例外。

科条律例烦琐，束缚官员手脚

为了防止官员专权，朝廷制定各种烦琐的科条律例，即所谓"文法"来束缚官员的事权，泯灭其进取心与主动性，是专制君主"防弊"的另一重要措施。秦以后的历代专制王朝为了防止官员专擅，越到后来文法愈趋烦琐，各级官员害怕因为越职违例而受到处分，大多倾向于因循苟且，敷衍塞责，独立处理政务的积极性越来越小。君权与相权是一对自古难以调解的矛盾，专制君主利用文法对大臣的事权横加钳制，天下政务事无巨细，都束缚于牢不可破的"例律"。

吴熊光是嘉庆帝倚重赏识的大臣，颇有政治远见，论及吏治与律例问题，认为朝廷赏罚不应该拘泥于定例，而应该以有益于世道人心为标准，地方大吏应该敢于担当，而不应唯唯诺诺，随波逐流，他说："刑赏者，圣主之大权，而以其柄寄于封疆大吏。若以有司援案比例，求免驳斥之术处之，舛矣。刑一

① 赵尔巽：《清史稿》卷 357《吴熊光传》，第 11324 页。

② 《清仁宗实录》卷 278，嘉庆十八年十一月。

人，赏一人，而有益于世道人心，虽不符于例，所必及也。不得请，必再三争，乃为不负。若忧嫌畏讥，随波逐流，其咎不止溺职而已。"① 吴熊光认为，君主奖惩各级官吏，应不拘泥于成例，而以有益于世道人心为标准。在整个社会被牢不可破的"例律"捆住手脚的时候，要打破例律的束缚，实事求是地处理政务，君主对官吏赏罚标准的掌握就显得越发重要。

中国封建社会向来"有治人无治法"，王朝建立之初，律例科条本来简明至当，但行之日久则弊病渐生，朝廷为了防弊就再定科条加以限制，律例屡经增改之后，条目日趋苛细，致使官员处理政务受到各种条条框框的限制。嘉庆年间，吏部、兵部所定则例颇为苛繁，地方文武员弁遇有应办事务，往往顾虑处分，致使"贤者困于成法，不敢变通；不肖者工于舞文，巧为规避，以致积渐因循，酿成钜案"②。文法繁重的结果，贤能官员不敢大刀阔斧兴利除弊，遇事自然推诿搪塞，这就必然导致官僚机构运转瘫痪，行政效率低下，结果整个官场因循疲玩，万马齐喑。更为可悲的是，不肖官员施展规避伎俩以逃避处分，书吏则高下其手，巧为牟利。为了改变这一局面，十八年（1813），嘉庆帝谕令吏部、兵部将文武官员处分则例的公罪各条详加审核，凡事涉具文、无关政治的一切处分，大力加以删减，务必使这些科条简明而易于遵守，使贤能有为官员不致动辄掣肘。

　　但这一措施效果非常有限。嘉道年间著名的启蒙思想家龚自珍批评说，专制统治者用烦琐的文法束缚官员处理政务的主动性和自主性，就好比为善于解牛的庖丁立下戒条，"多一割亦笞汝，少一割亦笞汝"，那么庖丁解牛不会游刃有余，这又好比患有癣疥而浑身痛痒的人，将他们的四肢捆绑起来而不许搔痒抚摩一样，结果使得他们"虽甚痒且甚痛，而亦冥心息虑以置之"，奄奄一息而毫无生气。龚氏描写当时科条律例对于官员约束限制的情况时说："朝廷一二品之大臣，朝见而免冠，夕见而免冠，议处、察议之谕不绝于邸钞。部臣工于综核，吏部之议群臣，都察院之议吏部也，靡月不有。府州县官，左顾则罚俸至，右顾则降级至，左右顾则革职至……天下无巨细，一束之于不可破之例，则虽以总督之尊，而实不能以行一谋、专一事。"① 事实确实如此，文法繁重使内外大臣无权为国兴利除弊，因为办事动辄得咎，遇事自然唯唯诺诺。

　　清廷厉行中央集权，文法繁密，其优点在于维系了国家的统一，消除了地方割据的隐患，而弊端在于产生了严重的官僚主义，各级官员不肯任事。对此，晚清学者袁昶论官场因循之风，最为深邃，他说：

　　承平日久，文墨吏用事，大小相制，中外相维系，习为谨蔇，雷同相依，文法繁密，朱出墨

① 龚自珍：《明良论四》，《龚自珍全集》卷一，上海人民出版社1975年版，第34—35页。

入，百吏救过不暇，吏胥又因缘为奸。议者谓治民之官少，而治官之官多，防弊之意多，而同心协谋以致富强之臣转少。用文吏则铨部核其资劳，拔将弁则兵部司其准驳，理财则度支扼其吭喉，举天下文武豪杰之精神才力消磨于文法之中。于是相率为乡愿，呴呴蹈规矩，谨守三尺法曰：吾循资望得升擢，不求有功，第求无过。而天下之人才靡矣，求将才边才稀矣。①

①　清国史馆原编：《清史列传》（八）卷63《袁昶传》，台北明文书局1985年版，第746—747页。

在君主专制中央集权之下，繁密的文法造成了大小相制、内外相维的统治体系，束缚着大大小小的臣工，使得身为封疆大吏的督抚，对皇帝"畏惧凛凛，殿陛若咫尺"，他们只好"奉行文书"，"不求有功，第求无过"，官僚机构的行政效率必然低下，推诿扯皮成风。

嘉庆帝整顿无方，百官泄沓如故

嘉庆年间官员的因循疲玩，固然与国家承平日久、和珅专权有着密切的关系，但更与嘉庆帝施政风格直接相关，嘉庆帝为政宽仁有余，威猛不足，对于整饬吏治拿不出切实可行的方案，使得乾隆中后期官场的因循粉饰、贪污纳贿之风，不但没有得到遏制，反而迅速恶化下去。嘉庆帝对那些废弛政务、玩忽职守的官吏，总会法外施恩加以原谅，本来应革职的却要降级留任，对于屡教不改的官员，他依旧屡次"弃瑕录用"。在《仁宗实录》中，对于贻误国事政务的大员，嘉庆帝自称对其"弃瑕录用"的，可谓屡见不鲜，其中最为典型的是嘉庆帝对颜检因循疲玩的多次宽恕。

颜检，广东连平人，巡抚颜希深之子，拔贡出身，他一生历经乾隆、嘉庆、道光三朝，屡任封疆大吏。嘉庆帝一向称赞颜检的操守才干，但又认为颜检不能猛以济宽，屡次加以训诫。《清史稿》称"颜检明于吏事，治尚安静，而屡以宽纵获谴焉。"颜检最大的优点是不贪污，操守廉洁。其子颜伯焘亦屡任封疆大吏，所至之处颇有政声，在鸦片战争期间任闽浙总督，在厦门领导清军抗英。揆诸事实，颜检所谓"明于吏事"的真相是这样的：

嘉庆五年（1800）之后，颜检在直隶、河南先后任布政使、巡抚、总督，七年，嘉庆帝赏赐黄马褂；九年京察议叙，资历不深的颜检历官畿辅，颇为嘉庆帝所信任。事实上，八年，直隶蝗灾，颜检讳灾不报，嘉庆帝屡次申饬训诫之后，颜检依然如故，但嘉庆帝却称颜检为"腹心之臣"。颜检对属员亏短钱粮含糊了事，十年（1805），据裘行简核查，直隶继续亏空高达二百数十万两之多。同年易州知州陈渼亏空十余万案发，嘉庆帝明知颜检"好为虚语，意存粉饰，屡经训饬，仍不悛改，一味徇庇属员，因循推诿"，但他对颜检却一味姑息，他说，颜检"本应革职治罪，姑念颜检平日尚能办事，操守亦尚谨饬，破格施恩，赏给主事衔，在吉地工程处效力"①。一年之后，又将颜检发往南河委用。没过多久，直隶书吏王丽南私雕假印、侵盗钱粮案发，颜检当时身为直隶布政使、总督，任官最久，难以曲为宽贷，十一年被革职，遣戍乌鲁木齐，两年后释回。

对于官场因循废弛的危害，嘉庆帝有着深刻的认识，全保在湖北任官时，诸事因循，竟有"全不管"之称，十二年（1807），嘉庆帝批评全保说：

① 《清仁宗实录》卷145，嘉庆十年六月。

② 《清仁宗实录》卷176，嘉庆十二年三月。

今时因循废弛者多，振作有为者少，目下似乎镇静，异日受患无穷。朕之所忧者，不在目下而在异日，汝虽有守而不能有为，好因循而不能振作，目下亦无不是处。然异日之患，皆汝辈大吏基之也。②

的确，因循之患不在目前，而在异日受无穷之患，虽然嘉庆帝对此有清醒的认识，但他对那些废弛政务的官吏，总是法外施恩，本来应革职的，却要降级留任；对于屡教不改的官员，他却依旧屡次"弃瑕录用"的人次达70余次之多。在《清仁宗实录》中，对于贻误国事政务的大员，嘉庆帝自称对其"弃瑕录用"的，可谓屡见不鲜。皇帝如此，官场的因循疲玩之风，何从改变？

十五年（1810），颜检又迁云南按察使，十六年，升擢贵州巡抚，对于贵州省城附近传习天主教之事，颜检并不实力整顿。此时滦州民人董怀信传习教门案发，颜检因有失察之咎，被降二级以京员用。十九年，颜检又任浙江巡抚；二十年，西湖厝棺被盗，颜检因谳拟轻纵而被褫职。嘉庆帝说："颜检蒙屡次弃瑕录用之恩，自当倍图奋勉，乃仍复因循怠玩，无能已极，且年已就衰，难望振作，即著照部议革职，回籍家居，闭门思过。"[①] 二十四年（1819），嘉庆帝万寿，颜检进京祝嘏，被授予刑部员外郎，一年后授福建巡抚。颜检出任地方大吏，因循疲玩一生未改，而嘉庆帝却屡次对他"弃瑕录用"，官场因循疲玩之风，何从改变？事实上，嘉庆帝本人就是一个因循疲玩的典型，何必奢望那些官员洗心革面呢？

每一次社会动乱，都是反叛力量与政府控制能力之间的一场较量，而十八年（1813）天理教徒攻打紫禁城，堪称是嘉庆朝官员讳盗、吏治废弛到极点的结果。早在十二年（1807），林清就开始在京畿一带传习天理教，数年之间，他往来于曹、卫、齐、鲁之间，教徒发展到数千人之多，他们光天化日之下，"藏利刃，怀白帜，度越门关，饮于都市"[②]，但无论是京师还是地方官员兵弁，对此竟然麻木不仁，视而不

① 《清仁宗实录》卷313，嘉庆二十年十二月。

② 桂芳：《御制遇变罪己诏恭跋》，《皇朝经世文编》卷9，《魏源全集》第13册，第394页。

见。此一"逆谋"活动长达三年之久。朝廷设立文武
大臣以及侍卫章京不下千员，八旗将弁士兵有十余万
人，竟然无一人站出来告发，若说无人发觉，简直是
欺人欺天，这给嘉庆帝以极大的刺激，认为这一局面
的形成，"总由泄沓成风，苟且从事，悠忽度日，怠
玩居心，视国事漠不相关，积陋习牢不可破"①。

其实，参加禁门之变的祝现，为豫亲王府屯居包
衣祝海庆族弟。早在九月八日，祝海庆得知祝现同林
清、陈爽等人商议，于十三日会齐，十五日进京城造
反，因此连夜回京，告知佐领善贵、护卫拜绷阿。拜
绷阿于初十日密禀豫亲王裕丰。谁知裕丰闻听之后无
动于衷，并未具折奏闻。如果裕丰及时上奏，朝廷立
即派遣大臣查办，禁城之变可能不会发生。十五日午
时，天理教徒攻打紫禁城，诸王大臣进入大内日夜守
御，直至嘉庆帝回宫后才各自回家。而裕丰于十六日
潜回府第，拜绷阿等再次呈词具禀，裕丰仍不上奏嘉
庆帝，还说什么"事已至此，权且收存，不必张扬"。
皇室亲王尚且如此，对家奴参与"谋逆"听之任之，
其他官员对朝政的麻木不仁，更可想而知。其实裕丰
不敢上奏也非常正常，因为家人谋反他自己也撇不清
干系，被当作主谋卷入政治旋涡更是性命难保。

禁门之变堪称"汉、唐、宋、明所未有"，这令
嘉庆帝震惊不已，事变后第二天，他颁布《遇变罪己
诏》，对禁门之变进行了深刻的反思：

◎故宫隆宗门
　匾额

　　然变起一时，祸积有日。当今大弊，在因循怠玩四字，实中外之所同。朕虽再三告诫，舌敝唇焦，奈诸臣未能领会，悠忽为政，以致酿成汉唐宋明未有之事，较之明季梃击一案，何啻倍蓰？……诸臣若原为大清国之忠良，则当赤心为国，竭力尽心。……切勿尸禄保位，益增朕罪。①

　　事变之后嘉庆帝与朝廷重臣对吏治问题进行了反思，希望朝臣"勿再因循怠玩，平日文恬武嬉，事至则措置失宜，事过则泄沓如故，素餐尸位"②。在此后的一年多时间里，嘉庆帝颁布《尽心竭力仰报天恩谕》《报天恩肃吏治修武备谕》《御制致变之源说》《原教》《御制行实政论》《甄别贤愚以澄吏治谕》等一系列谕旨，力图改变官场因循疲玩之弊。

① ②　《清仁宗实录》卷274，嘉庆十八年九月。

① 魏源：《太子太保两江总督陶文毅公神道碑铭》，《魏源全集》第12册，第258页。

嘉庆帝对官场积弊可谓洞若观火，但发现问题并不等于解决问题，身为皇帝，他拿不出雷厉风行的措施整饬官风，唯一的措施不过是苦口婆心劝导百官振作，这对病入膏肓的庞大官僚队伍而言，没有任何实际用处。对此魏源曾说："自仁庙末年，屡以因循泄沓申戒中外，而优游成习，卒莫之反也。"①

三、各省亏空，徐徐办理

按照清制，各省赋税有定额，征收有程序，起解有期限，存留有定数，奏销有考成，仓库有督察，侵蚀有处罚，亏空国帑向为严禁。如果国家机制正常运转，钱粮管理一直较为严格，即使出现亏空亦在一定范围之内。清代地方财政中的钱粮亏空多种多样，据《大清会典事例》记载，"为公务移缓就急，谓之挪移；假公济私，谓之侵盗；军兴公用，不得已而借用，谓之透支；藉端开销，谓之冒破"。这是清廷对各种亏空现象最为简单明了的概括，州县官倘若拆东墙补西墙进行挪移，假公济私加以侵盗，铺张浪费造成冒破，临时借用公差经费，都会发生亏空，使各省财政陷入严重的危机。

既有"合法"亏空，也有"非法"亏空

嘉道时期吏治败坏，亏空国帑在所难免，加上自然灾害频繁发生，赋税征收非常困难，而钱贱银贵导致物价上涨，各省钱粮亏空日益严重，朝廷虽然不断清理、追缴与减免，但问题始终未能解决，究其原因，财政亏空发生有深刻的财政制度根源，而官蚀吏侵、灾荒频仍以及民欠增多加剧了钱粮亏空的严重性。清代实行高度中央集权的财政制度，中央留给地方财政的数额过少，而且用途固定，不得擅自变更，否则论斩。这就导致地方财政极其脆弱，一旦出现军需、河工、灾荒、办差等额外花费，督抚州县根本无法承受，他们或是征收漕粮时浮收折勒，或是明目张胆摊派于百姓，走投无路时则侵盗国库钱粮，形成财政亏空。

这样一来，亏空钱粮形成的原因就较为复杂，既有"合法"亏空，也有"非法"亏空，官员清廉的标志并非有无亏空。身为一国之君的嘉庆帝就认为，钱粮亏空的具体情节，微有不同：

> 或冲途差务，供应浩繁；或驿站口分，例价不敷；或前官已故，交代难清；或穷苦小缺，疲于捐垫者有之；或狃于积习，应酬馈送，私囊无

① 《清仁宗实录》卷41，嘉庆四年三月。

措，因而挪用者亦有之；至若人多心计，缺本素丰，虽一体逢迎，而仓库齐全者，亦复不乏。故有亏空者不尽劣员，无亏空者亦不尽能吏。①

嘉庆帝认为，造成州县亏空的原因，大部分是正常办公费用不足所导致，而官员应酬馈送只是其中缘由之一，有些官员由于缺分丰厚，即使多方馈送逢迎，仓库照样齐全，而那些社会疲敝、灾荒频仍的州县，即使多方撙节亦会发生亏空。这就给朝廷的清查工作造成极大的困难，难以采取雷厉风行的手段清查亏空，嘉庆帝亲政后，面对各省严重的亏空并未严办，原因就在于此。既然地方官吏不能枵腹办公，倘若朝廷严究亏空，地方官必然多方勒索百姓。当时白莲教大起义如火如荼，皆以"官逼民反"为词，为了稳定局面，嘉庆帝只得"财散民聚"，对于地方亏空听之任之。

但不可否认，由吏治腐败而造成的官侵吏蚀，是嘉庆朝钱粮亏空的重要原因。清代督抚有察吏之权，有简缺繁缺调署之权，他们对属员的年终考语直接决定其升迁黜陟，因此属员的政治命运无不握于上司之手。乾隆四十年（1775）以后，官场日趋腐败，馈送上司成为属员仕进的重要手段，但他们不能自掏腰包，于是亏空国帑、侵盗钱粮之事屡屡发生。大学士王杰指出，地方官往往"以缺分之繁简，分贿赂之等差。馈送之外，上下又复肥己，久之习以为常。要之此等赃私，初非州、县家财也，直以国帑为贪缘之具。而上已甘其饵，明知之而不能顾问"①。地方官为了仕进而亏空国帑贿赂上宪，同时中饱私囊，上司得贿自然对属下亏空不闻不问，因此钱粮亏空是乾隆晚年以来吏治腐败的必然结果。

　　按照清制，藩库凡遇有交代或收支时，督抚皆要前往盘查，年终进行核实，出具印结报告户部，嘉庆年间督抚对盘查钱粮多虚应故事，不过到库略为抽验，日久酿成弊端。此外，属员亏空督抚不但有失察之咎，而且有摊赔之责，所以他们想方设法规避处分，于是隐匿不报。直隶是钱粮亏空严重的省份，嘉庆帝一再严谕弥补，但历任直隶总督"总未据实入告，每于差次逐日召对，面加垂询，亦未将实在亏短情形，备悉密陈，只图含糊了事，实则并未上紧查办"②，究其原因，在于州县亏空钱粮督抚有失察之咎。更有甚者，督抚稽查钱粮根本不到藩库查验，而在省城设差局，公然需索规礼。

　　地方官在升迁调转之时，按照规定旧任官员要对新任交代钱粮，新任不能接受旧任亏空，旧任要补完亏空方能离任，此时钱粮亏空最容易暴露，因此朝廷清查亏空首重交代。一些天良未泯的初任官员，大多不肯接受前任亏空，而上司在受贿后反而强行说合，迫使新任虚出交代通关。为了方便起见，新任官员与

①　王杰：《请复实亏空变通驿站疏》，《皇朝经世文编》卷16，《魏源全集》第14册，第41页。

②　《清仁宗实录》卷145，嘉庆十年六月。

旧任私立议单，写明旧任亏空情况及弥补方案，一旦亏空暴露，仍由旧任负责。年深月久，官非一任，事出多由，亏空则无从查起。由于私立议单的产生，旧任调署他职，即使没有钱粮亏空，也在离任时捏造假亏空，将现有国库钱粮一卷而空，对此嘉庆帝心知肚明：

> 近年则新旧交相联络，明目张胆，不特任内亏空未能弥补，竟有本无亏空，反从库中提出带去，名曰"仿亏空"，竟移交后任。后任若不肯接收，则监交之员两边说合，设立议单。其不肯说合者又令写具欠券，公同书押，以国家仓库作为交易，实属从来未有之创举。[1]

① 《清仁宗实录》卷57，嘉庆五年正月。

身为九五之尊，嘉庆帝深知此一弊病，但并未采取有效的惩处措施。此外，民欠也是亏空发生的重要原因之一。民欠的发生，既与朝廷蠲免而造成的豪民拖欠有关，也与天灾频仍纳粮维艰有关。清廷鉴于明朝因为赋重而灭亡的历史教训，注重减轻赋税，热衷于以各种名义普免天下钱粮，基本上十年蠲免一次民欠，一些豪民仗势故意拖欠地丁钱粮，寄希望于朝廷的恩免。再者，地方遇有水旱灾荒，朝廷则要减免钱漕征收份额，嘉庆年间灾荒频发，以致年年减征、缓征，积久成为民欠，最终成为地方亏空。再者，民欠的发生，也与州县"以完作欠"有着密切的关系，州县在款项无着时，往往将官亏混入民欠，以待朝廷豁免。事实上，蠲免钱粮若真能实惠及民，本无可厚非，但侵吞国帑的贪墨官吏千方百计将官亏混入民欠，成为清廷惠政的一大讽刺。

督抚建议严行追赔亏空，嘉庆帝不予实施

　　嘉庆帝亲政之初，各省亏空已非常严重，清理整顿势在必行，朝廷力图弥补清查亏空，但原亏官员大半或是死亡，或是获罪遣戍，若令现任官员赔补，未免囊橐空虚，也不合乎情理。再者，亏空弥补宽则人心懈怠，胥吏因缘为奸，急则众官惶惶不安，必然横征暴敛于百姓。当时白莲教大起义远未镇压下去，若对亏空雷厉风行加以清理，朝廷唯恐地方官横征暴敛，激成更为严重的民变，因此不敢大刀阔斧清理亏空。

　　嘉庆四年三月，山东布政使署理巡抚岳起最先揭出地方亏空实况，他密查山东各州县官亏约有 70 余万，建议严行追赔，限期勒令完交，对吏治官方加以整肃。岳起堪称汤斌之后"一人而已"的廉吏，嘉庆帝称赞他"操守清洁，在督抚中最为出众"，老百姓称他为"岳青天"。正是两袖清风的品格以及对朝廷的一片赤诚，让他主动揭出山东亏空问题，希望朝廷

严查亏空。但嘉庆帝并未采纳岳起的建议，他的批示只是要求地方督抚"徐徐办理，自有成效，百姓足君孰与不足，培养元气，胜于仓库实贮，奚啻万倍？至于大吏洁己率属，各员裁革陋规，皆为善政，以此弥补足矣"①。

① 《清仁宗实录》卷41，嘉庆四年三月。

　　的确，减轻对百姓的剥削，培养民间元气，胜于仓库充实，但嘉庆帝拿不出有效方案解决亏空问题，只是希望地方大吏自觉厉行节约，督率属员清廉自守，大力裁减陋规，以督抚不收的陋规、耗羡的盈余缓缓归款，以弥补各省亏空，这无异于痴人说梦。而嘉庆帝杜绝亏空的措施，首先在于严格州县交代，禁止私立议单，如果发现私立议单之事，除了监交、出结官员着落赔补并一体治罪外，仍将其上司分别严议治罪。

　　四年六月，由于直隶亏空向来较他省为多，直隶总督胡季堂提出更为严厉的清查亏空办法，奏请将所有亏空官员关押省城，勒限追赔弥补。但胡季堂所奏遭到嘉庆帝的斥责，认为胡季堂此奏不顾事理人情，断不可行。他说："直隶各州县皆有地方之责，若因立限追完欠项，俱提至保定省城，则本衙门应办刑名钱谷词讼诸事，势必交佐贰及委员经理，不特旷废职守，兼恐百弊丛生。"嘉庆帝尤其担心他省效法，这样将会导致有亏空的州县官员一举而空，地方行政陷于瘫痪。

嘉庆帝指示说，亏空"只须次第清厘，何必亟亟现在？"他再次教导胡季堂"仓库必须弥补，然须行之以渐。为大吏者，正己率属，大法小廉，徐徐化导，革除陋规，自必渐次清厘。……再者激成别事，所费益大矣。缓急轻重，可不详思乎？"[①] 胡季堂久在刑部任职，熟悉刑名案件的办理。亏空官员勒限严追、重者关押省城通行于雍正朝，但一味宽厚的嘉庆帝根本不予实施。

亏空密查密办，徐徐办理，不拘年限

五年正月，嘉庆帝特谕各省督抚，再次阐明他对亏空的处理态度："国家设立仓库，原备各省缓急之用，岂容稍有亏缺？若清查过急，州县借弥补为名，复有劝捐派累之事，是为民反成害民之举，理财变为聚敛之弊矣。若勒限在任弥补，则是剜肉补疮，无益有害。"[②] 因此嘉庆帝对清理亏空不拘年限，原因在于他担心操之过急，州县借弥补亏空之名，敲扑贫弱小民，再度激起民变。至于如何从容弥补亏空，嘉庆帝寄希望于各省督抚，希望他们悉心讲求，密奏弥补章程。事实上，他追查亏空已陷入宽急两难的境地："再办亏空一事，最难处置，急则病民，其患更大，缓则帑乏，终无补期。"[③]

嘉庆帝清查亏空，前期采取密办方法，他通谕各

① 《清仁宗实录》卷 47，嘉庆四年六月。

② 《清仁宗实录》卷 57，嘉庆五年春正月。

③ 《清仁宗实录》卷 68，嘉庆五年五月。

◎嘉庆皇帝造像（娄春亭、娄海洋绘）

督抚秘密清查属员亏空，查明实亏若干，对于离任官员应如何追缴，现任各员应如何弥补，并分作若干年弥补完竣，由各省督抚订立章程，并将清查结果直达皇帝，不必采用正常的行政程序咨报户部。这里应该指出，户部对于亏空的追查，规章制度一向颇为严厉，若揭出亏空恐怕会酿成大狱，不知多少官员因此人头落地。因此嘉庆帝不许各省督抚咨报户部，而是皇帝与督抚通过私人关系，议定方案进行解决。通俗地讲，就是皇帝与督抚"私了"财政亏空问题，而不是通过户部追查的正规途径加以办理。

在清查亏空的过程当中，岳起将江苏盘查案内的亏空情形，朱笔抄录咨报户部，荆道乾则将安徽各州县交代展参案内，以仓库有亏咨报户部，惠龄则将山东未完州县的处分，报请吏部暂缓议处。在嘉庆帝看来，这些督抚所作所为均不妥当，惟有广东、浙江督抚不动声色，逐渐清理亏空，而且办理已有成效，被嘉庆帝称赞为认真。概而言之，嘉庆帝推行的是不折不扣的温和政治，对于清查亏空，一是密查密办，由各省督抚自行提出解决办法，但朝廷没有统一清查与弥补方式；二是徐徐办理，不拘年限，对于弥补亏空不限具体时间；三是不苛民不损官，既不可剥削百姓，也不许对官员罚俸捐廉，只有依赖耗羡盈余、裁革陋规来补足亏空。五年六月，嘉庆帝再次发布上谕说：

原以亏空之案，官非一任，事阅多年，若概行查办，则经手亏缺及接任虚报各员，皆当按例治罪，人数未免众多。或尚有贤员，亦觉可惜。是以宽其既往之愆，予以弥补之限，此系朕格外施恩。①

①　《清仁宗实录》卷60，嘉庆五年六月。

官员亏空钱粮，按制要严加惩处，甚至酿成大狱，但嘉庆帝考虑到亏空人员过多，法不责众，他要保持官僚队伍的稳定，力图在不损害所有官员利益的前提下妥善弥补亏空。因而对亏空官员从宽处理,以私下秘密弥补完毕了事,而有些督抚将亏空和盘托出,咨报户部、吏部,他反倒认为不合时宜。

对于各省严重的钱粮亏空,嘉庆帝幻想不经严加惩处,而希望各省自动弥补完毕,无异于痴人说梦。事实上,各省督抚如安徽巡抚荆道乾、湖北布政使孙玉庭、闽浙总督玉德等人,大都主张严查严追,但并未得到皇帝的支持。各省督抚对嘉庆帝不痛不痒的清查亏空,采取置若罔闻的态度,钱粮亏空无法得以遏制。八年六月,嘉庆帝传谕各省督抚,将各省亏空情形及弥补事宜一一详细上奏。同时朝廷议准追缴银两的办法:亏空1万两以内的限5年补完,1万两以外的酌加1年,2万两以外的再加1年,由此递加。亏空5万两以外的限10年,10万两的限15年。超过10余万两的另行酌加年限。[①]追缴银两的期限有5年、10年、15年不等,要求地方官在这漫长的时间里弥补亏空,实际上等于放弃追缴,甚至原亏未补而新亏又在持续上升。

嘉庆帝温和清理亏空的措施并未达到杜绝亏空的目的,反而使亏空日益恶化与持续增长。比如江苏,嘉庆六年岳起奏报亏银30余万两,至张师诚任内续增至70余万两,至庆保任内增至220余万两,至嘉庆十九年八月,江苏一省亏银共计318万余两,较岳起初报之数多至十余倍。这一情形激怒了嘉庆帝,

①　(光绪朝)《大清会典事例》卷175《户部·田赋·究追亏空》,《续修四库全书》第800册。

十九年以后，清查亏空采取咨报户部核实办理的方法，让督抚将亏空情形详册报告户部，由户部根据则例进行治理，并对各省执行情况进行监督。但嘉庆帝天性懦弱，治理亏空缺乏严格有效措施，因此终嘉庆一朝，不但未能刹住钱粮亏空之风，亏空数额反而日渐增大。

或许许多人痛惜嘉庆帝没有雍正帝的政治铁腕，来有效遏制官场腐败与钱粮亏空，事实上，造成钱粮亏空的制度根源没有丝毫触动，就不可能从根本上解决亏空问题，再毒辣的政治手腕也无济于事。关于限期代赔、分赔制度，既不合情也不合理，要真正实行起来更是困难重重。倘若不顾一切地追缴亏空，势必带来严重后果，正如清人曾镛所言：

> 财赋者不雨于天，不涌于地，欲举一二十年之积弊，骤取偿于岁月，非朘民，何由得此？……更迫以势之无可奈何，予以事之得所藉口，明目张胆，何所不为？窃恐在亏空之日，则相习为盗臣，在弥补之时，且相习为聚敛臣。伤邦本以补国计，其患有不可胜言者也。①

① 曾镛：《答汪方伯书》，《皇朝经世文编》卷16，《魏源全集》第14册，第55—56页。

曾镛所言不无道理，在社会财富难以在短期内增加的情况下，朝廷厉查亏空，亏空各员必然横征暴敛于百姓，有伤民间元气。另一方面，整顿亏空时，分清责任颇为必要，"如果官有侵冒，追赔在官；役有侵冒，责追在役。庶几民不为官累，官不为役累，后官不为前官累，而国课亦以得完"①。倘若不分青红皂白把所有官员捆绑在一起追责，令后任为前任弥补亏空，不仅使真正的贪官污吏逍遥法外，也使初入仕途的廉洁官员进退维谷，追欠成为画饼充饥，国家仓储无法充实，百姓依旧困窘。

再者，诸多亏空发生在数十年前，原官早已离任，亏空成为无着之款，后任难以赔垫，甚至旧亏尚未弥补，新亏继续发生，还不如宽容旧亏，杜绝新亏更为务实，对此曾镛不无远见地提议：

> 愚谓病无良医，与其病民，无宁病国；与其爱不能割，使寅挪卯粮，在府库已缺一年之实，而催科讫无宁晷，无宁涣其大号，破格施恩，俾天下一空从前之累，而征输得循旧章。除见在州、县本任亏数，立限追补外，其确为前任之所亏者，一并弃去，不复穷究。于是肃清本源，更遵成法，按届输将，庶几积弊一祛，可图再造。料天下赋税之所入，与州、县仓库之所亏，多不过损国家半岁费耳。②

① 王命岳：《请立法清查钱粮疏》，《皇朝经世文编》卷27，《魏源全集》第14册，第573页。

② 曾镛：《答汪方伯书》，《皇朝经世文编》卷16，《魏源全集》第14册，第56页。

仅就清理亏空的具体方案而言，曾镛所提方案不失为一种较为现实、易于见效的办法，宽容旧亏，以往因侵盗国帑而拥有巨额家资的贪官污吏或许幸免处罚，但起码可以杜绝官员继续侵贪国帑。从嘉庆朝不断扩张膨胀的钱粮亏空来看，曾镛所言不无道理。

柒

嘉庆朝宰辅大臣

　　对于嘉庆朝的吏治状况，史家通常以"贪污腐败""因循疲玩"加以概括，当然也会举出一些清廉大臣的特例，但对其整体状况则一律以"黑暗腐败"论之，所谓"三年清知府，十万雪花银""不贪不烂，一年三万"成为人们耳熟能详的俗语，成为后世对清代吏治评价的共识。作为皇室宗亲的礼亲王昭梿，对嘉庆朝吏治状况亦评价欠佳，认为前代正人君子名节隆盛，数不胜数，而当代人才寥寥，大有今不如古之叹。

　　事实上，任何一个朝代皆英才辈出，无须借才于异代，正如唐太宗李世民所说："君子用人如器，各取所长。古之致治者，岂借才于异代乎？正患己不能知，安可诬一世之人！"① 乾嘉名臣毕沅之孙、身为诗人的毕华珍，则认为嘉庆朝人才之盛，为前代所不及。其言：

　　　即以目下人才论，如王文端（王杰）之持正，朱文正（朱珪）之博雅，松相公（松筠）之高谈理学，岳少保起（岳起）、蒋励堂攸铦（蒋攸铦）之廉名素著，戴文端（戴衢亨）、百菊溪（百龄）之才锋敏捷，庆丹年相公（庆桂）、董太保（董诰）之和平谦让，额经略（额勒登保）、德将军（德楞泰）之战功克捷，杨军门遇春（杨遇春）之宣劳西北，王提督得禄（王得禄）之扬誉东南，李

①　司马光：《资治通鉴》，内蒙古文化出版社 2006 年版，第 411 页。

① 昭梿:《啸
亭杂录》附《续录》
卷三《古史笔多
缘饰》，中华书
局 1980 年版，第
450 页。

壮烈长庚（李长庚）、穆忠果克登布（穆克登布）
之忠节，强忠烈克捷（强克捷）、李太守毓昌（李
毓昌）之死事，汪瑟庵廷珍（汪廷珍）、吴山尊
蒿（吴蒿）、鲍双五桂星（鲍桂星）之文学，拟
之前代人才，有过之无不及者。使史笔有所润
饰，皆一代名臣也。①

在毕华珍看来，古今所谓忠臣孝子之说，未可深
信，都是经过史官的粉饰才成为后世美谈，而嘉庆朝
的宰辅大臣、言官科道、学者型官僚，也堪称多姿多
彩，为国宣遒的嘉言懿行更是数不胜数。毕华珍颇有
见识，江山代有才人出，各领风骚数百年，嘉庆一朝
同样人才济济，只是朝廷能否人尽其才了。

在嘉庆朝宰辅大臣之中，身为汉军旗人的百龄与
作为叔侄"宰相"的戴均元与戴衢亨，皆为精干有为
之员，堪称宰辅当中的豪杰之士。百龄精明敏干，无
论是地方吏治整饬、海盗剿抚还是清理河工积弊，百
龄皆有深谋远虑，可谓相业并不碌碌，但就个人品质
而言，百龄却多有令人非议之处。乾、嘉、道年间，
号称"西江四戴"的江西大余戴第元、戴均元、戴心
亨、戴衢亨，他们起自寒门，均为乾隆年间进士，兄
弟叔侄四人均曾在翰林院供职，是清代读书仕进的典
型家族。而戴衢亨又是乾隆帝钦点状元，他与叔父戴
均元同为嘉道年间的内阁大学士，先后参与谋划军国

大政，折射出朝廷政局的诸多特点。本章在嘉庆朝诸多宰辅大臣当中，选取百龄与戴均元、戴衢亨加以研究，使读者领略嘉庆朝宰辅大臣的独特风貌，从而更多窥见中国官僚政治的真实面貌。

一、百龄：相业颇不碌碌

百龄，字菊溪，张氏，汉军正黄旗人，乾隆三十七年（1772）成进士，选庶吉士，授编修。百龄颇有才华，与蒙古族诗人法式善、满族书画家铁保齐名，号称"三才子"，著有《守意龛诗集》。翰林院掌院学士阿桂非常器重百龄，曾夸赞说："公辅器也，异日功名当不在老夫下。"① 乾隆四十二年八月，百龄出任山西学政，后改任御史，历任奉天、顺天府丞等。百龄自负才华，渴望自己在官场上大显身手，但20余年间困于冷曹闲职，只能出任科道或学政等。百龄坚持操守耐得寂寞，并不奔走于权贵之门。在等待时机的漫长日子里，百龄也不免因为怀才不遇而心灰意冷，当时讲学于京师王府、德声卓著的学者韩是升安慰说："大器晚成，公无须躁进也。"② 自古穷通由天不由人，百龄只得耐心等待时机。

① 昭梿：《啸亭杂录》附《续录》卷二《百菊溪制府》，中华书局1980年版，第416—417页。

② 昭梿：《啸亭杂录》附《续录》卷二《百菊溪制府》，第417页。

出任地方督抚，核查钱粮，平反冤狱

嘉庆帝亲政后，百龄开始受到重用，大展宏图的机会终于来了！五年（1800）二月，百龄出任湖南按察使，一月后受到嘉庆帝的召见，百龄一心想出人头地，因此在皇帝面前积极进言，指陈地方利弊得失。自乾隆末年以来，湖南地区的苗民反抗不断，此时苗疆的军事布防仍为地方要务。因此百龄首先奏称乾隆五十五年（1785）以来湖南所属的凤凰城、暖阳边、齁厂边、旺青边、英额边等地的军事卡座的添设与裁撤情况，听说一些卡座被撤销，嘉庆帝大为不满，指出"此等地方卡座，皆系太祖太宗开基之始，相度地势建设，非可任意更改，即今昔情形不同，亦断不至如此之甚"[1]。因此朝廷寄谕湖南巡抚晋昌，查明乾隆五十五年以来驻守湘西的将军为何人，因何裁撤与添设卡座，令其相度地势，务期防范严密，不可稍有疏忽。此次召见百龄给嘉庆帝留下了深刻的印象，仕途飞黄腾达由此开始。

受到皇帝嘉奖之后，百龄颇为得意，再次积极察访湖南地方利病，密请裁汰有名无实的长夫，以节省经费。这次嘉庆帝没有赞同百龄的建议，他说，国家承平日久，生齿日繁，设置长夫原本就是以闲款养闲人，免得地方增添无数游手好闲之辈。如果长夫尽行

[1] 《清仁宗实录》卷 62，嘉庆五年三月。

裁汰，官府一应差役，都需要临时雇觅扛抬的长夫，假如遇到穷乡僻壤，一时难以雇觅多人，岂不耽误公事？嘉庆帝指示百龄，对于长夫只应核实严查，不准捏造姓名，虚申簿籍以冒领钱款，才是正事。事实上，假如按照百龄所言裁汰长夫，一省所省不过万余金，合天下之大所省不过十余万金，但合之天下即有数万人失业，作为天朝上国怎么会吝惜十余万金，忍心让数万人失业呢？况且明朝因裁撤驿卒而流为大害，殷鉴不远，岂可重蹈覆辙？因此嘉庆帝指示百龄，此事断不可行。

　　嘉庆帝本想治百龄的罪，但考虑到前次条奏多有可取之处，因此对其上疏并不宣露，只是密谕其中的利害。百龄看到密谕后惶恐不安，马上上折谢罪，嘉庆帝批示说："当言则言，不当言而言，谓之莠言，人君择言行政，最为难事。汝系敢言者，以此训汝，望汝详审进言，有裨国政。"① 嘉庆帝此语道出人君为政之难，而百龄则要好好琢磨琢磨如何"当言则言"，免得触霉头。尸位素餐、浑浑噩噩固然难以飞黄腾达，但勇于进取也要面临重重风险。

　　六年（1801）七月，百龄调任贵州布政使，在核查钱粮时，发现以前征剿苗民起义时军需物资的奏销弊端重重。孙文焕前在军营时，福康安为了奖赏兵丁，节次提取赏号银 21000 余两，张继辛从总局转交孙文焕馈送福康安 10 万两银子，门包 2200 两，这些

① 《清仁宗实录》卷 77，嘉庆五年十二月。

情形均为属实。贵州巡抚常明自应请旨查办，由于畏惧权贵，竟然不置一词。百龄详查细访之后发现，常明曾与孙文焕同办军需，而常明竟然将滥应馈送以及主使属下冒销军饷等弊，有心推诿给已故的福康安、张继辛二人，而支销档册则残缺不全，孙文焕肯定有抽匿档册、浮冒钱款之弊，常明并未据实上奏朝廷。嘉庆帝得知后大怒，谕令琅玕督同百龄、张长庚审讯此案，必须彻底根查。

没有想到案件审理过程中，孙文焕差人控告百龄勒索钱款，欺妄朝廷。嘉庆帝深知其中必有隐情，因此加派初彭龄、富尼善前往查办，经过反复审讯，初彭龄发现孙文焕所控百龄假公勒索等条款，均属虚诬。而审查常明的问题，则发现他不仅牵涉军需款项问题，还将军需剩余铅丸 14 万余斤交商熔化，让幕友金玉堂加以私卖，还任听属下抽匿报销案卷，结果常明被革职。

至于百龄，虽然孙文焕所控各款全属虚捏，但百龄只查出常明欠缴库项，而纵令劣幕私卖铅丸一事，则故意为其隐瞒，并没有据实参劾，仅以追查库项了事，显而易见是包庇巡抚，不想将事情闹大而已。百龄的用心非常明显，他久居官场，深知宦海险恶，不能把权贵与同僚都得罪光了，但不厘替地方积弊又无法得到当今圣上的青睐，所以他既要揭发常明，但又不想把事情做绝，因此参奏常明的时候留了一手。孙文焕对案情心知肚明，因此他心有不甘而捏词呈控，想把百龄拖下水，这正是百龄存心袒护常明的结果。在参劾常明的案件中，百龄功过参半，调任云南布政使。

八年（1803）九月，百龄升任广西巡抚，第二年七月，县民黄会溱呈控喊冤，百龄揪出了一桩"殊出情理之外"的人命冤案，于是武缘知县孙廷标制造冤狱，将诸生黄万镠诬拟大辟的刑名大案浮出水面，百龄将此案上奏皇帝。嘉庆帝接到奏折，派广厚驰往广西会审，案情很快水落石出：县民黄鸾翙意图占地逞凶，用铁头禾枪戳死黄文炀，事后黄鸾翙贿赂知县，以图脱罪。案发后经过仵作验尸，呈报死者身上有伤痕，并呈出凶器铁头禾枪，而县令孙廷标以死者已超过 33 日，斥令属下报作因病身故，并将铁器伤改为竹器伤加以结案，纯属贪赃枉法，故纵凶徒。嗣后知县家人曹诗向凶手黄鸾翙索取银两，许诺以轻罪办理。

但黄文炀的亲属不服，再次进行控告。没有想到县令孙廷标起意残尸，灭去死者身上生前伤痕，另外伪装死后新伤，以便反坐原告黄万镠毁尸诬控，问拟绞候之罪。嘉庆帝看到奏报后非常震惊，认为此案非同小可，因为"近年来赴京控告各案，经朕特旨交审，其审属子虚者十居八九，谓此中一无冤抑，朕实难以凭信。总由各上司袒庇属员，不问事理曲直，惟知意存消弭，相习成风，牢不可破。试思各省控案不一而足，若必俱派钦差前往审办，始能昭雪，又安用督抚为耶？"① 嘉庆帝指出，京控案件经过朝廷特旨审办，审讯结果案件十分之八九为子虚乌，其中怎么可能一无冤抑呢！

从黄万镠案件来看，各官得赃之后，颠倒黑白，屈打成招，简直就是视人命为草芥，此一现象在嘉庆朝并不少见："外省积习相沿，只知官官相护，不顾案情屈抑，以致死者含冤，无辜拖累，最为吏治官方大弊。"② 上林知县张第奉上司委托会检此案，他将黄万镠传唤到寓所，说推翻此案有碍知县大人的前途功名，因此私下商量解决办法，但黄万镠"不识抬举"，对此置之不理，也没有打点银子。张第收受凶手家属的贿赂之后，与孙廷标通同舞弊，对黄万镠拷打逼供，并没有纠正此案的冤情。嘉庆帝看到奏报不禁大怒，将孙廷标、张第革职挐问，将二人任所资财以及浙江、山东原籍的家产一并查抄。

此外，从前委审知县石方川、州判薛人麒审出实情后，仍旧包庇孙廷标，知府朱宗枋则蒙混了事，在省城会检会审的知府湍东额、通判武尔衮布、知县金毓奇则一味刑求，转而委托巡检任谦刑讯逼供，屈打成招；前任广西按察使公峨在孙廷标带犯上省讯办时，并未亲提研鞫，仍旧将案件交给原审孙廷标与委员会审，以致酿成冤狱。本来在刑罚方面，清代司法

① 《清仁宗实录》卷 135，嘉庆九年冬十月。

② 《清仁宗实录》卷 132，嘉庆九年七月。

程序非常严格，以避免各级官吏对平民百姓的滥杀冤杀，但由于吏治腐败，多层严密设置的审讯制度并未起到防止冤狱发生的作用。这些官员与孙廷标多为旧相识，因此官官相护。

事实上，"外省办理刑名，地方官往往规避处分，多方回护，宁使凶徒漏网冤及无辜，必锻炼周内以伸其说而后已。该管上司又多据详审结，草率了事，殊为可恨之极"①。不特地方各省如此，甚至作为首善之区的京师亦是如此。嘉庆八年六月，京师北城有盗匪捆缚事主，案件呈报后，相关官员非但不认真缉捕匪徒，转而折磨报案事主，逼令事主修改口供，以规避捕盗不力的处分，具体案情虽然与孙廷标所办之案不同，但为了官员本人的考成而存心捏造案情、颠倒黑白则如出一辙。

经过军机大臣会同刑部审理孙廷标一案，广西按察使公峨被革职，孙廷标处以绞刑，黄鸾翔亦绞刑处死。百龄莅任未久，能不顾情面，平反重案冤狱，殊为可嘉，嘉庆帝给百龄赏戴花翎，并交吏部议叙，结果百龄加赏太子少保衔，以示优奖而惩儆渎职官员。嘉庆帝号召"各督抚总应以百龄为法，有能秉持公正者，必当锡以褒嘉。傥仍瞻徇情面，一味颟顸，经朕访闻，或被人纠劾，必当加以严惩，断不稍为宽贷"②。通过孙廷标一案，百龄声名大噪，成为"贤臣能吏"的典范人物，并取得嘉庆帝的高度信任。事

① 《清仁宗实录》卷 135，嘉庆九年冬十月。

② 《清仁宗实录》卷 135，嘉庆九年冬十月。

实上，孙廷标一案发生在百龄接任巡抚之前，不论前任如何官官相护贪赃枉法，百龄都没有连带责任，甚至非但没有连带责任，还可以通过审办大案要案，达到官声大振、捞取皇帝信任筹码的功效。而前任督抚与按察使则不一样，按清制属员犯法，上司有失察之责，因此前任上司肯定要对属员徇私包庇。

实心经理海疆，广东海盗一律荡平

嘉庆九年（1804）十一月，百龄调任广东巡抚。此时广东洋面海盗颇多，而水师兵丁大多与他们声气相通，每次出洋巡查缉捕海盗，不但不能卖力剿捕，反而给洋匪私通消息。文职官员虽然想设法擒捕，但无计可施，而水师武官呼应不灵，动辄形成相互掣肘之势。因此嘉庆帝特调那彦成、百龄大加整饬，绥靖海疆。百龄上任后不负皇帝所望，对境内缉匪与吏治整饬颇为重视。在访查中，百龄发现南海、番禺知县玩视刑狱，滥羁人犯，任听蠹役私押男女人犯，致使多人毙命。由于粤东一带狱讼繁兴，省城首县南海因为待审人犯较多，监狱不敷使用，县衙则私设班馆 3 处，差役私馆则有 50 处之多，番禺则有带候所 1 处，差役私馆 12 处。

南海、番禺知县任听蠹役在各馆安设木栅，堵塞四围，并将讹诈不遂的人犯闭锢其中，竟然如同黑狱，导致无辜之人被拘押，多人瘐死。甚至将各案未结的女犯发交官媒收管，设立女馆名目，遇有年少妇女，官媒竟然逼令她们卖淫，从中分取赃款。而南海、番禺县令对此置若罔闻，百龄将二人参劾，结果南海知县王轼、番禺知县赵兴武革职，发往伊犁效力赎罪，前任督抚近在同城却漫无觉察，竟然行同木偶，因此倭什布、瑚图礼、孙玉庭以及前任臬司、该管道府一并交部严加议处。而那彦成、百龄到任未久，即能查出弊病进行劾参，大力整饬吏治，实属可嘉，交与吏部议叙。

十年（1805）六月，广东巡抚百龄升任湖广总督。当时两湖地区盗贼遍地，百龄下令加紧缉捕，出现了江湖晏然的大好局面。但南海、番禺已革知县王轼、赵兴武等人不甘被劾，向两广总督那彦成禀出百龄在巡抚任内，自制联枷，将两名犯人枷毙，又委派妾弟任二作管家，传令南海、番禺两首县代办供应食物，一切应用物件用银 11500 余两，而百龄仅给银 100 两，并于离任时将一切紫檀、玻璃等什物搬运上船，所有价值始终没发给他们，而负责搬运的差役则多达 2000 人。那彦成将此事上奏，还说百龄到湖北后，传令黄梅县截留折差，将自己与百龄联衔参劾的朱批奏折截留，仅仅抄录行文移知自己。

接到那彦成奏报之后，嘉庆帝派直隶总督吴熊光、侍郎托津驰往查办，二人先到湖北省城传旨讯问，称百龄已升任湖广总督，前在广东与那彦成联衔各折为广东应办之事，因何绕道截留？拆阅后因何不将原奉朱批谕旨交回？此外就是核查百龄需索两首县供应物品，以及制造非刑、联枷毙命等问题。而百龄则参奏那彦成违例饮酒看戏。对于那彦成沉湎于饮酒看戏，嘉庆帝早有耳闻。十年冬十月，秦瀛到京陛见，嘉庆帝询问那彦成在粤办事情形，秦瀛奏称那彦成在署内每月宴会、唱戏三四次，又邀同广厚前往延丰听戏，一月之内有好几次。可见那彦成饮酒看戏颇为频繁，百龄的参奏并非空穴来风。

　　百龄供认，在广东任内因为惩办棍徒用过联枷，他与那彦成会奏之折是巡抚衙门主稿，折差到湖北后将朱批奏折截留属实，已经行文知会那彦成。至于离粤起程时，将署内物件用人夫 2000 余名搬运上船，百龄坚不承认。吴熊光、托津奏报说，经过连日审讯任二，他供称六月初二百龄广东起身之时，眷船随后开行，任二私自将历年积存之件以及广东署中原备器用家具，搬运上船，到湖北后偷偷找到汉阳李姓栈房安放，对此百龄并不知情，其中有木器、挂灯等广东之物。百龄供称，此皆任二私自安放，实不知情，惟有自认糊涂昏愦。

　　嘉庆帝认为："百龄素号精明，岂有于伊家人私带物件安置署内，竟毫无觉察之理，殊不足凭。"①披阅供单之内，百龄买房六处，买地五十余顷，价格

①　《清仁宗实录》卷 152，嘉庆十年十一月。

不菲，而当年百龄出京时，嘉庆帝曾经听说百龄盘费不敷，向人挪借银两，貌似清贫有素，而此次查出所置产业如此之多，则百龄平日所作所为未足深信。因此嘉庆帝令吴熊光赴两广总督新任，将百龄革职拏问，交付托津会同瑚图礼提审办。结果百龄因为截留批折、制造非刑以及勒令属员代办供应、家人任二借端需索等罪名，经军机大臣会同刑部议奏，请旨将百龄发往伊犁效力赎罪。

但嘉庆帝最终还是原谅了百龄。关于截留批折一事，奏折虽为巡抚衙门主稿，但百龄列衔在后，且已赴湖广总督新任，应该交给那彦成行文知照，百龄不应在折差过境时截留拆阅，事后并不将原奉朱批移交广东，处理方式显然不恰当，但此次属于寻常奏折，并无密谕查办之事因而泄露，尚属情有可原。关于制用联枷，因为广东民风刁恶，百龄用以惩办奸徒，虽然有违定例，但尚可理解。至于百龄令属员代办供应，失察家人借端需索一事，百龄虽有连带责任，但现在抄出任二携带的物件，俱系粗重什物，若百龄有意贪赃，则粤中珍玩细软可带者颇多，何必携带笨重之物？百龄不知情尚属可信。

在嘉庆帝看来，百龄"自擢用督抚以来，所到之处，俱能实心任事，整顿地方。国家办理刑章，八议中原有议能之条。从前李侍尧在总督任内，宣力最久，其后不自检束，有营私殖货之事，并于办理军务，亦有贻误，曾经问拟大辟。仰蒙皇考高宗纯皇帝悯念勤劳，特援议能之典，屡加赦赏。今百龄才具与李侍尧相去不远，而伊所获咎愆，则视李侍尧婪索赃私贻误军国者、其情节罪名轻重悬殊，尚可量加宽宥"①。因此百龄免于发配伊犁，加恩留在实录馆效力。

① 《清仁宗实录》卷155，嘉庆十年十二月。

十一年（1806）三月，由于福建正在剿办海盗蔡牵，军需粮饷事宜需要干员经理，因此嘉庆帝授予百龄六品顶戴，谕令他随同德楞泰驰赴闽省，帮助布政使景安办理军需，核实报销，不得稍有冒滥牵混，事竣之后授予百龄汀漳龙道。十二年三月，百龄出任湖南按察使，仍用四品顶戴，夏季四月，百龄调任江苏按察使，不久因病回京，病愈后授予鸿胪寺卿。十四年春正月，百龄升任两广总督。

此时粤海洋面海盗猖獗，有林阿发、郑乙、乌石二、郭学显、张保仔、香山二等帮在活动。为了增强抵抗官军的能力，嘉庆十年六月，海盗公然订立《公立约单》，分别以红、黑、白、绿、蓝、黄六旗进行统一编队，游弋粤洋；各帮在海上行动中要有组织地打单勒赎，劫船掠港，彼此互助合作而不能互相残杀。《公立约单》使海盗队伍迅速扩大，嘉庆十年广东海盗共有船800余只，至十四年扩大为船1800艘、盗匪7万人的规模，其中郑一与郭婆带两股海盗的船只最多。郑一死后，继任者张保仔挟众数万，气焰非常嚣张。广东海盗船高炮大，大帮不下数万人，以实力而言官不敌盗，因此广东水师往往消极避战。

在旗人督抚中，百龄堪称精干有为之员，他注意提拔人才，比如朱尔赓额、温承志皆是百龄拔自微员，因此人们乐于效命，以图建功立业。为了肃清粤洋海盗，百龄到任后，下令制造性能优良的米艇40只，粤盐由海运改为陆运，以防止船户私带水米接济海盗，同时避免他们收买海盗的销赃货物；为了断绝海盗获取硝磺以制造火药，百龄将各地硝磺厂由商人私营改为官营。同时整顿营伍，编练水师，惩治那些贪污怯懦的将领；加强水师巡哨，一遇盗船则加以炮击。为了增强水师力量，十四年秋，嘉庆帝允准百龄添造米艇100艘，加铸大小铁炮千余位，各官船配足兵丁与军火。

百龄还加强编查保甲，实行海上"坚壁清野"，张保仔等海盗之所以横行海上，根源在于接济源源不断，现在"将一切米粮火药器械篷缆等物，杜绝透漏，使盗匪在洋飘泊，无以为生，自无不束手就毙之理"①。海盗得不到接济，自然束手待毙。百龄的一系列措施使粤盗陷入困境，各帮海盗得不到米石、硝磺，从而陷入弹尽粮绝的境地；同时篷帆桅舵得不到修葺，所掠财物亦无处销赃，因此各帮海盗冒死入侵内河州县，官兵则株守各处海岸，擒捕海盗。

十四年（1809）十一月，张保仔在香山大黄埔进

① 《清仁宗实录》卷212，嘉庆十四年五月。

行劫掠，百龄拨派兵船将东西两港口运石堵塞，一面预备火攻；同时另派兵丁一千名占据山梁，放炮下压，断绝海盗的汲水路线，海盗四路断绝，插翅难飞。此为剿灭海盗的极好机会，无奈广东水师官兵怯懦无能，并不奋勇杀敌而是纷纷躲避，以致海盗乘间逃脱，功败垂成。百龄对统领大员、水师提督孙全谋进行参劾，孙全谋被革职拏问，押解京师交与刑部治罪。至此，广东水师上上下下无不震恐，百龄每下一个檄文，皆令行禁止，海盗走投无路，开始产生向朝廷投诚之意。

首先向朝廷投降的是黑旗帮海盗郭婆带。郭婆带是广东番禺县疍家子，嘉庆初年郭氏全家为海盗郑一掳掠，于是入伙为盗，由于才华出众，郭婆带颇受郑一的信任与重用。郑一死后，其船队一部分由妻子石氏接管，人称"郑一嫂"。郭婆带则以百余艘海船自立门户，部属万余人，以黑旗为号。据邱炜萲《菽园赘谈》记载，郭婆带"在粤洋为巨盗，盗而有道，舟中书籍褒然，手不释卷。船头锦牓二句云：'道不行，乘槎浮于海；人之患，束带立于朝'"[1]。可见，郭婆带虽然在洋为盗，但生性好学，舟中随带各种书籍，不失读书人的气质，是一个颇有思想学问的"道盗"。

郭婆带决定出降归顺朝廷后，接受了百龄"擒获巨匪，呈缴船只炮械，方准投首"的指令，张保仔与官军发生冲突，多次请郭援助，但郭置之不理。之后

---

[1]　郑广南：《中国海盗史》，华东理工大学出版社1998年版，第302页。

郭、张二人发生激战，郭婆带杀死张保仔党徒不计其数，于是率同盗众5000余人投诚，呈缴舰船90余只，火炮400余位。投降后郭婆带改名郭学显，被授予把总衔，加入海上剿匪的战斗。郭婆带的投诚在海盗中引起很大反响，不久红、黄等帮相继投出9000余人。海盗平定之后，郭婆带没有接受朝廷的官职，他在广州买屋教子，以布衣终老。

郭婆带投降后，张保仔率船数百艘骚扰珠江，袭击顺德、香山等处村庄。看到郭婆带受到优待，张保仔也起意投降，但惧怕被朝廷诛杀，扬言必须总督亲临才能投诚，结果得到百龄应允。在百龄看来，"粤人苦盗久矣！不坦怀待之，海氛何由息?"[1] 因此十五年三月下旬，百龄率数十人冒险单舟驶出虎门，张保仔率舰数百只迎接总督，轰炮如雷，环船跪迓，呈上投降文书，悔罪投诚，希望朝廷能宽贷一死，百龄答应上奏朝廷宽免盗众。张保仔、香山二等率人投降，计有匪众17000余人，船200余艘，火炮1300余门，刀枪器械数千件，张保仔被授予千总头衔。

事实上，这些"洋盗本系内地民人，不过因糊口缺乏，无计谋生，遂相率下洋，往来掠食"[2]，因此妥善安置其生计至关重要。四五月间，百龄令水师对粤省海盗发动大规模围剿，歼毙海盗不计其数，俘虏收降千余人，乌石二被擒处死。黄旗帮盗首东海霸见大势已去，率领匪众投降，人数多达三四千人。至

① 赵尔巽：《清史稿》卷 343《百龄传》，第 11134 页。

② 《清仁宗实录》卷 227，嘉庆十五年三月。

此，广东全省洋面"一律荡平"。百龄实心经理海疆，振作有为，因此受到嘉庆帝的特别嘉奖：百龄恢复太子少保衔，赐给双眼花翎，予以轻车都尉世职。十六年正月，百龄乞病回京，授予刑部尚书，改任左都御史，兼任都统。

堵塞黄河决口，整顿河工积弊，解决物料问题

嘉庆年间黄河屡次决口，漂没沿岸百姓的田园庐舍，朝廷不但每年花费巨额河费维护河堤，堵筑决口，而且因为赈济百姓，蠲免漕粮而使财政收入大为减少，成为困扰整个社会的严重问题。嘉庆十六年（1811）是黄河多事之年，四月，河决马港口，五月，王营减坝坐蛰，七月，縣拐山、李家楼河决。在此危难之际，嘉庆帝特简百龄出任两江总督，督办漫口堵筑事宜。百龄遇事敏干，不屑随人俯仰，接任江督之后亲自勘查海口，以便查出黄河决溢的根源所在，统筹规划决口堵合方案。当时诸多官员认为河患在于云梯关海口高仰，黄河水入海不畅，因此主张黄河改由马港新河入海。

百龄通过仔细勘查，认为海口并无高仰形迹，亦无拦门铁板沙，黄河决口的原因在于上年两段挑河的泥沙仍旧堆积在河道上，造成河道积淤三千余丈，马

港口以下淤沙更为严重，造成黄河水入海路窄，因此治河仍应以疏浚正河为主。百龄不避嫌怨，对那些办工草率冒滥、玩忽职守的河厅员弁进行严参。十七年三月，王营减坝、李家楼大工次第合龙，黄河复归故道，结果百龄以堵筑决口有功而下部议叙。百龄年逾六旬生子，正值嘉庆帝万寿之日，嘉庆帝闻听后赐名"扎拉芬"以示宠异，勉励百龄尽心治河，"扎拉芬"即"福寿"之意。决口合龙后漕运渡黄较早，嘉庆帝对百龄迭加优赉，赐其子六品荫生。

十七年（1812）四月下旬，洪泽湖水上涨已愈一丈五尺，当时身为淮海道的黎世序禀请开放五坝中的智、礼二坝，百龄与河督陈凤翔认为事属可行，得到百、陈二人批准后，礼坝泄洪要工开启。此时礼坝坝底已经破败不堪，宣泄湖水难免出现坍塌的危险，六月，礼坝果然出现了险情。陈凤翔在工地昼夜督率河工员弁进行堵合，但无济于事，八月礼坝坍塌，下河各州县被水成灾。百龄深觉不妙，决定借机参劾陈凤翔，说陈安坐衙斋数月不赴工次，擅开礼坝并无只字相商。同时百龄在附片中保举淮海道黎世序通晓河工，可任河督。

百龄参劾陈凤翔有不符合事实之处，但陈治河无能却喜欢贪污纳贿，在河督任上屡次失职，亦是罪有应得。结果百龄一纸参劾，就使陈凤翔枷示河干，旋即气愤而死。陈的家人进京控告百龄，朝野

◎ 百龄造像（娄春亭、娄海洋绘）

上下一时物议沸腾。御史马履泰、吴云上疏弹劾百龄，意欲将其斥罢，但嘉庆帝不为所动。而百龄保举的黎世序性情和蔼淡泊，不纳苞苴，在治河方面具有杰出的才干，与当时河督治河乏术、贪污中饱形成鲜明的对比。黎世序出任河督之后治河有方，黄河水患大为减少，出现了十余年少有的安澜局面，堪称一代治河名臣。正是"百菊溪制府知其才干，荐之于朝"[①]，黎世序才得以出任河督，因此百龄有荐贤举才之功。

① 昭梿：《啸亭杂录》附《续录》卷五《黎襄勤》，中华书局 1980 年版，第 528 页。

在此指出，百龄参劾陈凤翔，有故意陷害同僚、保全自己的一面，在道德层面不无瑕疵。但嘉庆年间，黄河几乎无岁不决，而每次堵塞漫口都要花费上百万帑银，这与黄河善淤、善决、善徙密切相关，也与河督昧于河事不无关系。而黄河安宁与否事关国计民生与万家忧乐，因此选拔出精于治河、公正廉洁的河督至关重要，百龄保举黎世序为江南河道总督，使嘉庆朝后期的黄河治理出现了转机，亦是千千万万黎民百姓的一大幸事。黎世序在任十余年，黄河南河没有发生决口，百龄的荐举之功"不可磨灭"，陈凤翔的被诬与冤死虽然颇为可怜，也算"死得其所"。

另一方面，黄河屡决河费激增，成为清廷财政沉重的负担，而河工经费中物料占绝大部分，当时物料价格激增，奸商料贩囤积居奇，成为当时河费激增的重要原因。为了解决治黄物料问题，清廷在江南海州、山阳设立苇荡营，所产海柴供应南河河工之用，若经营得当，节省河费颇为不菲。但苇荡营管理积弊深重，樵兵与滩棍串通盗卖苇柴，以致真正运往河工的苇柴严重不足。更为深层的积弊在于，修筑黄河工程使用苇荡营的苇柴，河员无法染指河费而无利可图，若向料贩购料价格昂贵，河员可以借机开销浮冒，从中渔利，因此对樵兵所交柴束短少并不认真计较。

两江总督百龄勘察海口时，顺道查看苇荡营情形，见"地面广阔，一望无涯，苇茎亦极密茂，窃意能将积弊剔除，尽荡搜采，必能额外加增"。因此百龄委派亲信朱尔赓额办理荡务。朱尔赓额清查荡地，严办滩棍，敦促樵兵采割苇柴，结果所采海柴比定额多出一倍有余。百龄上奏朝廷整顿苇荡营，因此嘉庆帝下令松筠、初彭龄会同百龄、黎世序会议《苇荡营章程》，结果议定苇荡营的苇柴定额，比原来超过一倍有余，这使黄河抢险有了充足的正料。黄河一旦出现险情，河员因物料充足而抢修及时，结果嘉庆朝晚期黄河的决口漫溢大为减少，这与百龄等人清查荡务、制定《苇荡营章程》有着密切的关系。

破获方荣升教门案，打击异己以固宠

百龄小有才华，而且性格幽默。嘉庆五年十月，百龄调任浙江按察使，他与杭州知府李晓园皆为汉军旗人，二人本为至交，因为一些琐事闹了矛盾，李晓园大为恼火，以致一月没有去拜见百龄，二人同在杭州一城为官，给同僚好友的印象是二人似乎已经决裂。之后李晓园推托自己有病，要辞职返乡，当时文书已经写好。此时正是盛夏酷暑时节，百龄灵机一动，送给李晓园一柄诗扇，上面写着诗句："我非夏日何须畏，君似清风不肯来。"① 李晓园读完诗句不禁哈哈大笑，二人和好如初。由此可见，百龄胸怀坦荡，为人处世幽默风趣。百龄自负诗才，曾在杭州送子观音庙题写对联："我本是一片婆心，抱个孩儿给你；汝须行十分好事，留些阴骘与他。"② 此联可谓妙语连珠。

此外，百龄相貌中透着一种精明聪慧，他面如削瓜，即使谈笑之间仍让人感觉威风凛凛，似有生气之状，令人望而生畏。以政绩而言，百龄颇为突出，但以清廉与品质而言，百龄并非白璧无瑕。百龄初任封疆大吏，为了博取皇帝信任，以正直廉洁自矢，小民甚至将他与"包青天"相媲美。但声名远扬之后，百龄顿时一改当初的高风亮节，搜求苞苴动以钜万。任两江总督时，百龄每次外出巡阅，身后随从车辆多达数十辆，征收珍错海物高达数百桶之多，其他货品更不在话下。与此同时，百龄以重金贿赂朝中权贵，借以侦探嘉庆帝的密旨，然后极尽附会迎合之能事，满朝文武莫敢撄其锋锐。

①　钱泳：《履园丛话》二十一《何须畏》，中华书局1979年版，第555页。

②　周明道编著：《观沧楼随笔》，钱塘诗社1993年版，第136页。

当时在南京丁忧的直隶总督方维甸与百龄不和，而方维甸对百龄贪赃枉法之事有所耳闻，为了防止方维甸在嘉庆帝面前诋毁自己，百龄制造了"方荣升案"。嘉庆二十年（1815）八月，两江总督百龄上奏破获方荣升案。方荣升为安徽和州人，是江南圆教的首领，自称弥勒佛转世，下凡普度众生，自号"蓬莱无终老祖"，并编造《破邪显正明心录》等经卷，还刻有"九莲金印"，自称三年后坐朝问道时使用，入教教徒有三千余人。百龄破案后方荣升被凌迟处死，而百龄因拏获首逆而获赏三等男爵，其子扎拉芬由六品荫生升为五品。

但此案疑点颇多，礼亲王昭梿则认为，百龄借口方荣升为方维甸远亲，故意将小案办成巨案，以打击方维甸。而嘉庆帝接到奏报后颇为欣喜，给朝中大臣阅看百龄奏折，礼亲王昭梿亲见奏折中有"八门阵九天元圣"诸语，认为"铺叙荒诞，颇类小说，非敷陈体，心甚疑之"，[①] 昭梿甚至认为方荣升的九龙方印为百龄伪造。但方维甸从此失意，最终抑郁而死。

不久，身为安庆知府的龚丽正奉特旨搜捕教门余党，且有教徒的真实姓名。安徽各州县缉获匪徒后押解省府，而巡抚命令首府亲自审讯，案件落在龚丽正手中。经过审讯发现这些累累桎梏的犯人皆非真教徒，于是他对囚犯说："予当为若辈申救之。"于是丽正给刑部尚书戴敦元写信，陈述所获教徒的冤

① 昭梿：《啸亭杂录》附《续录》卷四《方荣升》，第 499 页。

状。戴敦元回信说："此十数人者，皆上书名指挈之人，未可轻纵。"于是150余名囚犯被处死。两江总督百龄为属员请功时，将丽正之名列于首位。丽正坚辞不受，其言："不去官犹可，若一条血翎子，则断断不敢受也。"① 于是百龄删去丽正之名，但对丽正更为器重敬佩，其后仍上疏密保丽正，丽正因此迁升苏松太道。丽正不接受以无辜民众的鲜血染成的"血翎子"，表现了一位具有良知的官僚士大夫的气节。在此指出，龚丽正即龚自珍之父。

时至冬季，百龄病重，后卒于南京。嘉庆帝颇为惋惜，下诏恢复百龄协办大学士的头衔，谥号文敏，并派遣侍卫祭奠。其子扎拉芬承袭男爵。但百龄死后，百万家产为恶奴所窃取，囊橐一空，难道这真是因果报应吗？在旗人督抚与宰辅当中，百龄政绩突出，陈康祺《郎潜纪闻四笔》称赞百龄"六七十年来，满臣任疆寄者，干练恢宏，当推公为第一"② 。但以道德而论，百龄令人指责非议之处颇为不少，是非功过，留待后人评说。

① 吴庆坻：《蕉廊脞录》卷三《龚丽正鞫囚》，中华书局1990年版，第76—77页。

② 陈康祺：《郎潜纪闻四笔》卷八，中华书局1990年版，第122页。

二、戴均元：汉人中似此有几家？

戴均元，字修原，号可亭，江西大庾（今大余）

人，生于乾隆十一年（1746），是"一门四进士，叔侄两宰相"的"西江四戴"之一。戴家门第在乾嘉时期显赫一时，戴第元是清代江西大庾的进士第一人，而戴均元与戴心亨为叔侄同榜进士，另外一侄戴衢亨则高中状元。戴氏兄弟叔侄接踵登第，而戴均元与戴衢亨叔侄又同时位居嘉庆朝宰辅，因此朝廷内外赞誉戴家"叔侄两宰相，一门四翰林"。

进士及第，官场崭露头角

戴均元祖籍安徽休宁，曾祖父戴宏度因为谋生困难，举家迁至江苏甘泉西浮桥戴家村，祖父戴时懋旅食广州一带。父亲戴佩幼读诗书，颇通文墨，为人诚恳谨慎，以看风水、推命理为业。他常年往来于广东梅关南北，见江西大庾"当江广之会，南通北粤，北控三江，其磅礴之气，巍峨之形，苍翠古雅之致，无愧为山水灵秀之区"[①]；加上人文发达，风俗淳朴，于是定居在大庾。后来戴佩结识大庾横浦桥头的一个大盐商，受聘为账房先生。

戴佩在管账之余勤学苦读，考取贡生资格，并决心勤课子弟，希望他们求取功名，跻身仕途，结果子孙连翩登捷。戴佩长子戴第元为戴家科甲的发轫者，他自幼聪敏，在乡里有神童之誉，13岁取中秀才。由于南安知府游绍安的赏识，第元被送到道源书院读

①　周銮书主编：《江西历代名人传·戴均元》，百花洲文艺出版社 2002 年版，第756 页。

书。道源书院历史悠久，北宋时期理学家程颢、程颐即在此受业于大儒周敦颐，自宋代以讫清末，道源书院一直绵延赓续，培养人才无数。良好的学习环境使第元学问大为长进，乾隆十八年（1753）乡试中举，翌年会试考中明通榜，即副榜，选授新安教谕。此时幼弟戴均元 12 岁。

均元长得面目丰润，宽额大耳，有一股聪慧机敏的灵气，他与侄子戴心亨随从戴第元在任所学习，二人勤奋好学，聪敏异常，新安人把他们叔侄比喻为"小竹林"，以西晋"竹林七贤"中的阮籍、阮咸叔侄赞誉二人。包世臣《戴相国神道碑》记述戴均元"力学、勤苦如寒素。赴课应试率徒步，篝灯山寺，诵读常彻夜"，如此"十年寒窗"。[1]戴均元读书刻苦自励，经常跑到山中寺院读书，他以烧篝火、燃松明为灯，彻夜读书到天明，由此精通经史，擅长诗文。

乾隆二十二年（1757），戴第元成进士，历官鸿胪寺、光禄寺、太常寺、太仆寺少卿，词章风靡一时，人称"庾岭梅花，章江明月"。戴第元晚年致仕后退居南昌，筑室于百花洲畔，悠游林下，诗酒自娱。三十三年（1768），戴均元中举，四十年（1775）进京会试，与侄子心亨（第元长子）同榜高中进士。均元为二甲第 25 名进士，赐进士出身，入翰林院庶吉士，三年期满授编修，从此步入仕途。戴心亨曾为

① 包世臣：《戴相国神道碑》，吴宝矩等修，刘人俊等纂：《民国大余县志》卷 12《艺文·碑铭传》，1919 年刻印。

江南乡试主考官，湖北学政，37 岁英年早逝。另一侄子衢亨为乾隆四十三年（1778）钦点状元，时年 24 岁，深得皇帝赏识，在军机处学习行走，累迁兵部、工部尚书。

戴均元先后多次担任江南、湖北乡试主考官，出任四川、安徽学政，选拔人才秉公持正。四十五年（1780），均元任江南乡试副考官，"因录取骈体，拔冠榜首，下部议处"，但他面对处分坦然自若，最终为朝廷选拔出有真才实学的人才。嘉庆三年（1798），戴均元因安徽学政任满回京，补授京畿道府尹。侄子戴衢亨此前破格提升为军机大臣，按例大臣亲属中任科道御史的，必须按相应品级另任新职，以便回避。均元按例改为六部员外郎，朝廷令他候补鸿胪寺少卿，后出任工部侍郎。

四年（1799），嘉庆帝亲政，朝廷诏开言路，戴均元将自己了解到的种种地方弊端，写成奏折上奏皇帝："外省州县设立常平仓谷，原为赈恤平粜之用。近年多有缺额，其实储之仓者十无二三，请敕各督抚通行所属，勒限买补。"[1] 嘉庆帝对戴均元进行嘉奖，传谕照办，力图解决各省常平仓的空虚之弊，之后均元擢升工部侍郎。八年，朝廷修缮乾隆陵寝裕陵，嘉庆帝深知内务府官员会倚仗宗亲关系，中饱私囊，因此谕令戴均元为工部侍郎，总理工程处，管理钱法堂，从而杜绝贪污纳贿的弊病。

① 《清仁宗实录》卷 50，嘉庆四年八月。

封疆重寄廉见干，平成奏绩庆黄河

嘉庆八年（1803），黄河在河南衡家楼决口，戴均元与侍郎贡楚克扎布一同视察山东张秋运河及衡家楼决口的堵筑工程，他实地勘察安排周详，因堵筑工费甚巨，戴均元采取地方捐款暂开衡工的措施，既减少了朝廷开支，又缓解了工费不足。十年，南河决口冲击运河，致使高堰石土严重受损，漕运因此受阻，朝廷急速特命戴均元详查水情，采取有力措施尽快治理。戴均元在高堰堤工修筑子堰，减少河水对高堰的冲击，使清水顺畅注入海口，清口淤积的泥沙也被冲刷干净，恢复了淮河三分河水汇入运河、七分河水汇入黄河的旧制。戴均元治河措施的效果非常显著。

朝廷赞赏戴均元尽心治理河务，十一年六月，戴均元出任南河总督。由于嘉庆年间河工物料腾贵，工部所定例价不敷，不得不通融开销。比如嘉庆十一年，物料市价每斤四厘五毫或五厘五毫不等，而部定例价柴料每斤不过九毫，价格上涨多至数倍。人夫、土木、石料亦非例价所能办理，当时修筑智坝、礼坝，土方需要隔湖运土，每方需价一千七八百文，由坝头挑运上埽，脚费亦不少，而例价只有每方八分，实际所费则多至数十倍。在报销时承办厅员不得不通融开销，结果出现了虚估工段、宽报丈尺的情形，而河督往往听之任之，继而出现任意浮冒、上下相蒙的局面。因此嘉庆十二年（1807），南河总督戴均元奏请朝廷，物料按照时价，实用实销，得到了朝廷的批准：

> 著照戴均元所奏，准其将应用物料，按照时价实用实报，不得稍有虚假。仍著将各项物料价值，由地方官详报督抚，按月咨部存查。至物价随时长落，原无一定，近日物料昂贵，人所共知。倘嗣后物价已就平减，而报部之数，仍按价贵时报销，则系承办之员蒙混侵蚀，必当严参惩办。设将来物价，较此时复有加增，亦准其据实咨报。该河督等惟应督饬在工大小官员，各矢天良，确估核销，毋任丝毫浮冒。①

这样原定物料例价被打破，河工物料的报销按照当时市价报销，这就导致每年所用岁修、抢修经费加价两倍，每年用银140余万两。②嗣后岁修抢修经费的开销不断增加，嘉庆帝意识到问题的严重性，十九年（1814），朝廷规定，南河岁抢修经费，旧例每年动用银50万两，自嘉庆十二年增加料价以两倍为止，总不得过150万两之数，但是河费的激增并未就此刹住。随着市价的增长，物料例价出现不敷的状况，按照实际情况进行调整势所必然。但某些河臣为了贪利

① 《大清会典事例》卷908《工部·河工·物料二》，《续修四库全书》第811册。

② 《严核河工经费疏》，《皇朝经世文编》卷103，《魏源全集》第18册，第517页。

谋私，虚报物料价格，而朝廷与督抚、河督并无良策加以有效控制，结果导致河费激增，给中央财政造成巨大的压力，而且成为困扰整个社会的严重问题。

戴均元在河督任内精心防御黄河水患，堵合了黄河周家堡、郭家坊、王营减坝、陈家浦，还有运河二堡、壮原墩等处缺口，加固黄河、运河堤坝，以减弱河水对堤坝的压力。戴均认为黄河暴溢在于惠济闸堵塞，于是他着手修筑高堰及子坝，重新修整惠济闸，拓宽河水的流通面，加固坝堤的安全性。戴均元的治河措施发挥了效力，使黄河在很长时间内未曾泛滥。戴均元在朝廷中的声望因此大增，深受嘉庆帝的器重和信任。

在治理黄河的工程中均元呕心沥血，恪尽职守，经常亲自察看险情，亲临工地督工，可谓"昼走风沙，夜核文簿"，长年累月坚守工地，风餐露宿难以休息，戴均元曾说："为人臣东西南北，为君所使，断不敢以平素未谙或致贻误，为将未卸咎之地。"[1] 由于戴均元勤于河务，为解除黄河水患费尽心思，结果积劳成疾，甚至须发皆白，最终病倒。十三年（1808）正月，告假退居南昌养病。嘉庆帝派其侄戴衢亨到清江浦勘察河工，嘱咐衢亨去南昌探望叔父，当时衢亨是嘉庆帝顷刻不可离开的重臣，却奉皇帝特恩往返 4000 里省视叔父，此一恩遇在有清一代是罕见的。三月，均元因病免去南河总督，回京迁升左副都御史。十八年

[1] 吴宝矩等修，刘人俊等纂：《民国大余县志》卷八《人物·乡贤·戴均元》，1919 年刻印。

九月再次出任东河总督，十九年正月迁。二十一年，
戴均元为吏部尚书。

二十二年（1817）三月，戴均元升任协办大学士，
时年72岁。二十三年二月，朝廷任命戴均元、和宁
为军机大臣。二十五年二月，以戴均元为文渊阁大学
士，加太子太保，管理刑部。入阁那天天降小雨，嘉
庆帝即兴作"喜雨"诗，寄托对戴均元的倚重之意，
诗的尾联"六气欣协和，启沃资加益"，皇帝的倚重
恩眷之意，溢于言表。第二天，均元上折谢恩，称
"一门之内，叔侄同此殊施；十载以来，先后构兹荣
遇"。嘉庆帝阅后大为动容，说："诚为难得，汉人中
似此有几家？"

遗诏风波遭罢黜，地宫渗水受处分

二十五年（1820）七月，戴均元扈从嘉庆帝到热
河秋狝木兰，没有想到二十五日戌刻，嘉庆帝崩逝于
避暑山庄行殿寝宫，终年61岁。由于嘉庆帝死得太
突然，来不及明谕皇位的继承问题，也没有交代传位
诏书置于何处，这就造成了皇位的一时真空。从智亲
王绵（旻）宁的种种表现来看，他确实有可能是皇位
的继承人，特别是十八年（1813）的禁门之变，绵（旻）
宁立有大功。当时内廷扈从禧恩认为智亲王应当继承
大统，而军机大臣托津、戴均元等人持慎重态度，认

为在没有找到传位诏书之前，不应对帝位继承人妄加推测，因此犹豫不决。第二大戏剧性的一幕发生了，一名内侍从身上取出一个上锁的小金匣，结果托津用力扭断金锁，当众打开金匣，里面正是密书于嘉庆四年的传位诏书。二十七日，绵（旻）宁顺利继承大统，是为道光帝。

道光帝即位之初，就发生了著名的"遗诏风波"。二十五年八月二十二日，曹振镛陈奏，军机大臣托津、戴均元所拟遗诏末尾称乾隆帝降生避暑山庄，与《清高宗实录》所载乾隆帝降生于雍亲王府相抵触。乾隆出生地关系到皇家的体面与尊严，关系到皇族血统的纯正与否，是一个非常严肃的政治问题。听了曹振镛的陈奏，道光帝决定借此机会重整军机处：一方面固然是由于托津、戴均元在嘉庆猝死、皇权出现真空的关键时刻，作为元老重臣，在拥立道光帝即位的问题上有所"犹豫"，因此道光帝衔恨在心；另一方面新君上任三把火，道光帝要进行人事调整，重组军机处以刷新政治。因此九月初七，道光帝明发谕旨，切责托津、戴均元等军机大臣，谕令他们明白回奏。

对道光帝的指责，托津、戴均元以嘉庆帝诗注为据进行回奏，但道光帝并未因此罢休，对"遗诏事件"有关责任者进行处置：托津、戴均元俱已年老，毋庸在军机处行走，并与卢荫溥、文孚一并交部严加议处，这样作为元老重臣的托津、戴均元被逐出军机处，而在"遗诏风波"中立了大功的曹振镛，首掌丝纶，取代了托津的位置。道光元年（1821）九月二日，道光帝谕令在东陵绕斗峪修建"吉地"，派庄亲王绵课、大学士戴均元、尚书英和、侍郎阿克当阿办理，道光帝认为绕斗峪地名不吉利，改名宝华峪，第二年开始兴建。此时乾隆帝裕陵隆恩殿的大柱被蛀虫咬坏，有关承办人员获罪，戴均元因管理工部时间不长而从宽处理，工部职务被罢免，太子太保衔也被革去，朝廷还下令戴均元与其他大臣一同出资赔修。

　　道光二年（1822），漳河北流改道，朝廷谕令戴均元驰往视察，第二年，漳河下游在直隶元城红花堤溃决，假如把决口堵塞则元城北部的积水无法排泄，不堵则山东馆陶将深受其害，于是朝廷再次命戴均元前去勘察。戴均元建议把旧有引河加以扩宽，使积水穿过运河大堤进入卫河，另外就着运河堤下新涮出的水沟挑出一条河道，分出部分水流进入馆陶境内，并在两岸筑堤防止水流漫溢，戴均元又与河南巡抚程祖洛勘察漳河上游，之后建议说："漳水自乾隆五十一年南徙合洹水后，卫水为所格阻，频年冲决，由于合则为患。今漳水北徙，与洹水分流入卫，当因势利导，各完堤防，使漳、恒不再合。"[1] 奏折递上之后，朝廷下诏照此办理。

　　四年（1824）三月，戴均元晋升为太子太保，此时年已79岁，多次请求退休，七月，道光帝准其休

①　赵尔巽：《清史稿》卷341《戴均元传》，第11102页。

致，并赐诗一首："三朝中外宣勤久，夙夜温恭赞阁纶。畴昔承恩五十载，来春笃福八旬辰。车悬勉允优贤义，帆转言归自在身。话别重期辛卯岁，扶鸠庆祝洽君臣。"① 赞许戴均元三朝宣勤，祝福戴氏明年80岁高寿，期待辛卯年鹿鸣宴重逢，并下谕旨令戴均元在家食全俸，还乡路上沿途水驿官员予以护送，可谓衣锦还乡，荣归故里。第二年，戴均元80岁大寿，道光皇帝又亲书"颐性延琪"匾额赐赠给他。

① 《清宣宗为戴均元相国致仕赐诗宠行》，《大庾县志》（下）卷14《艺文志·诗》，第832页。

七年（1827），宝华峪陵寝竣工，九月，道光帝亲自护送孝穆皇后梓宫奉安宝华峪地宫，见陵寝坚固整齐，肃穆恢宏，分别赏赐经办人员，戴均元晋升为太子太师。但由于施工条件及建筑水平限制，清帝陵寝均未设置排水沟，宝华峪亦不例外。八年（1828），地宫内出现渗水，已经奉安的孝穆皇后梓宫被渗湿，道光帝大为震怒，将英和等官员分别革职，穆彰阿"交部严加议处"，戴均元革去官衔，降为三品顶戴，其子戴诗亨降职。九月，道光帝到地宫查看，认为渗水案处理过轻，又将戴均元革职下令查抄家产，但念其年逾八旬，免其死罪，并免发配，其子孙一律免职，逐回原籍。其实，戴均元为官清廉，家财合计田房衣饰，才价值万余缗，办理宝华峪工程根本没有贪污行为。道光帝之所以严惩建陵人员，而并不责令他们补挖排水系统以解决宝华峪渗水问题，真正原因在于道光帝已在西陵另选风水宝地龙泉峪，不惜将经营七年之久耗银巨大的宝华峪陵寝拆为废墟，为了掩人耳目而严惩大臣。

戴均元晚年，长兄第元，其侄心亨、衢亨均已去世，一门四进士已先去其三，"科甲门第"已成过眼云烟。夫人崔氏比均元早死 13 年。儿子诚亨、晋亨、奚亨俱已去世，只有诗亨侍奉在侧，此时诗亨年将八十，依偎均元膝下如同婴儿，人们呼为"小莱子"。春秋时期的老莱子是著名孝子，72 岁身着彩衣作婴儿状以取悦双亲，诗亨这个小莱子却年近八旬！道光二十年（1840），戴均元去世，时年 95 岁。

戴均元历仕乾、嘉、道三朝，先后为官 50 多年，又居嘉庆、道光两朝"宰相"，与侄子戴衢亨相继担任军机大臣、大学士，家门极其兴盛。之所以获得如此殊荣，是因为 50 年来恪尽职守，出任河道总督和监修皇帝陵寝时，别人认为是肥缺，他能清操自守；在居政府中枢时，他从不擅权干政，"凡有兴作，率依据成式"，为清代"乾嘉盛世"作出贡献。正如《清史稿》所论："均元历官五十余年，叔侄继为枢相，家门鼎盛。自在翰林，数司文柄，及跻卿贰，典顺天乡试一，典会试三。晚岁获咎家居，世犹推为耆宿。"[1] 就是曾经惩处过戴均元的道光帝，也曾作诗赞美戴均元："封疆重寄廉见干，平成奏绩庆黄河。"这是朝廷对戴氏一生功绩的充分肯定。中国历史上，西周享年最永的贤臣以召公奭为第一，春秋时期则首推

① 赵尔巽：《清史稿》卷 341，《戴均元传》。

蘧伯玉，清朝宰辅中颐耋引年，戴均元堪称第一。

三、戴衢亨：一片冰心佐万几

戴衢亨以状元起家，荣登首辅，为清代江西第一人。戴衢亨擅长办理文牍，能谋善断，处理政务的能力颇强。嘉庆帝视戴衢亨为股肱之臣，曾经赞誉说："大学士戴衢亨为人正直，学识渊博，品行兼优，忠诚勤恳。"嘉庆帝对衢亨一直信任有加，甚至给事中花杰的参劾也丝毫没有动摇嘉庆帝对戴氏的信任，这充分体现了戴氏的政治能力非同凡响。

临时受命处理国事，深得皇帝青睐

戴衢亨，字荷之，号莲士，江西大庾人，戴第元第五子，生于乾隆二十年（1755）。衢亨早熟聪慧，七岁能作诗文，自幼有"神童"之誉，17岁中举。乾隆四十一年（1776），清廷平定大小金川叛乱，实行改土归流，废除当地土司制度，成为乾隆帝一生"十全武功"的又一大功。这一年十月，乾隆帝巡幸天津，召试各省士子。当时戴第元为顺天府学政，而衢亨恰在父亲任所，因此献诗二首贺捷，得到乾隆帝识赏，当即赐予衢亨内阁中书一职，充任军机章京，时年 22 岁。

军机章京虽然仅为七品官，但直接参与处理奏章，草拟诏令，是军机大臣的重要助手，同时容易接近皇帝，小有才华就能得到皇帝的赏识，飞黄腾达、平步青云是常有之事，军机章京可谓职居机要。衢亨有家学渊源，不仅词章典雅，而且擅长丹青，书画造诣颇高，目前衢亨传世的画作是 17 岁所绘《庐山观瀑图》，意境深远，气韵生动，林壑深秀，墨气瀚然。史称衢亨"为文自儒家入，其言温而定，辞醇气厚，意正言平，少好吟咏"[1]，因此少年得志亦在情理之中。

乾隆四十三年（1778），24 岁的衢亨成进士，殿试以一甲一名钦点状元。说来也巧，当时邵自昌原为第一，但不知为什么邵的试卷无法拆封见名，因而改取排名第二的戴衢亨为状元。此次会试总裁官为于敏中、王杰，四位同考官为秦大成、陈初哲、黄轩、金榜，他们皆为乾隆朝状元。而此科状元戴衢亨日后亦入中枢，继承了会试两总裁于敏中、王杰的衣钵，是少有的盛事。衢亨对座师于敏中颇为崇拜，处处加以效仿，人称"诗文字法，悉效其师，纤发毕肖"，更为重要的是，衢亨为官谨小慎微，在办理文牍方面才思敏捷，亦深得于敏中的言传身教。

成进士后，衢亨授翰林院修撰，不久仍入值军机

① 《戴衢亨——少年鼎甲经国干才》，《大余文史资料》第 5 辑，第 22 页。

处。在此之前，没有翰林任军机章京的先例，若举人充章京，成进士后则改为庶常，调出军机处。戴衢亨中进士后授修撰，按清制本应离开军机处，但乾隆帝特下谕旨，仍令衢亨留在军机处。衢亨以翰林充任军机章京，在乾隆时代是一个特例。更难得的是，衢亨文武全才，有一次，他随乾隆帝木兰围猎，射中一鹿进献皇帝，乾隆帝大喜，当即赐诗一首，将衢亨视为文经武略的干才。在人们眼里，满人尚武精于骑射，而汉人大多文弱，衢亨射鹿技艺的精湛令乾隆帝刮目相看，并命衢亨按韵和诗。君臣情谊在相互诗词唱和之中进一步加深，堪称其乐融融。乾隆帝第六次下江南，特命衢亨扈从巡幸。

但在乾隆一朝，衢亨官位并不显赫，仅仅委以学差，屡次到江南、湖南主典乡试，出任山西、广东学政，迁升侍讲学士。在嘉庆朝重臣当中，戴衢亨作为文牍能手于敏中的得意门生，最以精明见长，衣钵相传也擅长办理文牍。嘉庆元年，禅位大典授受礼成，凡大典撰拟文字皆出衢亨之手，对此学者恽敬曾说："凡大典礼诸巨制，悉出公一人。公之受深知，膺殊眷，内赞缉熙之业，外宣康定之猷，盖于是乎始。"[1]二年（1797），衢亨的好运来了。那天他与吴熊光在军机处夜值，半夜，有急奏递到，嘉庆帝披衣阅视，并宣召军机大臣商议处置办法。

内监奏称军机大臣未到，只有两个军机章京戴衢

① 恽敬：《太子少师体仁阁大学士戴文端公神道碑铭》，黎庶昌：《续古文辞类纂》卷24，黎铎、龙先绪点校：《黎庶昌全集》8，上海古籍出版社2015年版，第4909页。

亨、吴熊光值夜，在班房等候。嘉庆帝将二人召入宫中，出示奏折，并口授机宜，要二人拟旨进呈。戴、吴二人迅速拟出谕旨，处理意见非常符合皇帝的心意，事后诸位大臣也认为他们处理得周密妥帖。戴、吴二人才干练达，临时受命处理军国大事即锋芒毕露，为日后仕途的飞黄腾达奠定基础。嘉庆帝有意简拔戴、吴，因此谕命二人每日随同军机大臣入对。

和珅生怕戴、吴得宠于嘉庆帝影响他专权，因此极力阻止戴、吴的阶升。和珅上奏说："戴、吴二人是军机处得力之员，军机处所拟谕旨皆出于二人手笔，在军机处值班承办与面承谕旨没有两样。况且戴衢亨是四品官，吴熊光才五品，官微职卑，不符合军机处的体制。"嘉庆帝对和珅揽权颇为不满，但一直隐忍不发，但这次嘉庆帝寸步不让，他说："你们计较官职高低，这又何难，晋升一、二级官职不就合乎体制吗？"和珅还是心有不甘，又说："吴熊光家里穷，军机大臣按例要置办大轿，吴家恐怕无力置办。"嘉庆帝更为恼火，他说："那更好办，命户部赏给吴熊光饭银一千两。"

事已至此，和珅知道自己无力违抗皇帝的成命，要同时排斥戴、吴二人难以办到，就想先铲除一人也能减少一个政敌。因为衢亨平时处事小心谨慎，锋芒从不外露，从表面上来看更容易驾驭。于是和珅上奏说："戴衢亨状元出身，官至学士，用吴不如用戴。"嘉庆帝更恼火了，于是训斥和珅说："难道这是殿试吗？我是选择朝臣，不是同你商量进士排位的先后！"[①] 和珅只得唯唯诺诺，不敢造次妄言。闰六月，戴衢亨以侍讲学士加三品卿衔，在军机处学习行走；吴熊光以通政使司参议加三品卿衔，在军机处学习行走。此时衢亨年仅 43 年，正是年富力强、可以大显身手的时候。

赞襄军国大事，功绩堪称卓著

四年，乾隆帝龙驭上宾，嘉庆帝亲政，其间一切朝廷典礼以及黜陟诛赏的诏谕，皆由衢亨奏进主稿，他"内痛攀髯，外忧覆悚，至赢疾弗致请假。上悯其忠勤，慰遣之"[②]。衢亨草拟诏谕负担之重，压力之大可以想见，最终因为积劳成疾而不得不请假休养。假满之后衢亨兼署吏部侍郎，此时川楚白莲教起义已成燎原之势，由于连年征剿，朝廷国库空虚，而前线将帅玩兵养寇，奢靡腐化，他们惟知饮酒作乐，笙歌自娱，军务亟须整顿。六年，衢亨升擢兵部尚书，兼管顺天府尹、户部三库。他临危受命，果然不负嘉庆帝的重托，充分表现出杰出的政治才干。

衢亨出掌兵部后，立即奏准专任将帅，整饬军纪，对那些畏葸不前的将帅以及封疆大吏进行查处：经略大臣兼四川总督勒保安坐达州，"剿匪"不力徒

① 小横香室主人撰：《清朝野史大观》第 2 册《吴槐江同直军机之异词》，中央编译出版社 2009 年版，第 638 页。

② 《戴衢亨——少年鼎甲经国干才》，《大余文史资料》第 5 辑，第 28 页。

糜军饷，朝廷对其革职挐问；同时委任额勒登保为经
略大臣，魁伦为四川总督，命令在规定期限内到达州
督战；并派那彦成为钦差大臣赴陕西监军。由于采取
专人专任的措施，前线将士无可推诿，必须竭力作
战，如有退缩则以抗命论处；如有贪污军饷、中饱私
囊者即行革职。同时嘉庆帝下令斩了几个玩忽职守
的高级将领，自此军令威严，加速了征剿白莲教的
进程。

嘉庆帝将衢亨视为股肱之臣，并下一道特旨：奏
请承旨后，如衢亨别有见解，允许其附上个人见解奏
进。在衢亨看来，如火如荼的白莲教大起义，不过是
"小丑跳梁"，那些教首根本没有什么深谋远虑，应当
敦促忠勇的将帅加以歼灭，而不许文臣支格其间，以
免相互推诿，相互掣肘。此后清廷镇压白莲教的大
部分诏令，多为衢亨拟定："其奖励斥责处动中窍要，
诸大将皆詟服之。用能成斯巨功，公之匡赞居多。虽
桑维翰一麾十五将，刘穆之五官并用，无以过也。"[1]
衢亨能谋善断，人们把他与五代时期的桑维翰、南朝
时期的刘穆之相媲美，足见衢亨处理政务的能力非
常强。

但衢亨处理政务的具体细节，人们知道的并不
多，因为他为官谨小慎微，做事不动声色，"凡出入
面取进止，虽同值弗肯轻泄。其封事条陈，随时辄焚
谏草。立朝大节一二端外，人卒少知者。生平经术湛

① 小横香室主
人撰：《清朝野
史大观》第2册《戴
文端》，第637页。

深，不务赫赫名，天下引领想望其风度"①。宦海险恶，伴君如伴虎，因此衢亨做事守口如瓶，对于皇帝召对所言政务从来不肯轻易泄露，甚至对一同值班的军机大臣都讳莫如深，对于封事条陈的谏疏草稿更是随时焚毁，这在很大程度上保全了自己，但后世对这位权势煊赫的重臣的事迹，除了大政大节之外知之甚少，留给后人可供研究的资料也不多。

据学者张宏杰的研究，"清代的内阁成员都周密小心，不图虚名，谨慎小心，缄默持重；坚持不做政治家，而只做大秘书；不做思想者，只做执行人，成为一个有才干、有风度、没思想、没坚守的奴才典型。在明主身边，他们是襄赞有功的能臣。在暴君身边，他们也会是一个避祸有术的'态臣'"②。比如乾隆朝大学士梁诗正的为官诀窍就是小心谨慎，焚稿避嫌："笔墨招非，人心难测，凡在仕途者，遇有一切字迹，必须时刻留心，免贻后患。"在梁诗正看来，一切字迹最关紧要，"在内廷之时，惟与刘统勋二人从不以字迹与人交往，即偶有无用稿纸亦必焚毁"③。清代建立了最为缜密、完善、牢固的专制统治，是戴衢亨等人为政风格产生的制度根源。

嘉庆七年，白莲教起义军的主力全部荡平，大功戡定。衢亨以赞画之功，屡次受到嘉庆帝的优言褒奖，下诏称其"克尽忠悃，知无不言，言无不尽，自用兵以来，承旨书谕，勤慎小心"④，因此加太子少

---

① 吴宝炬修，刘人俊等纂：《民国大庚县志》卷八《人物·乡贤·戴衢亨》，1919年刻印。

---

② 张宏杰：《中国国民性演变历程》，湖南文艺出版社2016年版，第151页。

---

③ 原北平故宫博物院文献馆编：《清代文字狱档》，上海书店1986年版，第103—104页。

---

④ 《清仁宗实录》卷106，嘉庆七年十二月。

保衔，世袭云骑尉。九年（1804），衢亨因为失察顺
天府书吏盗印，罢去顺天府尹的兼职。按常理来说，
衢亨责任并不太大，嘉庆帝也深信"戴衢亨心为除
弊，激于公忿，毫无不是，惟失察书吏用印，补画催
稿，实不能为之讳"①，因此仍要交都察院议处。十
年，调任户部尚书，兼直南书房，主典会试。连续九
年征剿白莲教使清廷国库空虚，衢亨任职期间，充分
发挥善于理财的长处，主张节约开支，减轻人民的赋
税负担，使百姓得以休养生息。十二年，衢亨加衔协
办大学士，兼翰林院掌院学士，主典顺天乡试。

① 《清仁宗实
录》卷 130，嘉庆
九年六月。

嘉庆朝黄河屡决，成为困扰整个社会的严重问
题，对于黄河受病之源，朝廷上下有三种意见，"有
谓海口不利者，有谓洪湖淤垫者，有谓河身高仰者"，
最终人们将症结归于海口高仰，认为有拦门铁板沙使
黄河入海水流不畅，因此疏浚海口被认为是治黄的关
键所在。十三年，两江总督铁保请帑六百万，用来开
挖新的黄河入海口。嘉庆帝锐意整顿河工，命戴衢
亨、长麟视察南河河工，筹议治河策略。是否开海口
不仅关系到巨额国帑，而且涉及大运河的畅通与江南
漕粮转输京师的"国之大计"，沿岸百姓的田园庐舍
与劳役负担也非同小可。

戴衢亨与长麟到了清江浦，访闻安徽诸生包世臣
习于河事，于是衢亨亲自拜访包世臣，并携带包氏一
同勘察海口，结果包世臣力陈海口根本不存在高仰的

问题，河督与地方官力主海口高仰无非是推卸黄河决溢的责任，同时开海口又可以中饱私囊。衢亨认为包氏之说言之有理，于是上疏反对改海口。沸沸扬扬多年的改海口之议从此无人再提。事实上，改海口无益于治黄，还要劳民伤财，虚耗国帑，衢亨此举可谓有功于国，有利于民。

此时衢亨叔父戴均元任南河总督，因为积劳成疾而养病家居，嘉庆帝特许衢亨便道省视，并亲切地说："清江距江西才二千里，使事毕，卿可一归省卿叔父。"[1] 由于戴衢亨在京供职多年，难以回乡扫墓，因此嘉庆帝加恩赏假一月，令其回南昌原籍祭扫祖墓，并探视叔父戴均元的病情，然后再回京复命，所有随带司员准许一并由驿站前往南昌。衢亨朝夕侍从皇帝，是朝廷的股肱重臣，是嘉庆帝一刻都离不开的心腹大臣，皇帝却特地恩准他往返四千余里，以慰藉个人家庭的骨肉私情，翻阅史册可谓前所未有。由此可见，嘉庆帝极为器重戴氏叔侄，并寄以股肱心腹之任。对此衢亨感激涕零，作纪恩诗云："此去竹林勤问讯，亲传天语到柴门。"[2]

戴均元长期出任河督，对于治河策略颇为精通，二人通筹河工，具得要领。于是衢亨与长麟三次上疏陈述治河要义，斟酌黄河情形的缓急而次第实行，包括停修毛城铺滚水坝，恢复天然闸东山罅闸坝，以减黄济运；在王营减坝以西增筑滚坝、石坝，普遍培修

[1] 包世臣：《戴相国神道碑》，吴宝矩等修，刘人俊等纂：《民国大余县志》卷12《艺文·碑铭传》，1919年刻印。

[2] 徐珂：《清稗类钞》第3册《大庾戴氏叔侄之恩眷》，商务印书馆1928年版，第58页。

沿河大堤，尤其以淮、扬境内堤工最为紧急；云梯关外八滩以上接筑雁翅堤以收束水势，高堰、山盱石堤加筑后再修筑土坡，以为暂救目前险情之计，徐徐办理碎石坦坡以加固石工；智、礼二坝加高石基四尺，以制宣泄。奏疏递上后深得嘉庆帝的赞许，谕令嗣后考核河工，以此为标准。此时盐务积弊深重，衢亨与长麟奉命清查两淮盐务，责令盐政每年将杂费开销报请户部核销，以息浮议。

遭到花杰参劾，未能动摇皇帝信任

十四年（1809），嘉庆帝五旬万寿，因此朝廷决定十三年八月举行恩科乡试，来年三月举行会试。董诰、戴衢亨、邹炳泰、金光悌、曹振镛、周兴岱、刘镮之、桂芳六人为殿试读卷官。徽州人洪莹论"国策"卷文陈言时弊，颇为中肯，深受嘉庆帝的器重，特地恩赐状元，充任翰林院编撰。没有想到的是，七月，礼科给事中花杰上疏弹劾衢亨，一是朝廷严催长芦盐商的商欠一事，当时衢亨主管户部，户部议折系戴氏一人主稿，只因其与盐商查有圻为儿女姻亲，平时馈送往来，查氏还资助衢亨营建第宅，因此衢亨不免徇庇，将芦商积欠官帑、未交窝价均未详查根究。而在芦商之中，查有圻引地最广，积欠最多，芦商惟查有圻是望，而查有圻惟戴衢亨是倚，以致盐务废弛。

此外，关于洪莹中状元的问题，花杰认为，衢亨与洪莹为徽州同乡，交结情密，因此援引洪莹为一甲一名，二人有私通关节的嫌疑；此外，洪莹堂兄洪亮吉曾上疏批评朝政，因欺君之罪而遣戍伊犁，二人有亲情关系，自然不宜重用。花杰曾令同乡庶吉士周际钊向戴衢亨私宅查阅门簿，探问管门之人，得知衢亨与洪莹交结的情形，进士当中黄中模策写俱佳，但不列入十卷之内，黄旭行楷相间，竟然置于二甲之中，这些皆为戴衢亨营私舞弊的实据。花杰请求朝廷对洪莹进行复试，令其默写策对，如果实系平常，请严查会试存在的弊窦。此外，衢亨还推荐周系英、王以衔、席煜、姚元之进入南书房，与英和荫附结党。花杰还揭发衢亨平日曾说，言官冒渎圣躬为直言，干涉部臣处理政务则是多事。花杰的参劾非同小可，只要有一项罪名成立，足以置戴衢亨于死地。

事实上，查有圻与衢亨联姻，亦非攀附权贵。查有圻原名江公源，因为过继给事中查莹为嗣而更名，查家本系宦家，与戴家向有世谊，因此并非门户卑微不可与戴家通婚，而查家并非有心攀附。嘉庆二年，长芦盐场重新签商承办，查有圻获得引地最多最广，的确为事实。清代实行食盐专卖制度，盐商大多通过勾结朝廷重臣，获得经营特权来稳固垄断地位，以达到获取高额利润、富可敌国的目的。在花杰看来，查有圻肯定深谙此道，交结朝廷权贵特别是亲家戴衢亨在所难免，因此他认为自己的参劾十拿九稳，扳倒衢亨完全不成问题。

嘉庆帝对于花杰的弹劾非常重视，特派大学士庆桂、董诰、禄康、尚书苏楞额传旨询问衢亨，对参劾各款进行详细调查。衢亨的奏折对此进行颇为详明的辩解，所有长芦商欠一事，交给盐政部门统核通纲情形进行办理，关于窝价，户部严令芦商抓紧凑缴，皆为严催办理，自己从未袒护查有圻，花杰所奏与事实不符。关于户部议折，在司官办稿还未妥当时，衢亨唯恐书吏等人得知小道消息，从而招摇生事，因此在堂官意见商定之后，即令司官刘承澍等人在圆明园私寓修改办理奏稿，以期缜密快捷，因此奏稿并非衢亨一人定议，花杰所奏并不属实。事实上，戴衢亨若要办理缜密，可以将司官封闭在署内办理，没有必要让他们在圆明园私寓办理，此一情节与朝廷定制不合，因此招致物议，衢亨自认草率疏忽，恳请处分。而刘承澍身为部员，先将盐法志及衙门档案交给花杰阅看，后又将部中议稿故意泄露，因此招致花杰参劾排挤衢亨。

作为姻戚往来，岁时馈送属于人之常情，如果因为公事而纳贿行私，必须要确有证据。经过核查，衢亨议覆长芦盐商的积欠，对查家毫无护庇，属于公事公办。此外，衢亨盖房造屋，查有圻帮办木料，借用桌几，以及在南城外置买房屋数处，属于正常亲戚往来的琐细问题，嘉庆帝认为可以置之不问。此外，朝廷令禄康核查京城钱庄，发现德泰朱姓钱铺与戴家交易数十年，现在戴家尚欠钱铺 650 两银子；明兴源等五处当铺皆为查有圻所开，查对账簿戴家从未从中提银，花杰所奏全系捕风捉影的虚诬诬告。再者，花杰指责查有圻钻营交结戴家，为倚势把持芦盐的奸商，而戴衢亨受贿徇私以误国事，则属于毫无根据的诽谤。至于花杰参劾戴衢亨曾说言官冒渎圣躬为直言，干涉部务为多事，花杰的证据来自多年前子虚乌有的传言，根本没有实据。

至于洪莹，嘉庆帝派满洲军机章京将洪莹由福园门带到上书房，令其默写试策，命二阿哥进行监看，嘉庆帝亲自披阅，如果字迹、内容与考卷策对不符，非但戴衢亨与洪莹要获罪，其他读卷大学士如董诰等人也要受到惩处。结果洪莹所默写的策对与原卷相符，只有数字误写，语句先后稍有参差，此时距离殿试已有两月之久，而洪莹竟能记忆默写策对，堪称真才实学，绩学有素。况且洪莹点状元是嘉庆帝亲自拔置第一，并非读卷官所拟定，花杰指斥戴衢亨一人援引徇私，与事实不符。至此，一切真相大白：花杰对戴衢亨的参劾绝大多数属于莫须有，洪莹横遭污蔑，嘉庆帝赏纱二件，以示奖异；戴衢亨令部员刘承澍在圆明园私寓办理部稿，致招物议，与朝廷体制不合，受到降一级留任的处分，调任工部。刘承澍按照部议革职，花杰以青蝇贝锦的伎俩，罗织罪名诬陷朝廷重臣，降三级调用。出于不想阻塞言路的考虑，嘉庆帝没有重惩花杰。

至于戴衢亨为官是否清廉，是一个颇有争议的问题。衢亨生前，曾郑重叮嘱门生恽敬为自己写神道碑铭，恽敬认为衢亨"性清通，无声色之好"，并未明言衢亨为官是否清廉，但对衢亨的人品颇为肯定。陈康祺《郎潜纪闻》记述说，一些朝臣认为衢亨贪财好货，会试衡文屡纳苞苴，嘉庆十年会试，衢亨身为总裁官，去取多所不公，身为大学士的朱珪对此颇为愤怒，讥讽其为"于门四犬"，暗指衢亨身为于敏中门生，深得其言传身教。于敏中生前并无清廉问题，但死后由于家人争产而败露了大量受贿的名节问题。

此外，朱珪还指责衢亨与大盐商宛平查氏联姻，家中"海淀别墅，大厦千间，雄壮瑰丽，虽王公第莫若也"[①]。衢亨豪华的海淀别墅亦招人物议，但嘉庆帝的优容保全使衢亨没有受到严惩。这里应该指出的是，身为宰辅的戴衢亨在宅第、饮食、服饰方面应该较为奢侈，但若以此证明衢亨贪污受贿，也没有真凭实据。嘉庆帝一直颇为信赖倚重清廉自守的大臣，作为备受皇帝宠信的股肱之臣，戴衢亨在居官清廉方面，应该没有什么问题。

---

① 昭梿：《啸亭杂录》附《续录》卷五《戴文端》，第541页。

临终典礼之隆，为近世辅臣所罕见

　　衢亨相貌清瘦，为人聪敏，性情通达，做官处事有大德大节，颇能尽心国事。退朝之后与士大夫交接，对于意见纷纭的朝廷大政，往往不置可否。但衢亨认为燕闲之论，不得以先代党祸加以摧残，各种事变往往有激变的因素，朝廷若能兴利除弊，对士大夫阶层放宽舆论环境，必然不会出现意外的变故。而对于朝廷典章制度的规划，衢亨深谋远虑进行整饬，有些措施在数月或数年后才见成效，但往往不漏声色。因此在嘉庆朝政治制度的整饬当中，衢亨到底发挥了怎样的作用，人们往往说不清楚。衢亨柄政既久，嘉庆帝对他一直推心置腹，信任有加，在汉族官僚当中堪称异数。

　　十五年（1810），衢亨拜体仁阁大学士，管理工部，兼掌翰林院。十六年三月，衢亨扈从嘉庆帝巡幸五台山。临行前，衢亨在正寝之门与恽敬送别，再次提及希望恽敬为自己写神道碑铭之事，恽敬惊愕不已，无言以对，只得匆匆而去，一种不祥预感涌上恽敬的心头。结果皇帝车驾行至正定道中，衢亨得了寒疾，嘉庆帝命其回京养病，因为误服人参，衢亨四月没于京师官邸，时年57岁。对于衢亨之死，嘉庆帝深为痛心，温诏优恤，称其谨饬清慎，实为国家得力大臣。第二天，嘉庆帝命荣郡王绵亿进行奠酹，六天之后即民间所谓首七之期，嘉庆帝亲临悼念，三次举哀赐奠，恤终典礼之隆，为近世辅臣所罕见。衢亨受赠太子太师的荣衔，入祀贤良祠，谥号文端。其子戴嘉端，年仅11岁即赏赐举人，袭爵云骑尉。嘉庆帝作挽诗一首以示悼念，诗云：

十二星辰宵旰依，竭诚辅治赞纶扉。

半生直性存三畏，一片冰心佐万几。

跸路染疴仍北上，台山患病竟西归。

哲人颓坏增悲戚，尊爵萦思泪两挥。①

嘉庆帝对戴衢亨一直信任有加，将其视为股肱之臣，并为其去世而挥泪不已。戴氏被花杰诬劾，在嘉庆帝看来，恰恰是因为戴氏忠心为国："原任大学士戴衢亨果于任事，惟性急语直，每遇部院公事，判别是非，或从或违，安能尽协人意？因此为怨者所诋，前被给事中花杰封章参奏。"② 十六年夏四月，庶吉士散馆，嘉庆帝预料洪莹、黄旭二人的论文应考在前列，若抑置在后，非有心摒除，即衡校未当。结果阅卷大臣公拟进呈，拆阅弥封，洪莹、黄旭果然同列一等。嘉庆帝颇为满意，他说："设戴衢亨尚在，派令阅卷，必谓其徇情拔取，即不与阅卷之列，亦或疑其转相嘱托。今戴衢亨已故，可见文章自有定评，岂同

---

① 《大庚县志》（下）卷十四《艺文志·诗》，内部发行，1984年，第832页。

---

② 《清仁宗实录》卷242，嘉庆十六年夏四月。

① 《清仁宗实录》卷 242，嘉庆十六年夏四月。

② 陈康祺：《郎潜纪闻四笔》卷二《仁宗赐诗戴衢亨》，中华书局 1990 年版，第 21 页。

列诸大臣，至今日尚曲为附和乎？戴衢亨盖棺论定，心迹已明，应含笑泉下矣。"① 由此可见，嘉庆帝对戴衢亨的信任，可谓始终如一。衢亨辅政时，嘉庆帝曾作五言诗，亲书以赐，诗云：

> 知遇先皇早，欣看晚器成。
> 予申三锡命，汝矢一心诚。
> 凤阙随双彦，鳌头冠众英。
> 荷天作霖雨，江右灿台衡。②

衢亨感荷皇恩，将皇帝赠诗摹写勒石刻碑，竖立在会城宅第，碑上修建巨大的亭子加以羽翼，路人见后深以为荣。太平天国起义之后，江西省城没有遭到战火，碑亭保存完好。可惜戴氏子孙没落，昔日所谓状元宰相宅第，早已门可罗雀，蛛网结满画栋雕梁，此事令人嘘唏不已。对于戴家"叔侄二宰相"，《清史稿》评价说："仁宗综核名实，枢臣中戴衢亨最被信用，衢亨亦竭诚赞襄，时号贤相，晚遭弹劾，而眷注不移。均元继之，卒以顾命嫌疑，不安于位。岂盈满之不易居耶？"此一评论颇为公允。戴氏叔侄宰相的功绩与施政风格，折射出清代宰辅大臣的诸多特色。但功过是非转头空！由于嘉庆朝学术研究的薄弱，学界对于戴衢亨的研究更是无人问津，令人嘘唏不已。

捌

敢言直臣与汉学官僚

　　和珅专擅 20 余年而无人揭发，这一现象对嘉庆帝是一个莫大的刺激，因此他一直期望朝臣敢于直言上谏，并多次表示自己是虚怀若谷、从谏如流的明君，大臣不会因言获罪，直到晚年依然如此。二十二年九月，嘉庆帝颁布《御制谏臣论》指出，朝廷设立科道，希望他们不畏权贵，为朝廷剔除大奸大恶，"见违法乱纪之事，直进弹章，毫无瞻顾。无奈近年言事诸臣，为公者少，为私者多；避人焚草者少，张扬于众者多。甚至假借题目，作弄威福，营私纳贿，枉法贪财"①。嘉庆帝告诫言官应该洗心革面，大公无私，常存以言事君之诚，尽弃取巧谋利之伪。言官作为天子的耳目与朝廷的心腹，参劾贪官应将个人祸福置之度外。

　　在诸多史家眼中，嘉庆一朝科道台谏因循废弛的状况，似乎没有多大改变，官吏违法乱纪的现象依然层出不穷。事实上，嘉庆朝也有敢于弹章直上的大臣，其中广兴、初彭龄二人，一生坚持不懈与那些贪官污吏作斗争。可悲的是，广兴"打虎者终被打"，自己最终被拉下水，因贪黩案被杀；而初彭龄的仕途宦海虽然充满了动荡起伏，但最终还是保住了性命与晚节，他们的命运沉浮或许能让后人深刻反思中国监督体制的种种弊病。

　　此外，与前代不同的是，乾嘉时期，考据学风靡士林，产生了诸多著述等身的朴学大师，也产生了一

---

① 《清仁宗实录》卷 334，嘉庆二十二年九月。

大批奖掖学术的汉学官僚。比如朱筠、毕沅、阮元等人科名早达，仕途顺畅，他们身居高位却不忘学术，宦游所到之处兴办书院，组织大规模校书刻书活动，通过各种方式资助与提拔寒士，成为引领学术潮流的领军人物。另一方面，那些兼为汉学家的封疆大吏屡握文柄，多次主持乡试、会试以衡文取士，借助朝廷稽古右文的文化政策推动朴学的演进，对乾嘉学术风气的形成有倡导之功。嘉庆朝阮元主持学术风会，是汉学官僚的代表人物，从阮元身上我们可以窥视封疆大吏与清代学者、文化活动三者之间的互促关系。

一、广兴：打虎者终被打

嘉庆帝亲政之初诏开言路，此后也不断告诫科道言官以及文武大臣，要勇上弹章，不避嫌怨，但朝臣依旧缄默如故，科道废职的状况没有得到根本的改善。在这样的政治氛围中，广兴却特立独行，不仅首劾和珅，而且在漫长的为官岁月中，他直言上谏以兴利除弊，弹章不断勇于"打虎"，深得嘉庆帝的宠幸，但广兴自身却因贪黩案被杀。其实广兴并非有意贪黩，甚至是一心"奉公守法"，竭诚为朝廷效忠，可悲的是他最终还是被拉下水，结果身首异处。

广兴熟于案牍，勇于直言上谏

广兴，字赓虞，满洲镶黄旗人，大学士高晋之子。他年少聪敏，"熟于案牍，每对客背卷宗如瓶泻水，不余一字"①。在任礼部司官时，大学士王杰认为广兴器识宏伟，举荐广兴为给事中。嘉庆四年正月，朝廷诏开言路，给事中广兴与王念孙一起，首劾和珅贪酷，结果和珅伏法被诛。嘉庆帝嘉奖广兴敢于直言上谏，对他加以重用。二月，广兴上奏说，道府州县等官管理地方，职责重大，捐纳人员初登仕版，一旦滥膺重寄，难免贻误政事危害百姓，因此广兴请求将报捐道府州县的俊秀附生，停止铨叙实缺，可以准其加捐分发，责成督抚考察试看三年，再酌量加以题补。但嘉庆帝认为，停选则显得朝廷不讲信用，而让他们加捐分发则有碍政体，因此没有采纳广兴的建议。

嘉庆帝颇为赏识广兴的直言上谏，立即提拔广兴为副都御史，负责押运拨往四川前线的军饷。当时朝廷对白莲教起义已用兵数年，而统兵大员任意挥霍，监察官员并不认真稽核。广兴掌管四川军需事务后，认真核查军需款项，可谓综核精严，每月节省军饷数十万两，国帑由此赖以充裕。那些利益受损的当权者恨之入骨，以广兴骚扰驿站上奏朝廷，嘉庆帝优容广

① 昭梿：《啸亭杂录》卷四，《广赓虞之死》，中华书局1980年版，第107—108页。

兴，对于那些上奏置之不理。后来广兴与四川总督魁伦互相弹劾告讦，于是广兴降补通政副使。

嘉庆七年（1802），广兴参与会议秋审，奏请将斗杀人命拟缓处决的广东人犯姚得辉改入情实，并援引乾隆十八年（1753）"一命必有一抵"之旨办理，那样姚得辉将被处死。事实上，姚得辉殴伤梁恩泗一案，是梁恩泗先拾石块掷伤姚得辉，姚不得已用铁嘴禾枪连戳梁恩泗的胳肘与腿肚，并非要置之于死地。但梁恩泗仍然扑打姚氏，姚氏情急之下用枪回戳，打破了梁恩泗的左太阳穴，致其毙命。嘉庆帝认为："一命一抵，原指聚众械斗等案而言，至寻常斗杀，各毙各命，自当酌情理之平，分别实缓。若拘泥一命必有一抵之语，则是秋谳囚徒，凡杀伤毙命之案，将尽行问拟情实，可不必有缓决一项，有是理乎？"[1] 嘉庆帝精通律令，剖析法意，颇为明允，下谕姚得辉一案仍照原拟列入缓刑之列。

嘉庆九年，广兴升任兵部侍郎兼副都统、总管内务府大臣，署理刑部侍郎。那些久任刑部由司员提拔的同僚，轻视广兴刑名非其素习，有意为难他。广兴审阅数个案稿之后，就大声说："误矣！"众人询问其中的缘故，广兴说："某条实有某例，而今反称比照某条。实无正例，乃反云照例云云。未审诸公业经阅目与否？"广兴将稿首涂抹得朱墨淋漓，还讽刺众人说："不期三十年老妪，反倒绷孩儿若是。"[2] 众人

---

① 《清仁宗实录》卷 102，嘉庆七年八月。

② 昭梿：《啸亭杂录》卷四《广赓虞之死》，第108 页。

这才被广兴慑服，广兴引证律例，屡正纠正定案的纰缪。

参奏绵恩违例专擅，屡次奉命赴山东审案

十一年（1806）四月，河南巡抚马慧裕参奏东河总督李亨特勒索派累厅员，李亨特为了防汛驻扎在工地，每天需要耗费六七十两白银，勒令北厅同知垫发；凡临工时遇到属员进署禀事，每次勒索门包270两，又勒派属员修建公馆，但并不给价。嘉庆帝派广兴与托津、吴璥一道前往查办，到济南后又续派广兴审办历城折漕案，留居山东两月有余。广兴目睹当地官员的招待用度纷繁，但李亨特的案子又不能速结，心想自己本是查办李亨特滥支供应而来，若如此下去，不是要重蹈李亨特的故辙吗？广兴每逢与托津见面，都劝告托津迅速结案，要一切从简。托津说实在不能背着锅走，只好吃他们的。事实上，山东地方官也想乘机巴结逢迎，钦差一来就张罗借款，结果招待用银花费33547两之多。托津、广兴等人调查的结果，李亨特勒派供应属实，被革职发往伊犁效力赎罪。

九月，广兴参奏御前大臣绵恩违例专擅，称奏事处员外郎湛露升任道员后，内阁六部照例保送七员，绵恩只拣选其中的三人，酌拟名次引见，其余一概驳

回，显然违反成例；内务府奏事官瑞宁出缺，本应由
内务府酌拟保送，但绵恩却自行拟定引见，实属专
擅，并声称从前和珅对于各部的保送，尚且不敢妄行
驳斥，现在朝廷功令森严，绵恩却恣意专擅，尽用御
前大臣的私人，有碍朝政。嘉庆帝虽然觉得广兴言语
有过当之处，但不为无见，于是谕令军机大臣询问御
前大臣绵恩。绵恩奏称从前乾隆年间奉有圣谕，由各
衙门保送人员拣选引见，历来均系遵照旧章办理。

　　嘉庆帝闻听奏报之后，命人详查乾隆年间及至近
年档案，结果绵恩并无违例之处。嘉庆帝因此大怒，
斥责广兴说：

> 凭空诬劾，任意诋諆，甚至将绵恩等比之和
> 珅尤甚，希图耸听，以博敢言之名，谬妄已极。
> 此而不加以严议，将来言事者甚或挟私倾陷，亦
> 不可不防其渐。朕所深许者敢言之臣，而非妄言
> 之臣，欺世盗名怀私诬害之徒，亦不能摇惑朕
> 听。朕惟求一实字，求一诚字，不虚慕纳谏如流
> 之名，淆乱是非，紊乱纲纪也。①

① 《清仁宗实录》卷 166，嘉庆十一年九月。

　　结果广兴交部严加议处，降三级以从三品京堂补
用，不久补授奉宸苑卿，拔擢刑部侍郎，复兼任内务
府大臣。嘉庆帝倚重广兴，广兴亦慷慨直言，每次召
对都超过规定的时间。对于外间憎恨广兴的各种舆

论，嘉庆帝时有耳闻，他不解地询问广兴："汝与初彭龄皆朕信任之人，何外廷怨恨乃尔？"广兴伏地谢恩，表示一定忠心皇上，不畏浮言。后来广兴数次奉使到山东、河南查办吏治与政事，广兴更加自作威福，中外大员为之侧目。

嘉庆十二年（1807），都察院上奏的外省控案以山东最多，有人认为山东离京城较近，民间控案便于赴京。嘉庆帝颇为不满，认为直隶为畿辅近地，山西、河南离都城也非常近，但三省赴京控案不如山东一省之多，可见山东州县官对民间词讼案件，肯定不能及时审理，而山东巡抚长龄有失察属吏之责。因此自十二年五月开始，嘉庆帝不断派广兴与周廷栋到山东审案，还嘱咐广兴随时注意访查山东吏治情形，密奏朝廷。广兴在山东所审案件共 16 起，其中包括茌平县民吴月三赴京呈控一案。山东地方官不敢怠慢，招待广兴极尽奢华之能事，各府摊派差费银 49991 两之多，所有这些银两都是由藩库借领。

得罪内监鄂罗哩，广兴危机四伏

广兴性情爽朗，并不随波逐流，一心为朝廷驱奸逐恶，遇事喜欢揭发他人的阴私，词锋尖刻犀利，因此遭到许多官僚权贵的暗中忌恨。但广兴胸无城府，事情过后就忘得一干二净，因此忌恨他的人如同寇仇，而广兴却毫无察觉。此外，广兴得宠于嘉庆帝之后，"骄奢日甚，纵容家人贪鄙，不复稽察。又性耽风月，以致日拥优伶，饮酒终夕，反寄耳目于若辈，识者讥之"①。广兴日益奢侈骄纵，沉湎于饮酒听戏，为日后招祸被杀埋下了隐患。礼亲王昭梿与广兴有交情，屡次劝告广兴谨慎行事，但广兴根本听不进去，反而因此疏远了礼亲王。

宫廷之中有一个内监叫鄂罗哩，自从乾隆年间就充当近侍，年纪 70 余岁，曾经见过广兴的叔祖高斌。有一次，鄂罗哩到朝廊与广兴坐在一起聊天，以长者自居。广兴勃然大怒，说："汝辈阉人，当敬谨侍立，安得与大臣论世谊乎？"② 鄂罗哩自讨没趣，对广兴恨之入骨，心想有了机会一定报复。十三年（1808）十一月，内库给宫中绸缎不够数，而且质量低劣，鄂罗哩说是因为广兴剋减银两所致。

嘉庆帝即命人传谕广兴，鄂罗哩出来传旨，故意漫言此事，广兴不知是嘉庆帝的谕旨，坐着与鄂罗哩发生了争辩。鄂罗哩入奏说，广兴坐着听候谕旨，目无圣上，嘉庆帝不禁勃然大怒。一日，嘉庆帝当面诘责广兴，广兴说总管太监孙进忠与库官勾结串通，想交给外省织造办理绸缎，借机需索规费。嘉庆帝进一步追问库官为何人，广兴不能指实库官姓名，嘉庆帝认为广兴挟诈欺君，下诏令廷臣议广兴之罪，但嘉庆帝不久宽恕了广兴，让广兴罢职家居。于是那些平时

① 昭梿：《啸亭杂录》卷四，《广康虞之死》，第 109 页。

② 赵尔巽：《清史稿》卷 355，《广兴传》，中华书局 1998 年版，第 11301 页。

与广兴有过节的，纷纷议论广兴为官不检点，热烈盼望广兴倒霉。

十三年十二月，嘉庆帝风闻广兴两赴山东审案，任意作威作福，饮食供应必须华美，稍不如意即肆行呵斥，还令家人唱曲，或令优伶进署唱戏，并在贡院监临后院开池养鱼，差费由通省摊派，而与广兴一同审案的周廷栋从来不拿意见，一切都是广兴一人专断，以致民间竟有"周全天下事，广聚世间财"之谣。嘉庆帝令山东巡抚吉伦、布政使百龄进行核查，是否实有此事。

平时对广兴恨之入骨的官员，纷纷落井下石，乘机大肆渲染广兴在山东作威作福的情形。吉伦、百龄奏称，广兴在山东审案，前后招待用银数万余两，广兴起身回京时，州县官各送程仪，知府嵩山送银一千两，已故聊城知县郭捍送银一千两。但嘉庆帝不相信广兴只收了这么一点银子，就会谣言四起，其中肯定另有隐情，于是嘉庆帝下令将广兴逮捕审讯，查抄家产，并谕令山东地方官继续追查。

广兴贪黩案坐实被杀，嘉庆朝吏治败坏如故

广兴之所以飞黄腾达，嚣张跋扈，源自嘉庆帝的宠幸，一旦朝臣嗅觉到广兴失宠，各种看风使舵、乘机陷害便纷至沓来。嘉庆帝一直深信广兴的为人，多

次让他办理各种案件。听了有关广兴的各种谣言，嘉庆帝极为惊骇，认为广兴欺骗了自己，辜负了自己的信任。嘉庆帝还亲自讯问广兴，内心深处还想宽恕广兴，毕竟广兴先前所作所为有功于朝廷。面对各种指控，广兴义愤填膺，声称自己根本无罪。他说，招待因何用银如此之多，他本人并不知情，况且招待费并非他一人花费。至于自己爱吃莲蓬，每日吃一百多个确为实情，在京亦是如此。

在山东办案时，广兴称自己原本住在贡院，因为连日阴雨，水往屋里流，无法继续居住，最后移到盐院衙门。另外，知府嵩山是广兴堂兄，送银一千两是兄弟交情，并非贿赂，嵩山还给广兴做皮袍褂，又送如意一柄，翎管两个。至于聊城知县郭捍送银一千两，广兴矢口否认。广兴一口咬定，自己不会收受贿赂而辜负皇帝的信任。

广兴说，他深知京里轿夫素无法纪，所以出差并未随带长夫，沿途都是驿站提供车马，至于他们背地如何多花银子，广兴自称一律不知情。至于晚间自己唱曲是有的，但并未叫戏子来唱，况且山东并无昆曲名角，巡抚司道公请广兴听戏，广兴都不肯去，怎么可能叫优伶来唱？至于养鱼更无其事，前住贡院低潮，用小刀挖不过三寸就有泉水，因此叫家人用铲挖成土池，里面的水非常浑浊根本不能养鱼，不过解闷而已，这水池子周廷栋看见过，可以查问。

　　对于广兴的辩白，嘉庆帝根本不信，既然广兴对皇帝的谕旨都敢坐着听，不把皇帝放在眼里，在山东审案肯定作威作福，收受贿赂，手脚怎么可能那么干净？广兴的慷慨陈词更让嘉庆帝深感其狂妄自大。结果嘉庆帝更为愤怒，下令将广兴逮捕审讯，并查抄家产。不久大学士长麟上奏说，广兴家内不但房产甚多，财物尤多，除现银及借出存账银七千余两不计外，又查访出放局银三万七千两，整玉如意六柄，洋呢羽缎多至一千余件。

　　嘉庆帝以为广兴赃私累累，由来不可不问，因此添派大学士会同刑部进行严审，又命河南巡抚清安泰详查广兴在河南办案时有无劣迹，不久清安泰上奏，广兴在河南办案，起居饮食无不挑剔，三次来豫办案，每次差费银一万两，都是府县挪借垫用，起身回京时每次公送程仪二千两，都是通省摊派。嘉庆帝看完奏报更加愤怒，令山东、河南、直隶督抚进一步核查广兴婪索实据，并核查广兴在直隶是否有地亩、商铺或寄存银两。

　　经过核查发现广兴到河南办案，布政使齐布森曾送银三千两，在山东广兴审问李瀚一案，李家担心李瀚受刑被辱，主动送给广兴白银八万两，但广兴再三推托不收，李家人认为广兴在山东取银不便，因此经过知州张秉锐之子张承绪索换会票，赶赴京师在公盛号存银五万七千两，交与广兴收受，其余二万三千两则不知去向。而广兴只承认自己收了三万两，其余的两万七千两则拒不承认。关于山东地方官馈送程仪，大多是一千两，几乎无人不送。

从广兴受贿案可以看出，并非广兴主动婪索财物，而是山东地方官千方百计逢迎巴结，无休无止贿赂讨好钦差，将广兴拖下水。而广兴最终也是节操不保，失去了为官清廉的底线。对此嘉庆帝心知肚明，他说：

> 广兴性本贪鄙，又喜多言，东省官吏遂极意逢迎，饱其欲壑，希冀代为弥缝掩盖。广兴之祸，虽由自作，实东省大小官吏酿成，终亦不免革职发遣，陷人终自陷耳。若该省官吏等，平日悉皆奉公守法，无可指摘，亦何至畏惧广兴如此之甚乎？……乃不肖官吏只知逢迎，罔顾廉耻，属员公然以差费为名具禀上司，上司公然商同挪移库项摊捐归款，究其摊还之项，亦不知出自何所。若谓自捐廉俸尽出己赀，则又何须先挪库贮耶？似此上下交通敛财取悦，吏治岂复可问，实属卑鄙无耻已极！①

至此，嘉庆帝大为震怒，广兴按律定拟绞决，十四年（1809）正月，广兴治罪伏法，广兴之子蕴秀革职，发往吉林充当苦差。所有赠送广兴程仪的山

① 《清仁宗实录》卷207，嘉庆十四年二月。

东、河南官员马慧裕、齐布森、诸以谦、吕昌会、阿勒景阿、巴哈布等人，均交部严加议处。

广兴奉命到山东审案，擅自作威作福，赃私累累，以致声名狼藉，但广兴权势熏天之时，满朝大臣以及科道言官，没有一人对广兴进行弹劾。对于此一情形，嘉庆帝痛斥科道等"于无关紧要之事，动辄琐屑陈奏，遇此等大奸大恶，转相率容隐，国家又安用此台谏为耶？"① 于是谕令自嘉庆十一年以后籍隶山东的科道，均交部议处。吏部奏请将他们均以降二级留任，嘉庆帝以为处分过轻，决定将他们均于现任内降一级调用。

但广兴的抄家与处死，对山东吏治的改善并未起任何作用。英纶身为言官，嘉庆十四年四月奉命巡视山东漕运事务。到山东之后，英纶百般挑斥，横加婪索，收取巨额贿赂，与广兴所作所为如出一辙，甚至嫖娼宿妓，比广兴更加卑鄙污秽。而山东官员竟然一味逢迎馈送，又与馈送广兴如出一辙，山东吏治之废弛可见一斑。嘉庆帝访闻之后大怒，英纶是世家大族勒保之侄、温福之孙，竟然如同匪类，结果英纶被革职拏问，交军机大臣会同刑部审讯，并谕令步军统领衙门查抄英纶家产，会审之后将英纶押赴市曹处决。除英纶正法之外，所有馈送英纶银两的山东官员，无论多寡，无论是英纶勒索还是该员自送，均查明交部严加议处，不可使一名漏网。英纶如

① 《清仁宗实录》卷 206，嘉庆十四年春正月。

此贪鄙，从前滥行保举英纶的兵部满汉堂官，也一并查明交部议处。

英纶、广兴二人劣迹的败露，都因皇帝先有风闻，再降旨严加讯问，山东巡抚才据实上奏，并非由该省大吏得知罪状，加以参劾。一经皇帝降旨查问，山东巡抚深知难以继续隐瞒，才和盘托出。再者，英纶职司巡漕，并非显秩高官，山东全省官员仍然任其纵欲妄为，不敢上疏弹劾，当时言官废职的程度可见一斑，各省督抚对皇帝派出之员，虽然声名狼藉，还是照样扶同徇隐，官官相护，嘉庆朝官风的败坏，可想而知。

二、初彭龄：挑落贪官无数

与广兴一样，初彭龄也以参劾贪官污吏为己任，一生挑落贪官无数。但与广兴不同的是，初彭龄为官刚正不阿，他针对的大多数是地方官吏的贪黩枉法，而非作为皇帝的特使分赴地方审案；他留心地方利病与吏治官方，发现各种徇私枉法之事就勇于参劾。初彭龄的仕途宦海虽有起伏波折，但他保住了声名与晚节，从而折射出清代监察机制虽然受制于皇权，却也能一定程度上发挥监察百官的作用。

初任科道御史，风采振一时

初彭龄，字颐园，山东莱阳人，祖父初元方为乾隆四年（1739）进士。清代举人有一种独特的获取方式就是召试，而初彭龄的举人功名即来自召试。自康熙年间以来，皇帝多次出巡各地，每次游历均有士人敬献诗册，皇帝从中选出优胜者，赐给"举人"身份，这种选拔方式称为召试。乾隆三十六年（1771），乾隆帝巡幸山东，有30人赴泰安参加召试，有12人获赐"举人"头衔，初彭龄被钦赐一等一名举人，准许一体参加会试。四十五年（1780），初彭龄成进士，选翰林院庶吉士，授编修，同时参与《四库全书》的编纂。五十年二月，《四库全书》告成，乾隆帝在乾清宫考试各员，按文字优劣分为四等，初彭龄列为二等。

五十四年（1789），初彭龄出任江南道御史。五十五年（1790）三月，朝臣袁镐打算在服丧期间，违例为儿子完婚，儿媳为官员李封之孙。李家认为丧事未毕举行婚礼，有违风俗律例，袁家以退婚相威胁，逼迫李家就犯，双方僵持不下。御史初彭龄认为袁镐身居高位，却"不遵定制，任性乖张，应请交部严加议处以示惩儆"。此事虽非重大政治案件，但初步显示了初彭龄日后的参政风格。

五十六年，初彭龄迁升兵科给事中，四月，参奏协办大学士彭元瑞之侄彭良骔顶买严维敬吏员，又将其壻饶文震咨送武英殿出任校录，结果彭元瑞被罢黜，时人称赞说："时言路久闭，无敢与大员忤者，公毅然疏入，人谓之鸣凤朝阳云。"①五十七年（1792）二月，给事中初彭龄条奏，各省州县征收正杂钱粮及出借仓谷，责成各道府据实查核，将州县所报完欠钱粮的数目详加核对，并由督抚取藩司道府印结，报户部存案。乾隆帝谕令各省督抚督率所属严查确访，一经查出弊病，即行严参究办。五月，初彭龄出任广东乡试正考官。

五十八年（1793）五月，初彭龄出任光禄寺少卿，秋七月，出任湖北学政，督查科举考试的各项问题颇为认真严格。五十九年十一月，初彭龄上奏朝廷，凡商人呈请生童寄籍，应令地方官详查存案，以杜绝科举考试的冒籍，地方官应查明寄籍超过 20 年，田粮庐舍均已有据，始准呈明有关部门，允许其子弟就地入籍参加科举考试。倘有妄行告讦者照例治罪，若入籍之始不提前呈明，即将该生童究办，相关官员交部议处。

嘉庆元年（1796），初彭龄转任通政司参议；二年十月，迁升光禄寺卿，十一月，再迁通政使司参议。初彭龄参奏江西巡抚陈淮居官贪黩，信任首县南昌知县徐午，任其倚势骄纵，以致怨声载道，当

①　昭梿：《啸亭杂录》卷十,《嘉庆初年督抚》，第 348 页。

① 昭梿：《啸亭杂录》卷十《嘉庆初年督抚》，第 348 页。

地人编造歌词说："江西地方苦，遇见陈老虎。大县要三千，小县一千五。过付是何人，首县名徐午。"①还有"中缺八千，大缺一万五"之语。但经过核查，陈淮婪索营私并无确据，仅与首县徐午评论字画，一些人忘分结纳，串通舞弊。

此外，陈淮在任内与南昌知县徐午在省城违例合伙开设洋货铺，曾经收取好处费 420 两，并因修庙勒索州县捐银 5000 两，因此遭到百姓怨恨。次年，陈淮、徐午二人发配新疆效力赎罪，并加倍罚缴 5 年养廉银。初彭龄身居言官敢于弹章直上，可谓"风采振一时"。嘉庆二年十二月，初彭龄再次转为通政使司通政使；三年八月，出任福建学政；四年三月，初彭龄来京供职，由兵部右侍郎迁为左侍郎。

出任地方督抚，参劾贪赃枉法官员

嘉庆四年（1799）五月，初彭龄出任云南巡抚。此时云南盐政腐败，前云南巡抚刘秉恬下令各州县在额销十万斤之外，加销井盐一二万斤，以增加办公经费，但官府给予灶户的薪本并不增加，因此灶户盐本不敷，无力加煎余盐，于是在盐中掺和灰土，造成各地食盐低劣而滞销，结果州县官按户派销盐额，并短秤加课。州县官还勾结盐井官，私买额外的余盐以中饱私囊，搞得百姓苦不堪言，因而激起民变。百姓聚众抗官，打死盐差，焚烧其屋。云南总督富纲建议将官盐改为民运民销。

嘉庆帝下诏初彭龄议覆，初彭龄支持富纲的建议，认为滇盐官运官销积重难返，不如"改为就井收课，听民自便"[1]，同时将富纲提出的改革措施进一步加以完善，结果得到朝廷的支持，百姓的困苦得以缓解。初彭龄还弹劾兵部侍郎江兰任云南巡抚时，隐瞒抱母、恩耕两个盐井的水灾情形。嘉庆元年六月山水骤发，以致抱母、恩耕二井被淹，贮仓盐块亦多浸失，淹死百姓 32 人，被灾民灶 3400 余丁口，民房衙署冲坍 1400 余间，导致井口淤塞，盐额出产不能足数。结果江兰被罢黜。

盐课向来皆有羡余，道府以下官员皆归入私囊，初彭龄性情刚介，下令严加查禁，杜绝年节馈赠，凡是所需服食器用皆为自购，不取给于官府，人们畏惧他的清廉，不敢以私事请托。同时初彭龄屡次捐献私财，增加五华书院的月课，修葺育材书院的房舍，增加生员的膏火，资助那些路途遥远、缺乏路费的士人。初彭龄还筹办州县堡田，将其收入充当额外迎送之费，免除百姓的徭役加派；滇池海口淤塞，初彭龄捐出养廉银千两疏浚海口，涸出淤田千亩，分给流民耕种，免除赋税三年，人称"初公田"；还在省城北修建霖雨桥，云南百姓感激涕零。

嘉庆六年（1801），初彭龄提出父母年逾七十，

① 赵尔巽：《清史稿》卷 355《初彭龄传》，第 11303 页。

在京衰老多病，请求到京任职，获得朝廷批准，并将贵州巡抚伊桑阿调任云南巡抚，以江宁布政使孙曰秉调任贵州巡抚。三月，在籍绅宦尹壮图密奏嘉庆帝，请求初彭龄继续留任巡抚，称："初彭龄莅任一年有余，清介率属，实惠在民，能假以岁月，则滇省元气可复。若骤易生手，则拊循未几，即匆匆去任，殊失赤子之望。"[1] 由此可见，初彭龄对于地方公务，确实能够实力整顿，但尹壮图的建议并未得到朝廷批准。

初彭龄离任回京途中，风闻后任伊桑阿在任黔抚时，贪名素著，又冒铜仁"剿苗"之功，上任滇抚途中勒索供用，滋扰下属。初彭龄感叹说："均为天子大臣，岂可以去官故，即目睹下民受害而不顾？"[2] 六年秋七月，初彭龄露章参奏伊桑阿在贵州巡抚任内，骄纵勒索，苛派属员，进剿石岘"苗匪"粉饰冒功。朝廷派使者核查得知：六年夏间，伊桑阿上奏办理石岘"苗匪"，将黔楚首伙要犯全行擒获，甚为迅速，朝廷当即降旨将伊桑阿交部从优议叙，并特加恩赏。

事实上，伊桑阿剿办"苗匪"，仅在铜仁驻扎，并未亲至石岘军营，闻知琅玕前来，即将常明攻克石岘，伪造为亲身前往，虚词粉饰入奏。此外，伊桑阿上年到贵州赴任，沿途州县供应稍有不周，即肆口谩骂，州县办差，伊桑阿稍不满意，即令其撤回，又将

①　《清仁宗实录》卷 81，嘉庆六年三月。

②　昭梿：《啸亭杂录》卷十《嘉庆初年督抚》，第 348 页。

黔抚衙署全行拆改，添造房屋数十间，用银六千余两，本人并不发价，而是取自各府帮贴摊派。管门家人索取属员门包，必须交给伊桑阿收用。初彭龄弹章一上，伊桑阿被革职拏问。六年八月，初彭龄到京署理吏部右侍郎。十一月，伊桑阿被斩首。

七年春间，贵州巡抚常明参奏道员孙文焕滥用军需，蒙混开销，朝廷降旨令贵州布政使百龄等人核查，结果孙文焕差人呈控百龄勒派属员，捏饰欺妄。六月，朝廷派初彭龄和副都统富尼善一道前往云南查办，结果孙文焕所控百龄假公勒索均属虚诬，巡抚常明久任贵州布政使，军需款项牵混支抵，应拨给铅厂的银两拖延未缴，又将军需用剩的铅丸14万余斤交给商人，将铅丸镕作铅斤，令幕友金玉堂运往汉口私卖，还任听幕友抽换藏匿报销案卷，待到百龄查知，常明才答应照数归还。

经过初彭龄核查，常明之罪属实。结果常明被革职，任所家产一并查抄。百龄虽然查出常明欠缴库项，但对其纵令劣幕私卖铅斤，并不据实参奏，因此百龄被解任，治以徇隐之罪。初彭龄代署贵州巡抚，不久调署云南巡抚，上任伊始参劾布政使陈孝升、迤西道萨荣安侵冒维西军务国帑，二人被治罪。八年（1803），初彭龄和侍郎额勒布一起赴陕西清查军需，查获陕西巡抚秦承恩等滥用军需粮饷，使他们分别受到撤职、降级等不同处分。

参劾吴熊光不实，被革职闭门思过

九年（1804）秋七月，初彭龄上疏参劾湖广总督吴熊光得受沔阳知州秦泰贿赂银一万两，每年收受匣费银六万两，并将资财秘密送回老家，交给亲家李世望经营。对于初彭龄参劾吴熊光的案子，嘉庆帝颇为重视，召见初彭龄询问信息的由来，同时谕令全保核查复奏。初彭龄说是高杞告知自己。先前初彭龄去拜见高杞，问及吴熊光操守如何，高杞回答实属廉洁，初彭龄不肯深信，说吴熊光声名平常未必廉洁。结果高杞将秦泰馈送一事告之初彭龄。

待到嘉庆帝召见高杞，高杞则称秦泰馈送吴熊光之事，为湖北通判魏耀所言。全保覆奏称吴熊光实无贪鄙之事，而魏耀则不承认高杞所言，此外，湖广地方的匣费久已裁革，吴熊光根本不可能收受匣费。高杞向他人散布吴熊光的劣迹，是因为怀恨吴熊光将其参劾，欲借他人弹章为报复之计。初彭龄理屈词穷，声称自己与吴熊光向无仇怨，惟有自认风闻不实之罪。

嘉庆帝本想治初彭龄陈奏失实之罪，又恐怕无识之徒见言事者获罪，相率缄默，遇到大臣不能奉公守法之事，就不肯直言无隐加以弹劾，影响政情的通畅，因此打算宽恕初彭龄。但初彭龄将独对时嘉庆帝的密陈面谕，即谕令全保、汪志伊查办此事的谕旨，私自向高杞透漏，借以虚张声势，这在嘉庆帝看来，简直是居心叵测。因此嘉庆帝深感难以保全初彭龄，谕令大学士、满汉尚书会同原审大臣，定拟初彭龄的罪名。初彭龄屡次弹劾权贵，朝中大臣恨之入骨，唯恐自己贪赃枉法的勾当被揭发，结果议定，初彭龄照泄露机密重事律，拟以斩监候。

朝臣对初彭龄罪名的拟定，嘉庆帝深为不满，宣称自己"从不因言事罪人，最喜敢言之臣，此实素怀"。对于会审大臣定拟初彭龄斩监候的重罪，嘉庆帝认为尤其过分，简直是"欲杜言事者之口"，他进一步指出：

> 臣工必遇事敢言，方可去除壅蔽，凡关系弊端，及臣僚中不公不法等事，既有所闻，本应即行陈奏。候朕密为查察。……设其中未尽确实，朕准情酌理，自有权衡，必不致无辜被累。若概诿诸尚无确据，势必事已破露，罪状昭著，始行入告，何如早为发觉，转不致酿成巨案乎？[1]

嘉庆帝认为初彭龄风闻不实，原本无罪，至于泄露问题，也并不属于泄露机密重务。再者，初彭龄平日陈奏之事，除铜案之外，其余也多有不实之处，但嘉庆帝要保全敢言之臣，"并非为初彭龄一人，诚以

① 《清仁宗实录》卷131，嘉庆九年秋七月。

大臣中建白者少，而缄默者多，即多方激励，尚恐不肯尽言。今若将初彭龄问以重罪，恐外间无识之徒，妄生揣摩，或疑朕于初彭龄厌其多言，科以他罪。从此箝口结舌，惟事模棱，必致壅蔽日多，于政治大有关系"①。此外，初彭龄现有老亲需人侍奉，因此免于发配新疆，只是将其革职，令其在家养亲尽孝，闭门思过。而高杞因私人恩怨诽谤大臣，发遣伊犁，令其自备资斧前往；魏耀无端污蔑总督，判处徒刑四年。由此可见，参劾大臣要冒着极大的风险，幸亏嘉庆帝加以保全，不然，初彭龄死无葬身之地。

永守素衷参劾不断，面对河工积弊亦束手

十年（1805）十一月，嘉庆帝考虑到初彭龄任御史时遇事直言，对有违吏治官方的事情从不缄默，出任巡抚则办事认真，平日官声尚好，因此令其补授右春坊右庶子，以示朝廷不废敢言之臣。一月后初彭龄迁升光禄寺卿，实录馆总校官，左副都御史。十一年二月，署理经筵讲官，充当内阁学士，兼任礼部侍郎。初彭龄随即与工部左侍郎英和一起，赴西宁查办盐务；九月，调任安徽巡抚。

嘉庆帝特地下旨叮嘱初彭龄"永守素衷，为国宣力，诸事宜加精细，切勿草草看过。人情诈伪难测，须防言行不符之辈"②。初彭龄上任伊始，就揭出张

① 《清仁宗实录》卷 131，嘉庆九年秋七月。

② 《清仁宗实录》卷 171，嘉庆十一年十一月。

大有一案。寿州武举张大有与弟妇胡氏通奸，后来胡氏又与张伦通奸，此事经李赓堂、李小八孜的宣扬而被捅破，张大有起意投毒灭口，将张伦、李赓堂、李小八孜三人毒死。张大有通过苏州知府周锷打通湖广总督铁保的关节，以张伦等人被毒蛇咬伤致死定案，初彭龄查清真相，凶手伏法，而铁保也被流放，朝廷对初彭龄加以特别议叙。

十四年（1809）五月，初彭龄简任贵州巡抚，此时初彭龄年逾六旬，自从上年染上痢疾，至今元气未复，体气非常虚弱，家里还有84岁的老母未能迎养，因此初彭龄不打算上任。嘉庆帝特别怜悯初彭龄，因此决定在初彭龄服阕后，在京职中简用。八月，初彭龄服阕，署理山西巡抚，不久实授。九月，初彭龄参奏前任山西巡抚成宁纵容家人在外滋事，山西省有十余个州县仓库亏缺，查出平鲁县亏欠采买谷价银五千余两，原因是成宁阅边经过平鲁、左云等县，使用车马较多所致。

嘉庆帝谕命初彭龄深究地方官是否馈赠成宁，其家人有无索取，山西其他州县有无仓库短缺。十一月，初彭龄查明成宁赴省北阅兵，用钱230余千，需用骑马79匹，骆驼20头，大车7辆之多，家人钱四需索门包银50两，成宁受到处分。十二月，初彭龄调任陕西巡抚，翌年正月参劾已革文水知县、捐升知府陈廷贵私设班馆，押毙人命，绛州知州杨映权、阳曲知县吴安祖声名恶劣。

结果嘉庆帝质问前任山西巡抚金应琦，初彭龄
到山西后揭发这么多案件，为何金应琦当初并不参
劾？金氏自认疏忽，交部议处，结果受到降二级的处
分。与此同时，山西河东道刘大观弹劾初彭龄任性乖
张，嘉庆帝命户部左侍郎托津、刑部左侍郎穆克登额
查办。二月，托津核实刘大观纯属诬陷，刘被发配新
疆，初彭龄加恩以四品京堂补用，就近照顾双亲。

十五年（1810）十一月，两淮盐政阿克当阿奏
称，前任扬河通判缪元淳本年承办扬河堤岸工程，领
银五六千两，只用钱1800余串，其余全部落入私囊，
人们无不切齿痛恨。阿克当阿折内又称，本年河督吴
璥路过扬州，曾向其述及黄河、运河河工工程的种种
腐败情形，认为河工贪污中饱颇为严重。嘉庆帝认为
近年黄河南河耗费国帑甚多，而工程却未能稳固，工
程当中必然存在草率偷减之事："近年以来，南河巨
工林立，费用綦繁，统计各项银数，不下数千余万。
而每年岁抢修各工，甫经动项兴修，一遇大汛，即有
蛰塌淤垫之事。甚至上年堰盱砖石各工，掣塌四千
余丈之多。恐承办各员，自不免有偷减浮冒情弊。"[1]
因此朝廷派托津、初彭龄前往查办，会同松筠、蒋攸
铦等人，将数年来河工用过款项，通行核实钩稽，如
查有蒙混之处，即行参办。

十六年（1811）春正月，托津、初彭龄上奏各

① 《清仁宗实
录》卷 239，嘉庆
十六年二月。

种情形，嘉庆帝认为："所查河工弊窦各款，大半付之空言，河工连年妄用帑银三千余万两，谓无弊窦，其谁信之？"托津为国家重臣，初彭龄素称敢言，但对于河工弊窦却将就了事，嘉庆帝气愤地说："此后若别经有人告发，或参出实据，伊二人将何颜见朕乎？"① 事实上，托津、初彭龄所查工员账簿，多系捏造，不足为凭。托津、初彭龄不敢认真访察，仅以查账为据，怎能究出弊端？看来具有"初老虎"美誉的初彭龄，面对牵涉错综复杂的河工积弊亦束手无策，不敢大刀阔斧加以核查。

见嘉庆帝大为不满，托津、初彭龄覆奏说，他们亲赴工次遍加察验，并将各年文卷印领逐层核对，所发银两与各工所领数目，均属相符，尚无虚捏之弊。惟支领后工员不能如式办理，以致新工未竣，旧工复生。他们另单所开承办工员，除已故及革职治罪各员之外，其余45员均照奏请革职，但考虑到河工全换生手，未免贻误治河机宜，因此现任者仍留本任，候补者留工效力，各限三年。如果自知奋勉，所修工段并无掣塌，届时再奏请开复，如限期内再有失职，定当加倍治罪。河工积弊的追查不了了之。

十六年十二月，御史赵慎畛参奏湖南学政徐松需索陋规，出题割裂圣经等九款罪状，初彭龄奉旨查办徐松一案，最后查明徐松私自刻印《经文试帖新编》，让生员购买而得利，确有其事，其余均属子虚乌有。

① 《清仁宗实录》卷238，嘉庆十六年春正月。

但徐松仍被流放新疆伊犁。十七年，两江总督百龄参劾南河总督陈凤翔误启智、礼二坝，造成下河州县被灾，结果陈凤翔被谴，而陈凤翔攻讦百龄信任盐巡道朱尔赓额，督办苇荡营失当，嘉庆帝命初彭龄、松筠查勘。结果发现启坝时百龄与陈凤翔一同画诺，结果朝廷薄惩百龄，而朱尔赓额被遣戍新疆。随后初彭龄调任仓场侍郎，管理南北漕运，其间奉命前往广西，查处巡抚成林公务废弛一案，结果发现成林婪索供应，纵情声色，用度侈靡，结果成林被抄家充军。

晚年因参劾风波革职，侥幸保住晚节与性命

十九年（1814）六月，初彭龄暂时署理江苏巡抚，奉命查办各府县亏空，建议朝廷对出现亏空的府县官员随时公开惩办，不要秘密查处，这一建议得到嘉庆帝的赞赏。初彭龄参劾江宁布政使陈桂生、江苏布政使常格催征不力，将其撤职。不久巡抚张师诚回任，嘉庆帝仍命初彭龄会同清查。初彭龄与百龄、张师诚意见不合，各拟章程，嘉庆帝下诏斥他们不能和衷共事。既而初彭龄疏劾百龄、张师诚接受关道盐员的馈银，核查后发现并不属实。嘉庆帝以初彭龄性情褊急，嫉恶过严，斥责其轻躁，降为内阁学士，召回京师。

初彭龄上疏陈奏茅豫两耳重听，代为乞假，嘉庆

帝下诏斥责初彭龄越职专擅，再降为翰林院侍读、侍
讲候补。二十年三月，百龄复劾初彭龄在江苏任内沉
湎于酒，政事委于茅豫。经查初彭龄办理稿案，亲自
书题者53件，画行者52件，委托茅豫代为书题者
57件，画行者2521件。结果嘉庆帝大怒，认为巡抚
衙门稿案皆为地方刑名、钱谷要务，怎么可以假手于
人？初彭龄自耽逸乐，令他人代为画诺，成何体统！
此外，初彭龄罗织陈桂生罪名，又私自拆阅百龄原
折，对百龄挟怨诬参，而茅豫并未耳聋，而初彭龄代
为告病作假。嘉庆帝大怒，初彭龄被褫职，停其老母
九旬恩赉，令其闭门思过。适逢老母病故，初彭龄丁
忧三年。

　　二十四年（1819），嘉庆帝举行六十寿诞大庆，
"万寿加恩"，晋升初彭龄为六部员外郎。道光元年
（1821），初彭龄任礼部侍郎，继而擢升兵部尚书，后
调任工部尚书。四年（1824），初彭龄以年老休致，
翌年病故。初彭龄一生刚正不阿，挑落贪官无数，实
属不易。正如《清史稿》所言：

　　甚矣直臣之不易为也！赤心为国，犯颜批
鳞，而人主谅之。苟有排异己市盛名之心，借
径梯荣，众矢集焉。况身罹负乘，或加之贪婪
乎？……初彭龄虽亦褊躁，然实政清操，蹶而复
起，克保令名，宜哉！①

① 赵尔巽：《清史稿》卷 355《初彭龄传》，第 11306 页。

　　初彭龄一生，在官场不断拍苍蝇打老虎，不但需要大智大勇，而且自身必须操守廉洁，不得稍有差池，否则便会成为众矢之的。初氏的仕途虽然跌宕起伏，但能保全晚节与令名，在清代官场"众人皆腐君自清"的大环境之中，堪称独树一帜。

　　嘉庆帝非常清楚，从中央到地方清官少贪官多，初彭龄的处境实属岌岌可危。当初一些大臣想趁机判处初彭龄斩监候时，如果没有嘉庆帝的伸张正义，竭力保全廉吏直臣初彭龄，他早已死无葬身之地。显然，清代官场中很难找到第二位比初彭龄更敢于直言上谏的官员，但嘉庆一朝的吏治依旧腐败不堪，贪污腐化、因循疲玩屡禁不止，可见官僚政治的种种积弊，即使是九五之尊的皇帝，也无可奈何，即使有敢于参劾的言官，也无济于事，这尤其值得后世反思。

三、汉学官僚阮元：以经术主持学术风会

　　乾嘉时期，考据学兴盛，诸多汉学官僚即使仕宦显达，也不忘读书著述，一有机会便研经读史，他们对于历代士人追求的立德、立功、立言三不朽，有着独特的认识。比如钱大昕认为，荣华富贵不过显赫一时，而文章著述则千古流传，他说："宰相虽荣宠一

◎ 广兴造像（娄春亭、娄海洋绘）

① 钱人听:《重刻河东先生集序》,《潜研堂集·文集》卷26,上海古籍出版社2009年版,第429页。

② 钱大昕:《益都李氏宗祠记》,《潜研堂集·文集》卷21,第340—341页。

③ 赵尔巽:《清史稿》卷364《阮元传》,中华书局1998年版,第11424页。

时,而易世以后,龌龊无称,甚或为世诟病,故知富贵之有尽,不若文章之长留矣。"① 并以李白、李商隐为例,说明立言不朽的价值:"太白、义山未登膴仕,至今妇孺皆能诵其姓字,视身都将相而无所表见者,所得孰多? 故知名位之有尽,不若文章之无穷,昔人所以研精覃思,兀兀穷年而不悔也。"② 钱氏所言,代表了多数乾嘉汉学官僚的心声,他们一生精研学术,就是希望以著述立言不朽。

阮元一生,兼有封疆大吏和学术大师的双重身份,可谓"身历乾、嘉文物鼎盛之时,主持风会数十年,海内学者奉为山斗焉"③。阮元长期担任地方督抚,不仅政绩卓著,而且以传播学术为己任。他全力刊行汉学家的学术著作,并建立诂经精舍和学海堂两个书院,培养出大量汉学家,在倡导汉学方面发挥了重要作用,是嘉庆朝汉学官僚的典型代表。

乾隆帝:阮元人明白老实,像个有福的

阮元,字伯元,号芸台,又称擘经老人、雷塘庵主,乾隆二十九年(1764)生于江苏扬州。自元末以来,阮氏家族世代以武功起家,族中产生了大量的武举人、武进士,官阶与战绩颇为显赫。祖父阮玉堂生而倜傥,长身健臂,行止伟岸,年少时能挽强弓,骑马驰射,箭无虚发。阮玉堂文武兼备,很有志向

节操，尤其喜欢读书，古文诗词援笔立就；他精研兵法，深谙韬略，不愧儒将威名，康熙十八年（1679）考中武进士，曾任湖南九谷营、河南卫辉营参将，授昭勇将军。

祖母江氏是乾隆年间两淮盐商总商江春的同族姐，江春以总商身份组织两淮盐商赞助朝廷大典礼与大徭役，为乾隆南巡办理接驾事宜，号称"以布衣上交天子"，同时江春颇具文化素养，喜欢结交赞助学者名流，主持淮南一带的风雅。阮元之妻江氏是江春的从侄孙女，阮家与江家的姻亲关系使阮元深受商业文化的熏陶，同时容易接触到社会名流与达官贵人，诸多"熟吏事、精刑律、懂经济、通学术"的师友对阮元耳濡目染，使他眼界大开，积累了丰富的政治经验与人脉关系。

父亲阮承信为国子生，因为家道中落而放弃举业，与舅父江昉从事盐务，但他喜好《春秋左氏传》与《资治通鉴》，能乘马骑驰千里，射箭百发百中。母亲林氏出身于福建莆田的一个书香门第，通晓文史，明了古今大谊。阮元五岁时林氏教其识字，六岁外出到私塾读书。年龄渐长之后，父亲阮承信亲自教阮元《资治通鉴》，纵论古今成败治乱与战阵谋略，父亲的耳提面命使阮元受益良多。阮元在私塾读书之暇，还跟从父亲学习骑射，出仕后不仅以学术文名享誉当世，还能骑善射，精通六韬三略，具有杰出的军事才能，与父亲的影响有一定关系。

母亲林氏则将祖父林文埏选编的王维、孟浩然、高适、岑参四家诗嘱咐阮元诵读，并讲授作诗之法，阮元诗文深受母亲与外曾祖父的影响。阮元的大舅父林开为国学生，读书励节，善吟咏，工书法；三舅父林阆为廪贡生，才思敏捷，工诗善书；四舅父林闰为廪生，擅长作诗；堂舅父林苏门曾参加校勘《四库全书》，好吟咏，喜欢俚语俗唱。青少年时期的阮元受到舅父们的指导，几位舅父对阮元寄予无限的希望，书信往来时称呼阮元为"宅相"，激励阮元求学上进。

阮元 15 岁开始应童生考试落选，21 岁岁试获得第四名，取入仪征县学，次年科试一等第一名，补为廪膳生。阮元对经解策问颇为精熟，条对考官时纤细无遗，文采为全场之冠，江南学政谢墉惊叹赞赏道："余前任督学得汪中，此任得阮元，皆学人也。"[①] 于是延揽阮元入其幕府，精心指点阮元进行学术研究，而阮元则帮助谢墉衡文校士，也就是评阅生童考卷。在江阴谢墉幕中阮元结识著名学者钱大昕，二人成为忘年交，钱氏在学术研究上对阮元多方教益，使其学识大为长进。乾隆五十一年（1786），阮元赴南京参加乡试，考中第八名举人，时年 23 岁，主考官就是嘉庆帝的老师、大学士朱珪。中举后，阮元与即将任满回京述职的恩师谢墉，一同赴京师参加会试。

① 王章涛：《阮元评传》，广陵书社 2004 年版，第 15 页。

抵京后，阮元结识前辈学者王念孙、任大椿、邵晋涵等人，王念孙将文字音韵之学传授给阮元，阮元继承汉学精神与治学方法，深得汉学精髓。日后阮元治学，坚持"训诂明则义理明"的汉学理念，成为汉学研究的殿军，即深受王念孙的影响。乾隆五十二年，阮元会试不第，一面留在京师教馆，一面潜心治学，所作《考工记车制图解》考证精核，有江永、戴震诸家"所未及者"，阮元学术声望由此饮誉京城。

五十四年（1789）为乾隆帝八旬恩科，阮元参加会试考中第 28 名，殿试成二甲第三名进士，被乾隆帝钦点为翰林院庶吉士。五十五年，庶常馆散馆，阮元考取一等第一名，授职编修，转年二月大考翰詹，乾隆帝亲擢第一名，升授詹士府少詹事，南书房行走，参与修纂《石渠宝笈》。第二天，乾隆帝在勤政殿东暖阁召见阮元，语重心长地嘱咐阮元"立品毋躁"，次日召见军机大臣，乾隆帝对大学士阿桂说："阮元人明白老实，像个有福的，不意朕八旬外又得一人。"[1] 从此阮元的仕途青云直上。

事实上，阮元之所以飞黄腾达，是暗投和珅之门的结果。乾隆晚年和珅专权，没有和珅的提携，想官运亨通并非易事。但一些正直的官僚士大夫鄙视和珅的为人，不屑与之交游，而阮元却与和珅暗送秋波。有意思的是和珅虽然权势熏天，但对翰林却最为器

---

[1]　张鉴等撰，黄爱平点校：《阮元年谱》卷一，中华书局 1995 年版，第 10 页。

重，每次翰林来访，和珅
无不整肃衣冠，恭恭敬敬
前去迎接，以博取敬贤爱
才的美名，但翰林们相戒
不踏入和府的大门。

　　每次和珅生日，其家
人都会派人四处运动翰林
登门拜寿，而翰林们也会
在和珅生日那天，在京师
松筠庵聚会。松筠庵即杨
忠愍公祠，是纪念明代忠
臣杨继盛的祠堂。每次大
家聚会的时候，就会有人
宣布："翰林中有一人不

◎阮元书法

到者，其人即向和门拜寿。"阮元也来到松筠庵与翰
林们聚会，但时过午后，有一个花旦李某来找阮元，
说自己在某处唱拿手戏，希望阮元为他捧场，于是强
拉硬拽把阮元带走，其实这是阮元想给和珅登门拜寿
想出的妙招。阮元名帖递进和府，和珅公服下堂热情
相迎，拉着阮元的手说："翰林来拜寿者，君是第一
人，况是状元。"结果大考翰詹，阮元事先得知题目，
就是和珅密告的结果。

　　当时西洋人进献眼镜，乾隆帝戴着不合适，就随
口说了一句"不过如此"。和珅由此猜测诗题为"眼

镜"，得"他"字，作诗之意要有"眼镜不甚合皇上用"最重要。因此阮元眼镜试帖诗首联云："四目何须此，重瞳不用他。"[1] 人人尽知阮元深得"眼镜"一诗的关节，但众人并不知道是和珅泄题的结果。当时奔走和珅之门的还有著名学者毕沅。事实上，孙星衍、洪亮吉与阮元、毕沅皆名重一时，但气节归于与和珅激烈抗争的孙星衍、洪亮吉，而官爵则归于阮元、毕沅，不过阮元并未与和珅同流合污，不仅政绩卓著，而且大力奖掖士林。

出任地方学政督抚，编校古籍创办学堂

五十八年（1793），阮元出任山东学政，临行前去热河避暑山庄陛见皇帝，乾隆帝对他深寄厚望。好友凌廷堪正在伴驾的大学士王杰幕中，他们特地为阮元饯行，席间王杰语重心长地说："吾不能强子改冷官，子愿之甚善，且吾亦尝为此，然非耐贫不可也。"[2] 此语对阮元为政大有裨益，身为学政等冷官，必须耐得住寂寞。在山东任学政期间，阮元遍访金石文字，主持修撰《山左金石志》，力求通过金石之学"存古器之真"的特点，开辟考证经史的新途径。

六十年，阮元调任浙江学政。浙江为人文荟萃之地，阮元大力倡导学术研究，当地学人纷纷追随左右。阮元力倡治经以训诂为本，以避免穿凿空虚之

---

① 刘禺生：《世载堂杂忆》，中华书局1960年版，第24页。

② 阮元：《凌母王太孺人寿诗序》，《揅经室集·三集》卷五，中华书局1993年版，第680页。

① 臧庸:《经籍纂诂后序》,《拜经堂文集》卷二,《清代诗文集汇编》第 484 册。

弊,于是召集学者编纂《经籍纂诂》,著名汉学家臧庸担任总纂,诸多学者经过五个月的努力,《经籍纂诂》编订完毕,该书汇集散见于经传中的训诂资料,堪称"经典之统宗,诂训之渊薮,取之不竭,用之无穷"①。同年,阮元又约集算学家李锐等人编纂《畴人传》,两年后全书编成 46 卷,以类似"学案体"的体例编纂 280 位自然科学家的传记,尤其以天文历算之学为重点。《畴人传》刊行后声名远播,近百年之中被后人续补三次。

嘉庆四年 (1799) 己未科会试,阮元出任副总裁,此科得人最盛,堪称空前绝后,著名学者王引之、陈寿祺、鲍桂星、吴蒿、郝懿行、张惠言、许宗彦、张澍等人皆成进士,还有日后仕宦通显、扬历中外的名臣汤金钊、卢坤、史致俨等人,史官上奏称此次会试是"五星聚奎"。会试总裁、大学士朱珪绘《五纬联珠图》,而副总裁阮元以此为平生最得意之事。十月,阮元署理浙江巡抚,第二年初实授。

浙江为东南经济文化发达的地区,但面临着吏治、漕运、海防等诸多社会问题,需要能文能武的精干大臣才能胜任。阮元临行前,大学士朱珪作《送阮芸台少司农署浙江巡抚》一诗云:

浙西困漕赋,浙东急海防。

温台接闽粤,鲸鳄难殄殛。

① 朱珪:《送阮芸台少司农署浙江巡抚》,《知足斋诗集》卷15,《续修四库全书》第1452册,第122页。

吏婪征倍蓰,蚕食嘉湖杭。

害马岂一途,鞭勒调柔刚。

去甚农已活,药表里勿伤。

治盗先不欲,澄属廉自将。

宽分氓受福,摧关恤旅商。

为政多诐言,束湿密纲张。 ①

　　朱珪祖籍浙江,因此对地方利弊非常熟悉。此诗形象揭露出浙江吏治腐败、民生困苦、海盗横行的弊病,因此朱珪建议阮元要爱惜百姓,澄清吏治,让浙江恢复元气。而阮元荣获封疆重寄,实际上是朱珪向嘉庆帝鼎力推荐的结果,阮元干练精明,有匡时济世之才,二人兼有师生之谊,因此朱珪力荐阮元。

　　阮元上任伊始励精图治,整顿吏治,赈济灾民,兴利除弊,府库很快转亏为盈,民生得以安定。乾隆末年以来,东南沿海地区海盗猖獗,嘉庆帝亲政后,由于川楚陕白莲教起义如火如荼,朝廷无力顾及海盗问题,只能责成地方大吏自为防御。嘉庆五年(1800)正月,阮元鉴于海盗船高炮大,清军水师的战舰难以应战,于是下令浙江官商捐银十万两,交给浙江水师提督李长庚赶赴福建,建造大船"霆船",并添铸大炮。第二年,建成新舰30艘,铸造大炮400余门,浙江水师的军事实力大为增强,李长庚在岐头、东霍等洋面击败海盗蔡牵,浙江洋面的海盗气焰很快被打了下去，他们窜到福建、广东洋面继续为非作歹。

阮元在浙江最大的政绩就是培养人才，嘉庆六年（1801），他在西子湖畔建立诂经精舍，约请著名学者王昶、孙星衍等人担任讲习，只讲经解史策与古今体诗，而不讲八股时文。各地酷爱古学之士求学于诂经精舍，使之俨然成为浙江的学术中心，"不十年间，上舍之士多致位通显，入玉堂进枢密，出则建节而试士，其余登甲科举成均牧民有善政，及撰述成一家言者，不可胜数。东南人材之盛，莫与为比"①。嘉庆年间，浙江汉学家洪震煊、洪颐煊、严杰、徐养源、赵坦、周中孚、朱文藻、朱为弼、孙同元等人，或出自诂经精舍，或出自阮元幕府，浙江学风为之大变。清初浙学以理学和史学为主流，治经之风远不及邻省江苏，而诂经精舍大有东汉马融设帐讲学的遗风，汉学大有风行之势，许慎《说文解字》销售一空。

为了培养通儒，阮元大集天下学者，重新校勘《十三经注疏》，每部经书由一名学者主持校勘，包括李锐、徐养原、顾广圻、臧庸、洪颐煊、严杰、孙同元等人，著名小学家段玉裁总其成。这些古籍的校勘皆出自专家名士之手，最后由阮元亲自加以校勘以定其是非。嘉庆十一年（1806），成《十三经注疏校勘记》243 卷，此次校勘广征善本，剖析源流，罗列异同，考订正伪以定取舍，《校勘记》成为一部集目录学、版本学、校勘学之大成的经典之作，被晚清学者皮锡

① 孙星衍：《诂经精舍题名碑记》，《平津馆文稿》卷下，《清代诗文集汇编》第436 册，第 241 页。

① 皮锡瑞：《经学历史》，中华书局 1981 年版，第 330 页。

瑞誉为"经学之渊海"①。阮元以浙江巡抚的身份组织校勘儒家典籍，对于保存传统文化典籍功不可没。

十三年（1808），浙江学政刘凤诰科场舞弊案发生，朝野震动，阮元也受到牵连。这一年乡试，按例巡抚应该入闱监临，由于巡查海口的需要，阮元将监临之事交给学政刘凤诰代理，没有想到刘凤诰受人托请，徇私舞弊。身为御史的陆言与刘凤诰有仇怨，第二年风闻刘凤诰科场舞弊之后，上疏进行弹劾，结果刘凤诰被遣戍黑龙江效力赎罪。嘉庆帝认为阮元有意庇护属下，只知私人交谊而不顾君臣大义，本末倒置，谕令将阮元交吏部严加议处，结果阮元被革职，回京后加恩入翰林院。十五年，阮元补授翰林院侍讲兼国史馆总纂，主持纂辑《儒林传》《文苑传》《循吏传》；十七年，《儒林传稿》成书，此书是朝廷官方正史对清代学术史的首次整理。

筹海镇夷功绩卓著，刻书办学佳惠士林

十九年（1814）三月，阮元调任江西巡抚，着手处理朱毛俚案。世代为农的朱毛俚假托为前明后裔、未来佛转世，称"后明小朝"年号。阮元破案之后，一场称帝封王的闹剧落幕。嘉庆帝对阮元此举大为赞赏，称"阮元到任未久，即能饬属于各地方编查保甲严密，遂将巨案立时发觉，办理迅速，实属可嘉。

① 《清仁宗实录》卷298，嘉庆十九年十月。

阮元著赏加太子少保衔，并赏戴花翎。"① 与此同时，阮元将《十三经注疏校勘记》刻版，此书解决了天下学者寻觅十三经珍版之苦，有利于推动乾嘉汉学的发展。

二十二年（1817），阮元出任两广总督。此时华南海盗虽已荡平，但英国等西方国家的商人要求扩大贸易，各国兵船和鸦片走私船在广东洋面不时出没，加强海防建设提上议事日程。阮元亲自到海口阅兵，登上沙角炮台检阅水师，奏请增建大黄窖、大虎山炮台，对军队的布防精心策划，统筹安排。二十三年二月、五月，阮元接连向朝廷密奏预防英人事宜，认为英国人桀骜不驯，贪财好利，朝廷应该随机应变，镇之以威，对英人的不法行为随时加以惩治，以免出现不测或者变乱。阮元还酌情变通"成例"，在一定范围内允许外商货船进出广州港，进行正常的商业贸易。但对鸦片走私则采取严厉手段，督促下属认真缉拿走私要犯，将稽查不力、带头包庇鸦片走私的行商伍秉鉴摘去三品顶戴，以示惩儆。阮元是清代第一个将严禁鸦片付诸实际行动的地方督抚。

二十五年，阮元在广州创立学海堂书院，书院不设山长，聘请吴兰修、林伯桐、曾钊、钱仪吉等八人为学长，选择优秀举贡生员为学生。学生在八位学长中择师而从，每年分授四课，课程并不专尚八股与理学，仍以经学考据为主，倡导"实事求是、无征不信"的学风，将朴学之风由江浙一带扩展到岭南地区。学海堂在清代教育史上占有重要地位，推动了岭南学术的发展，在人才培养方面成绩显著。道光四年（1824），阮元在广州城北粤秀山建成学海堂校舍，堂内学生以三月一课的形式，完成 15 个阶段的专科学习。同时，阮元筹划刊刻《皇清经解》，至道光九年（1829），全书刻成，共收录顾炎武、阎若璩、胡渭、万斯大、陈启源、毛奇龄等 73 位学者的著作 173 种，总计 1400 卷。《皇清经解》是集清代近二百年经学成就之大成的著作，是对乾嘉汉学的系统总结。

道光六年，阮元转调云贵总督，致力各项政务的整顿，云南盛产井盐，私挖乱开、越界售私的现象非常严重，因此阮元首先着手整理盐政，力杜井盐走私，改善云南的财政状况。七年四月，阮元命令林绍龙、怀唐阿领兵封了猛野私开的盐井。六月，阮元向朝廷上奏云南盐务，强调吏治澄清则井员不敢欺漏盐课，井员不敢欺课，则井丁不敢走私舞弊，惟有严饬相关官吏实心实力办理盐务，上下自然肃清，官课自然充裕。经过整顿之后，当年云南盐课奏销溢出余银一万五六千两，经奏请将溢出之银酌量拨为济边费，自此边疆防卫不再因经费短缺而受影响，边疆环境和社会秩序得以稳定。

十二年（1832），阮元迁升协办大学士，仍留总督任上，翌年，云南发生地震，阮元迅即采取各种措施救灾赈恤，安定民心，深得百姓的赞誉。这一年阮元 70 岁，作《和香山知非篇》 诗，对自己大半生的政治和学术生涯进行总结："回思数十载，浙粤到黔滇。筹海及镇夷，万绪如云烟。役志在书史，刻书卷三千。"[1] 阮元一生出任各地督抚，在解决当地政治社会问题的同时，大力兴建书院，刊刻书籍，培养人才是阮元最为重要的政绩。十五年二月，阮元拜体仁阁大学士，六月启程回京，管理兵部事务，兼署都察院左都御史。后充经筵讲官。

十八年（1838）五月，阮元以年老多病请求致仕，朝廷准其开缺，加太子太保衔，加恩赏给半俸。八月，阮元奏请回乡日期，道光帝颁布上谕说："大学士阮元扬历中外，宣力五十年，清慎持躬，克尽职守。前以年迈多病，再三恳请解职，已俯如所请，准其致仕在家，支食半俸。……著加恩晋加太子太保衔，从兹怡志林泉，善自静摄。"[2] 阮元回归故里扬州后，不与郡县官员交接，也不干预地方政事，而对于地方义举无不首先倡办，对待族党故旧事事宽厚。

当时扬州一批后起之秀如刘文淇、刘毓崧父子，刘宝楠、刘恭冕父子，梅植之、梅毓父子和罗士琳、田宝臣、柳兴恩、陈立、包世臣、包慎言等人，他们或是阮元弟子门生，或是门生之门生，与阮元朝夕相处，请益问学，阮元对他们多方提携，扬州学术繁荣一时。阮元向来热衷于校书、编书与刻书，致仕后闲

---

[1] 阮元：《和香山知非篇》，《揅经室集·续集》卷十，《皇清经解》第 6 册，第 24 页。

[2] 张鉴等撰，黄爱平点校：《阮元年谱》卷七，中华书局 1995 年版，第 196 页。

暇日多，于是召集学者刊刻《诗书古训》《旧唐书校勘记》《文选楼丛书》等。二十六年，阮元以 83 岁高龄"重赴鹿鸣宴，晋太傅，赏全俸"①；二十九年（1849），阮元病卒，谥号文达。阮元一生著作等身，诗文大都收入《揅经室集》。

阮元历仕乾、嘉、道三朝，无论是为政还是治学，皆成就显赫：为政恭谨从事，勤勉不懈，颇有官声；治学范围广泛，在经史、小学、天算、舆地、金石、校勘、掌故、文章等方面皆有非凡造诣。作为身居高位的学界领袖，阮元学术兼顾经学与理学，兼容汉学与宋学，各取其长，各弃其短，真正做到学术的融会贯通。阮元一生主持嘉庆、道光朝的学术风会，其学术活动与政治事功折射出那个时代的诸多特色。

尾声

嘉庆朝与
外部世界的纠葛

　　清朝堪称东方世界的第一强国，它拥有一万八千里的漫长海疆，却根本没有完备的海防，也没有远洋航行世界的能力。而欧洲在 16 世纪以后，殖民者凭借着坚船利炮，在全球开始航海探险活动，成功开辟了欧洲通往印度洋与美洲的新航路，世界逐渐连成一个整体。到 19 世纪三四十年代，欧洲列强纷至沓来，从不同方向逼近清朝，中国的周边国家也逐步被蚕食，不断沦为西方各国的殖民地或半殖民地。19 世纪中叶，整个印度沦为英国的殖民地，并成为英国向东方扩张的基地。

　　可悲的是，清朝没有顺应国际形势的变化，及时调整内外政策，面对万里海疆丰富的海洋之利，清廷采取了莫名其妙的自动放弃政策，浙江、福建、广东水师的海上作战能力极差，剿灭闽粤海盗都费劲，所谓的海防形同虚设。嘉庆一朝的对外政策比康雍乾时期更为保守，虽然没有发生严重的国际冲突，但嘉庆朝与外部世界纠葛的一系列事件，呈现出的对外意识却发人深思。其实 1840 年鸦片战争中国的失败，似乎是一种必然的历史宿命，某种危险的端倪在嘉庆朝已经出现。

一、自动放弃海洋之利，
　　海战能力不如海盗

中国有一万八千里的辽阔海疆，但几千年来一直处于沉寂状态，偶尔出现在东南沿海的倭寇、海商、欧洲传教士，殖民者，似乎没有扰乱这个帝国的平静。康熙年间，清廷为了统一台湾，消灭郑氏集团，实行海禁政策，强令福建、广东等沿海居民内迁 30 里，沿海地区不准居住。对福建人而言，生计非耕则渔，自从迁界以来，民田废弃二万余顷，正供赋税亏减 20 余万两。[①] 沿海一带的庐舍田亩化为斥卤，百姓逃亡四方者不计其数。台湾统一之后，清廷并没有及时调整政策，除康熙年间短暂开放五处通商口岸之外，依旧实行海禁政策，对百姓出洋贸易严加限制，但东南沿海人民的海外贸易活动禁而不绝。

事实上，清代海禁是非常不明智的举措。福建境内堪称地狭人稠，因此闽人无论贫富，多以海为生，有"海者，闽人之田"的说法，广东大致也是如此。闽粤地区依靠海洋谋生者十之五六，特别是下南洋从事海外贸易获利尤多，他们把各种工艺品、手工业产品与农产品船载行销海外，每年从东南亚各海岛获取银钱数百万之多，对于解决闽粤百姓的生计所关匪

①　范承谟:《条陈闽省利害疏》，贺长龄、魏源辑:《皇朝经世文编》卷 84,《魏源全集》第 17 册，岳麓书社 2004 年版，第 617 页。

细。因此在清廷海禁之前，闽粤地区家给人足，即使游手无赖也为财富驱使，纷纷出海贸易，很少因为饥寒在沿海附近打家劫舍。

此外，福建港口就有360余处，每口渔船自数十只至数百只不等，合计舵工、水手不下数万人，再加上眷属丁口又不下数十万。若一概舍舟登陆则谋生乏术，迫于饥寒势必铤而走险，这就会人为制造海氛不靖的困局。海禁使海船无用武之地，变价出售无人购买，拆毁废弃更是劳民伤财。再者，造一只小船需费数十金至数百金，大船需费数千金，一旦废弃对船主损失巨大。此外，米、豆、盐、茶、棉花、布帛等物品，从一省流通于数省，从沿海流通于内地，促进了商品经济的发展。如果一概禁绝，不但朝廷税收减少，而且给沿海居民的生计造成极大损害。

清廷海禁以后，那些靠海为生的人生计无着，偷偷远洋贸易又触犯王法，耗费千金打造的洋艘在断港荒滩朽烂。在穷困不聊中，那些深知水性、熟悉船务的舵工水手，只得为海盗驾船，以图眼下糊口；还有一些游手无赖群趋台湾谋食，致使台湾社会动荡不安。因此海禁有害无利，只能使沿海居民富者变贫，贫者生活困顿，驱工商业者为游手，驱游手为盗贼。但腐朽的清廷统治者颟顸无知，不能随着国内、国际形势的变化而及时调整统治政策。

乾隆末年至嘉庆初年，福建漳州、泉州几乎年年发生水灾，米价腾贵，民间生计维艰，形成了"失业贫民，无不出洋为匪"的局面。海盗集团的成员多是沿海渔民、盐民、失业手工业者与破产农民，籍贯多是福建、广东、浙江的沿海平民，清朝史料多称其为"沿海穷民"、"穷渔贫疍"或"捕鱼采樵之徒"。嘉庆年间，活跃于东南海疆的海盗，在闽浙洋面有蔡牵、朱濆以及水澳、凤尾、箬黄等帮，在粤洋则有林阿发、郑一、乌石二、郭婆带、张保仔、香山二等帮。

面对海盗的蜂起，清军水师根本无力在海上加以剿灭。他们平日零星散居陆上，每船留下守船之兵五人，而五人管船不过将船停泊港内，不敢出海行使，假如遇有风暴断缆拔碇，发生漂流之警，守兵往往束手无措。一旦出现海警，等到召集水师出海，海盗早已逃之夭夭。有船而无人管理，与无船相同。再者，水师必须经常操练，才能熟悉水性风候以及海上攻战之法，不然猝然临阵难以杀贼。但清朝水师的战船停泊在港口，终年不见移动，经过数年风吹日晒雨淋，战船已朽烂不堪，即使请求修补也无济于事，一旦海盗长驱直入也无可奈何。

清朝水师作战能力蜕化，与长期不出海操练关系密切。水师也有出巡会哨的规定，但事实上不过奉行故事而已。每次命将出洋会哨，势必金鼓振天，旌旗耀日，而且兵船上日夜鼓乐，放炮示威。官船刚刚出航，海盗早已纷纷四散躲避，根本起不到清剿海盗的作用。再者，哨船不载重货，船轻而浮，航行速度较快，而商船载货吃水较深，航行缓慢，海盗一下子就能辨别出官船与商船，他们窥伺商船的财货、布帛与粮食，因此见商船就肆行抢劫，见官军哨船则赶快躲避。海盗也体谅水师官弁的心情，会哨期间前往他处抢劫，他处营汛发生抢劫盗案受到处分，此处官弁反而幸灾乐祸。

更有甚者，水师在出巡会哨之时，偷偷将船只停泊在无人荒岛上，另外派小船携带公文，前往邻界互换公文后返回，其实两省船队相距数百里，从未谋面，因为船朽漏水，难以远涉重洋。因此嘉庆年间征剿海盗，要么雇佣福建商艘，继而打造米艇、霆船，从来不使用水师原有的船只。假如没有实际的航运任务，即使打造再好的战船，经年停泊而不出海，无从经历风涛之险，数年之后照样朽烂无用。

有鉴于此，经世派思想家魏源提出"以粮艘由海运，以师艘护海运"[1]的策略：江苏战舰由吴淞出口，浙江战舰由镇海出口，保护本省漕粮海运抵达天建，派验米大臣到天津收兑后，检阅护运水师，然后发给咨文回省。福建战舰每年采买台湾大米十万石，广东战舰则采买暹罗米数万石，皆护送至天津，然后加以检阅。从闽粤海面到达天津，大概七昼夜即可，这样水师得以操练，战斗力得以提高。但魏源的建议从未被采纳，清朝水师日益腐朽下去。

① 魏源：《圣武记》附录《武事余记》，《魏源全集》第 3 册，岳麓书社 2004 年版，第 561 页。

　　此外，清朝水师驻防非常分散，广东洋面辽阔，东自南澳西至琼崖有二千数百里，其间水师营汛可谓棋布星罗。水师舰船大小 120 余号分布各处巡防，每处不过二三艘。但粤洋大股海盗约有六七股，每股海盗舰船多者百余号，或者五六十号，少者二三十号，匪船共计不下 300 余号，其余零星小匪尚不在此数。再者，海盗舰船颇为高大，据浙江水师提督李长庚嘉庆十二年所言，他的坐船在各镇水师中最大，但比海盗头目蔡牵的坐船"尚低五六尺，其余诸镇之船更为不及"①，因此在剿捕中蔡牵屡次脱逃。清军水师力量薄弱，海盗随处可藏，而官船往往顾此失彼。再者水师只需防守本营洋面，一般不会越境追捕，而海盗各处纵横驰骋，这就加剧了剿捕的困难。

　　从装备来看，海战中威力最大的是火炮，而火炮以大为贵。从前海盗看见官船，大多奔逃避战，因为海盗船炮少，后来海盗抢劫清军炮台，掳掠官船以及商船夷船，炮位不断增加，大炮往往四五千斤，而清军水师大炮不过二三千斤，火力不如海盗。在战兵配备上，官军哨船大船配兵 60 名，中船 50 名，小船 40 名。而新建米艇又长又大，每船炮位多者十七八位，少者十二三位，这样原额士兵不敷使用，与海盗相遇之后，火礶、喷筒、鸟枪的施放大多不能兼顾，发生肉搏战更是应接不暇。而海盗小船六七十人，中船八九十人，大船一百二三十人，海盗首领的坐船则

<hr>

①　魏源：《圣武记》卷八，《魏源全集》第 3 册，第 351 页。

一百七八十人。即使水师追上盗船，看见盗船枪刀林立，往往胆怯而不敢交战。嘉庆年间在剿捕海盗的战役中，抓获盗贼为数不少，但著名盗首从未抓获，原因就在于此。

以水师的技能与海上作战经验而言，福建水师兵丁之中，不谙水务之人颇多，千总把总水性多为中等，将官守备亦是如此，浙江水师情况与福建大致相仿。清朝水师素质分为三等：最高等不仅对本处海洋情形无所不知，即使各处港口的宽狭、沙线的有无，外洋岛澳何处是洋盗寄泊取水之所，何等日色云气将为台风征候，都非常熟悉，这对水师巡防大有裨益。闽浙水师中这样的人一营之内竟无其人，或者仅有二三人，但年迈衰老者又居半。其次者只熟知数处情形，或只熟知本处情形。最差劲者对本处情形只知大概，他们行船经常搁浅撞礁，甚至有性命之虞，即使内洋遇见海盗都难以缉捕，巡捕外洋之盗更不可能。

海盗常年漂泊海上，不但熟悉港口、沙线，知道如何躲避台风，而且对于清军水师的海上作战颇为熟悉。嘉庆十三年（1808）七月，广东水师在总兵林国良统领下，驾船25艘出海攻剿红旗帮海盗，张保仔带领船队迎击官兵水师。在孖洲洋，张保仔在船头指挥，林国良下令开炮轰击。张保仔镇静自如，水师发射的炮弹飞到他面前，通通掉落海中，而张保仔毫发无损。官兵见状大为震惊，以为张保仔是神，炮弹都不能打中。

事实上，张保仔在海上同官兵作战多年，熟悉清军火炮的性能与射程，他站在船头目测与官军兵船的距离，心里十分清楚炮弹打不到他。但清军水师乱了阵势，几十艘兵船挤成一团，张保仔下令各船一齐开炮，十几艘兵船中炮起火，官兵纷纷跳海逃命。再者，在海战中海盗皆为亡命之徒，一遇紧急状况，舍生忘死齐心格斗，往往反败为功；而清军水师则自顾性命，危急之际则抛弃将官与兵船，先跳水逃命，很少有与将帅同生共死之人，战斗结果不言而喻。

但作为一个拥有强大中央集权的帝国，对付一小撮海盗还是能够应付的。朝廷对于试图抢占台湾作为根据地的蔡牵海盗集团，采取了军事剿灭的方针，而对于只打家劫舍、并不公开对抗官兵的广东海盗如郭婆带、张保仔等人，则采取剿抚并用的策略。嘉庆十四年（1809），百龄出任两广总督之后，实行海上"坚壁清野"，严禁沿海居民与海盗私通交易，各帮海盗得不到米石、淡水、硝磺的补给，篷帆桅舵也得不到修葺，所掠财物也无处销赃，因而陷入困境，他们冒死进入内河州县掠夺，官兵则株守各处海岸，趁机消灭海盗，这就免去了海上追逐擒捕之苦。嘉庆十五年，广东全省洋面"一律荡平"。

海盗虽然剿灭了，但清朝水师的战斗力依然如故。清廷自动放弃海洋之利，严禁民间出海贸易，与西方各国到全球强占殖民地、倾销商品形成了鲜明的反差。"禁海"政策使清朝没有向海洋拓展的能力，造成了中国航海业的萎缩，中国与西方各国的贸易，可谓有来无往，中国并无远航欧洲的商船，也不会主动将商品运往欧洲倾销，而只是在广州一地，为西方商人提供一个商品交易的港口而已。面对万里海疆，中国失去了成为海洋强国的资格，有海无防成为不争的事实。这不仅影响了江、浙、闽、粤地区的民间生计，更影响中国人对于海外世界的了解，中国政治、经济、文化、外交的近代转向，更是无从谈起。一旦西方列强的军舰漂洋过海而来，中国只有被动挨打的份儿。

二、英国武装夺取澳门与嘉庆君臣的应对

鸦片战争前的中西关系，学界多采用"朝贡贸易"的说法，近年因不符合历史真相而渐为摒弃，目前更多使用"广州体制"的说法。在这一体制下，清廷对中西贸易的管理存在明显的缺陷，清廷对"夷人"只关心两件事：一是是否安静，是否有越轨不法之事；二是税收是否正常，行商捐输是否踊跃。对洋商的日常管理名义上属于两广总督以下的各级官员，

但清廷不允许中国官员与洋人直接交往，各种政务信息由行商居中传达；专门管理进出口事务和税收的是粤海关，粤海关颁布税收则例，以保障清政府的关税收入，它也有指定和管理行商、通事、买办、引水等与中西贸易相关人员的职责，并通过行商和通事对中西贸易和外商进行监控，为此形成一系列的相关规定和惯例，但代理外商办理纳税事务的也是行商。①

　　清廷对外贸管理的重点在于"防夷"，即对来华外商与其他来华外国人进行政治上的防范，防止夷教夷俗对天朝子民造成"精神污染"；面对每年高达数千万元的西洋贸易，清廷却没有制订行之有效的管理规则，对于西洋贸易中可能出现的各种复杂经济关系，基本上没有相应的管理措施，而且采取漠视的虚无态度。在西方列强忙于抢占其他地区的殖民地、无暇顾及清朝的情况下，这一体制尚能维系，一旦国际形势发生剧变，贸易冲突就会成为中西冲突的导火索。

　　澳门在清代中西贸易中具有独特的地位，名义上由葡萄牙人居住，但主权属于清政府。英国随着工业革命的开展，对华贸易在西方各国中逐渐占据了主导地位，因此对澳门垂涎三尺。嘉庆十三年（1808）七月二十一日，英国海军少将度路利率领兵船9艘，士兵300名，携带炮械火药，驶进珠江口，停泊在虎门外鸡颈洋面，致信两广总督吴熊光，声称要在澳门登

① 吴义雄：《商人集团与中西关系建构——鸦片战争前中西关系体制的再认识》，2010年第三届"近代中外关系史"国际学术讨论会会议论文集：《近代中国：文化与外交（上卷）》，社会科学文献出版社，第243—263页。

陆，以"协助"澳门的葡萄牙人防御法国"进攻"。吴熊光接到信函后，派官员敦促英船尽快离去，但度路利不听劝告，强行闯入澳门，占领由葡萄牙商人防守的东望洋、娘妈阁、伽思兰三处炮台。吴熊光深知，英军舰队炮火装备先进，轻率用兵难以取胜，因此以关闭英国对华贸易进行反击。八月十六日，吴熊光下令海关封锁外国商船，禁止英国对华贸易；并传令驻扎在澳门左翼、碣石二镇的清军水师舰船 50 艘、红单船 36 只驶离澳门，开进广州，以避免同英国军舰发生冲突，同时加强省城防御。没想到英军得寸进尺，派 3 艘兵船闯入虎门，停泊在黄埔，威胁广州的安全。

吴熊光见事态扩大，无法对朝廷继续隐瞒，九月四日，将英军入侵澳门之事奏报朝廷。嘉庆帝认为，英国人保护澳门葡萄牙人免受法国攻击的说法，"全不可信，而且断无此理"，但清廷对英、法、葡之间的国际纠纷，嘉庆帝采取置身事外的态度，"中国并不过问"。不要说清朝对西方国家之间的纠纷如此，即使作为中国藩属国的缅甸、暹罗，近年发生互相仇杀之事，他们屡次派人前来求援，清廷一律采取"一视同仁"的态度，对于双方"毫无偏向"。嘉庆帝同时指出，"中国兵船从无远涉外洋，向尔国地方屯扎之事，而尔国兵船辄敢驶进澳门，登岸居住，冒昧已极"，他认为吴熊光"所办太软！边疆重地，外夷敢存心觊觎，饰词尝试，不可稍示以弱"，若英国兵船不肯撤走，吴熊光应当"统兵剿办，不可畏葸姑息"。[①]嘉庆帝的指示无误，但他对清朝水师的实力却懵懂无知，假如有强大的水师可以剿办英国军舰，吴熊光也不至于"所办太软"。

①　《清仁宗实录》卷 201，嘉庆十三年九月。

　　吴熊光向度路利传达了嘉庆帝命其撤兵的谕旨，但度路利毫无撤退之意，九月二十日，吴熊光奏报朝廷声称："操之太蹙，使其口食无资，或未免铤而走险，再四斟酌，惟有持以镇静。"嘉庆帝看完奏疏大为恼火，指出吴熊光对登岸已久的英兵并未严行驱逐，实属软弱，而且一味延缓因循，"不但开门揖盗，而且示之以弱，大损天朝体制！"因此嘉庆帝谕令吴熊光作速驱逐，义正词严。但英国官兵对清廷的要求置若罔闻，九月二十三日，度路利带领英军官兵和水手，驾船由黄埔驶到广州城外的十三行，要求晋见总督，请求向皇帝代奏英人寓居澳门之事。吴熊光没有与之见面，只是命令回黄埔等候。二十六日，又有十几个英兵乘船要求进入广州，总兵黄飞鹏下令炮击，英兵一死三伤，其余仓皇退回。由于清廷下令停止贸易，各国商人纷纷谴责英军入侵澳门的行径，度路利成为各国商人的众矢之的。

　　十月，英国舰船又续到 4 艘，士兵前后共计 700 余人，澳门局势更为严重。军机大臣将英国所递两广总督的原禀翻译进呈嘉庆帝，其中有"法兰西系各国仇人"，英国派兵船以期保护中国、葡萄牙、英国三国之意，这在嘉庆帝看来"尤属谬妄"，他说："试思天朝臣服中外，夷夏咸宾，蕞尔夷邦，何得与中国并论？"英王还说中国洋面海盗甚多，商贩被劫，英王情愿派兵船效力剿捕，这对嘉庆帝来说，更是"意存轻视，现在海洋水师兵船梭织巡缉，沿海各口岸断绝接济，盗匪日形穷蹙，岂转待外夷相助？"[①] 嘉庆帝的对策就是中止中英贸易，封锁进澳水路，断绝英国兵船的粮食供应，并调集大兵前来围捕。

　　假如英军拒不撤退，嘉庆帝威胁说，他将永远不准中英之间进行朝贡贸易，因为"中国物产富饶，岂藉尔等区区货物？"中国之所以允许"外夷来至内地贸易，输纳税课，原因其恪守藩服，用示怀柔，并非利其财货"[②]。倘若英人悔罪恭顺，二三年后再恳请贸易，那时英国货船也只准在澳门以外停泊，等候清廷批准后进行。清廷意识到，只有武力驱逐才能迫使英国兵船撤出澳门，十月十日，清廷调集大量军队，屯驻在距离澳门只有八里的关闸。此时英国政府忙于应付拿破仑战争，还没有大规模军事侵华的打算，度路利率舰占领澳门，只是他的个人所为，难以得到英国政府的支持，因此官兵大为恐惧，十一月七日，度路利率领英国军舰队撤离了澳门。嘉庆帝下令罢免吴熊光，将其流放伊犁效力赎罪。

　　对于西洋贸易，明清两代都属于"厚往薄来"的

① 《清仁宗实录》卷 202，嘉庆十三年十月。

② 《清仁宗实录》卷 203，嘉庆十三年十一月。

朝贡贸易，向来认为中国并不需要外洋货物，而中国允许外国人来华贸易不过是天朝的一种"恩赐"。对此乾隆帝说："天朝物产丰盈，无所不有，原不藉外夷货物以通有无。"面对西方不断提出的扩大通商要求，清廷采取坚拒固闭的态度，五十二年（1787），乾隆帝作诗言志："间年外域有人来，宁可求全关不开。人事天时诚极盛，盈虚默念惧增哉。"① 对于国际形势的剧变，乾隆帝也无意深入考察。嘉庆帝的认识与其父并无二致，十九年（1814）十二月，他讲得更加直白："夷船所贩货物，全藉内地销售，如呢羽钟表等物，中华尽可不需，而茶叶、土丝在彼国断不可少。倘一经停止贸易，则其生计立穷。"② 基于这样的认识，嘉庆帝对中英冲突似乎有稳操胜券的十足把握，因此不会在整顿水师、加强海防方面下功夫。

三、阿美士德使团来华，绝非无果而返

乾隆五十八年（1793），马戛尔尼奉英国国王乔治三世之命出使中国，希望通过外交途径说服清廷，给予英国人在华各种特权与优惠：开放宁波、舟山等地为口岸，在北京常设使馆，划舟山附近一岛供英商居住、仓储，允许英商常住广州，英船自由出入广

① 乾隆帝：《上元灯词》，《御制诗五集》卷28，《清代诗文集汇编》第327册，第688页。

② 《清仁宗实录》卷300，嘉庆十九年十二月。

州、澳门水道并减免课税，允许英国教士传教，其中某些要求与殖民无异，理所当然被乾隆帝拒绝。但使团搜集到清朝经济、政治、文化、自然资源、山川河流、军事要塞与军队装备等方面的大量情报。马戛尔尼认识到："清帝国好比是一艘破烂不堪的头等战舰，它之所以在过去一百五十年中没有沉没，仅仅是由于一班幸运的、能干而警觉的军官们的支撑，而它胜过其邻船的地方，只在它的体积和外表。但是，一旦一个没有才干的人在甲板上指挥，就不会再有纪律和安全了。"① 从而为日后英国侵华做了充分的知识与舆论准备。

嘉庆朝后期，英军两次企图强占澳门，还把侵略矛头指向清廷的藩属国尼泊尔，致使清廷加强了对广州贸易的管制，中英之间贸易摩擦不断。二十一年（1816），英王乔治四世派遣阿美士德率领 600 余人的使团来华，目的是缓解中英贸易摩擦，进一步打开中国市场，与马戛尔尼的外交使命并无二致。使团中有通晓汉语和中国文化的翻译，有博物学家、地质学家、测绘技术人员，经验丰富的水手与军人及绘画师，组成人员的高素质为顺利开展情报工作奠定了基础，同时可以确保情报成果的准确性与全面性。清廷深知英国桀骜不驯，对中国并不友好，围绕英使觐见嘉庆帝的礼仪问题，双方一直争执不休，但对使团搜集情报的问题却一无所知。

① ［苏］纳罗奇尼茨基等：《远东国际关系史》，商务印书馆 1976 年版，第 68 页。

英国使团的船队在香港湾停泊三天，对香港岛及周边海域进行了详细考察，记录香港湾的气温、气压、湿度和盛行风向等。船队从香港起锚进入南海、台湾海峡、东海、黄海、渤海和白河口，使团人员依靠气象仪记录海区的气象数据，还标示测量点的经纬度、气压、温度、湿度与盛行风向。船队抵达天津后，马上兵分三路考察渤海湾和辽东湾，观察辽东半岛沿岸地理和海防情况，获取从大沽口到烟台之间航路的完整信息，为日后英国发动侵华战争进行情报储备，对此嘉庆朝君臣一无所知。

七月初六夜晚，英国使团经过长途跋涉，自通州赶往北京西郊圆明园，一夜跋涉使阿美士德等人疲倦不堪，但接待人员并未安排使团至馆舍休息，而是直接带到圆明园等候天亮朝觐皇帝。由于英使觐见皇帝的跪拜礼仪没有达成一致意见，阿美士德只同意以觐见英王的礼仪向嘉庆帝行礼，态度颇为坚决。负责招待英使的大臣苏楞额、广惠、和世泰等人无可奈何，意图在英使极为疲劳的情况下，迫使其草率成礼，完成对嘉庆帝的跪拜，因此故意不让使团人员休息。初七日，身为理藩院尚书的和世泰准备带阿美士德去觐见嘉庆帝，但阿美士德态度坚决，以疲劳、疾病、礼服不备等理由，拒绝马上觐见嘉庆帝，同时拒绝对嘉庆帝行三拜九叩大礼，要求改变觐见日期。

此时嘉庆帝与王公大臣已经登殿，等候英使觐见成礼。情急之下，颇为荒唐的一幕发生了，和世泰及其随从以帮助阿美士德行走为由，抓住他的胳臂企图把他拖去朝拜嘉庆帝。使团的医官阿裨尔记录了这一幕：

　　（和世泰）来到特使的跟前，再次表示皇上希望会见特使们，并补充说，只要求特使们行英国式的礼节。……他粗暴地抓住了勋爵的胳膊，同时示意周围的一些官员帮助他。他们看到了这一暗示，都凑上前来；但在他们靠近特使之前，我们突然站了起来，走向特使，这时特使也用行动挣脱了粗野的袭击者。这种突然的举动制止了和公爵，也警告了他的随从；和公爵松开了他的手，随从们退后了，脸上满是惊讶的表情。……（阿美士德）要求以一个伟大和独立的君主代表的身份对待他；并声明只有使用武力，才能带他去觐见皇帝。……（和世泰）说皇上只是希望勋爵一到就能见到他，并非想扣留他。[1]

① ［英］阿裨尔：《中国旅行记（1816—1817年）——阿美士德使团医官笔下的清代中国》，刘海岩译，上海古籍出版社2012年版，第101页。

　　和世泰颟顸无知的做法，随后被使团人员陆续写成的日记、旅行记大加渲染，成为大清王朝愚昧落后、不懂国际法的口实，也为1840年爆发的鸦片战争，涂抹上所谓"文明正义"的色彩。但和世泰并没有像嘉庆帝说实情，只得谎称正使突然得病不能觐见，嘉庆帝谕令副使觐见，但由于礼仪问题副使也不肯入见。不知内情的嘉庆帝怒不可遏："中国为天下共主，岂有如此侮慢倨傲，甘心忍受之理?"[1] 因此他没有接见阿美士德使团，而是谕令使团第二天马上离开北京，取道广州回国，也没有接受英国国王的国书，他敕谕英王说：

> 尔国距中华过远，遣使远涉，良非易事。且来使于中国礼仪，不能谙习，重劳唇舌，非所乐闻。天朝不宝远物，凡尔国奇巧之器，亦不视为珍异。尔国王其辑和尔人民，慎固尔疆土，无闲远迩，朕实嘉之。嗣后毋庸遣使远来，徒烦跋涉，但能倾心效顺，不必岁时来朝始称向化也。[2]

① ②　《清仁宗实录》卷 320，嘉庆二十一年秋七月。

阿美士德使团被逐回国，英国通过外交手段扩大中国市场的幻想彻底破灭，从外交角度而言可谓无果而返。事后嘉庆帝通过召见臣工得知英国使团朝觐之前的真相，认为和世泰所做实属荒谬，因此谕令将负责接待工作的官员苏楞额、广惠、和世泰、穆克登额四人"交部严加议处"，并且摊赔接待英国使团所花费的一切费用。

阿美士德使团在搜集中国情报方面硕果累累。通过内河返回广州回国，在通过京杭大运河、长江、赣江、鄱阳湖时，使团搜集中国内陆河流的水文数据，对河流的宽度、深度、长度、流速及暗礁分布情况进行详细记录。在旅行途中，只要发现清朝驻军营地，都对驻军人数、地点和装备进行考察，掌握了沿途各地清军布防情况。清军武备废弛、军纪涣散、士气低落的现实让英国人非常鄙夷。除了搜集军事情报外，使团还记录了中国的动植物、地质景观、农牧业生产、手工业品、商贸、医疗卫生、建筑、交通、政府治理、官民关系、生活水平、传统习俗、道德标准、民族性格等，并对中国的文明程度作了整体性研判，为日后英国对华政策的制定提供了可靠的知识依据。

清朝官员缺乏反情报意识，清廷对使团也有戒备心，只是惧怕使团蛊惑民众滋事而已。各地官员对使团的态度大不相同，有些地方官不许使团进城，有些允许使团进入外城而不许进入内城，有些则对使团大开城门，以彰显天朝大国的"国威"，甚至主动满足使团四处参观考察的要求，不遗余力提供交通、饮食、住宿等各种便利，为使团搜集情报大开方便之门。使团成员出版的游记、日志修正了英国人对中国的认识：中国并非遍地黄金与高度文明，而是充满专制、保守、闭塞和贫困，与文明的欧洲相比是一个并未完全开化的"半野蛮"民族，英国对华态度发生了由尊敬到怀疑到鄙夷的转变。①

阿美士德拒绝向嘉庆帝行跪拜礼之事，颇令嘉

① 吴尹清：《鸦片战争前英国阿美士德使团在华情报活动》，《江南社会学院学报》2018年第1期。

庆帝不快。十二月底，在长春园西洋楼的远瀛观，嘉庆帝触景生情，想起英国使团令人不愉快的"朝贡"，因此赋《远瀛观述志》云："本无招致心，突来英吉利。既来复不驯，巧言多诈伪。未能成礼还，庸臣实偾事。瞻额衷惭惶，艰哉在上位。训诲竟敢违，要名又任意。用人诚最难，题壁述予志。"在嘉庆帝看来，英国使团来华是前来朝贡，自己考虑到英国"远隔重洋，输诚纳尽，不可虚其归戴之忱"，才"准令由天津海口登岸，并非有心招致之也"。不料办事大臣不遵谕令，擅自行事，"苏楞额、广惠既违训诲于前，和世泰、穆克登额又复妄行于后，以致届期不能成礼。种种偾事，皆由庸臣贻误，用人之难如此"[①]。嘉庆帝感到自己在朝臣面前大失颜面，心情非常沮丧。

两年后，嘉庆帝又赋《远瀛观》诗，直接指责英国人不晓事理："驭远从来贵严肃，彼英吉利性难伏。每来先蓄图利心，宽则无忌肆贪黩。强悍不循中国仪，辱其主命宜驱逐。大君岂贵贡珍奇，所宝惟贤慎司牧。"嘉庆帝意犹未尽，在诗后自注云："抚驭远人，理贵严肃。余诗所谓中国有威仪，岂可少贬损是也。彼英吉利使臣鄙野无知，贪黩强悍，又复不循中国礼仪，辱其国主命，是以却彼贡献，逐令回国。盖为国以礼，所宝惟贤，人君之道，理当如是。"[②]可见，嘉庆帝对阿美士德不肯跪拜之事，一直耿耿于怀。对于

① 颙琰：《远瀛观述志》，《清仁宗御制文·三集》卷40，《故宫珍本丛刊》第576册，第260页。

② 颙琰：《远瀛观》，《清仁宗御制文·三集》卷53，《故宫珍本丛刊》第577册，第73页。

英国试图打开中国市场、即将发动侵略战争的图谋，却没有丝毫察觉。

四、听任俄国教士团搜集情报

　　18 世纪，清朝与近邻朝鲜、琉球、安南以及东南亚、中亚诸国保持着传统的往来，但对欧洲各国的直接了解非常少，而欧洲通过传教士、外交使节、贸易商团与清廷保持密切往来。这些传教士常驻北京，集传教、外交、研究中国与搜集情报于一身，一方面他们将"西方的宗教、文化、科技带到中国，促进了西方与中国的文化交流；一方面将中国文化带往西方，大力发展西方汉学，极大地满足了西方了解中国的欲望，引发了 18 世纪欧洲的'中国潮''中国风'。在世界范围内架起了一座中西文化交流的桥梁。"[1] 但另一方面，西方传教士也是西方殖民开拓的先行者，有的甚至充当本国获取中国情报的"坐探"，为西方殖民侵略进行知识储备。

　　通过二三百年与中国的接触，西方各国对中国的基本国情有着深入的了解，包括历史、地理、人口、政治、经济、文化、军事诸方面可谓了如指掌，由于传教士担任中欧交往的翻译，清廷外交内幕完全为其

---

① 欧阳哲生：《盛世下的忧患——中西关系视角下的康雍乾盛世》，《北京大学学报》2014 年第 5 期。

所知。他们认识到，中国是一个君主专制中央集权的国家，皇帝是国家政治的重心，征服中国要从沿海开始作战，然后直接打入京师，取得擒贼先擒王的"斩首"效果。鸦片战争中英国的战略即是如此，以至于清朝这个庞大的东方帝国，很快就屈服。清朝也由天朝上国落入屈辱挨打的境地，而且在半殖民地的泥潭越陷越深。

清朝在与西方各国的接触中，力图按照传统朝贡体制建立以自我为中心的世界体系，这与即将到来的全球一体化浪潮格格不入。与此同时，士大夫阶层普遍缺乏世界知识，也没有海外探险的冲动。鸦片战争前清朝的状况，正如马戛尔尼使团的副使斯当东所言："这里出现一个罕见的宏伟景观：在人类的这个泱泱大国，人们都愿意结合在一个伟大的政治实体中，全国都安静地服从一个大帝王，而他们的法律、风俗，乃至他们的语言始终没有变化。在这些方面他们和其他的人类没有丝毫相同之处。他们既不想跟世上其他地方交往，也不企图去占领。"[1] 作为中国劲敌的俄国，从清初就因为侵占中国东北领土而发生雅克萨之战，历代清帝对俄国也有所警惕与防范，但俄国教士团在北京进行一百多年的间谍活动，清朝君臣却毫无察觉。

18 世纪，北京东直门的胡家圈有个不打眼的东正教教堂，当地人称为"罗刹庙"，是由关帝庙改建

① ［英］马戛尔尼、约翰巴罗：《马戛尔尼使团使华观感》，何高济、何毓宁译，商务印书馆 2013 年版，第 461 页。

的,里面生活着一群俄罗斯东正教教士,他们人数不多,但却是一个非常特殊的群体,可谓集使节、留学、汉学研究与翻译、搜集情报于一身。康熙年间雅克萨之战后,战俘中的一些阿尔巴津人被安置在北京,东正教教堂的建立最初主要是满足他们的宗教生活需要。《恰克图条约》签订后被指派培养留学生,为俄国培养精通满汉语言的人才。但教士团并不以传播东正教、招收教徒为目的,与西欧天主教的传教士差异极大。从雍正五年(1727)到咸丰十年(1860)约130多年间,包括雅克萨战俘45人及其子孙,信徒总数尚不超过200人,可是从俄国派往中国的东正教传教士总数竟达150人之多。[①] 也有少数满人与汉人信东正教,但他们受洗常常带有投机性质,为的是与俄罗斯人打交道、做生意方便。这表明教士团另有政治图谋,事实上,东正教教士团从康熙年间起,即担任相当于使节的政治任务,中俄两国对此均为默认态度,但作为"使节"的教士团,却充当了"间谍"的卑鄙角色。

教士团的主要目的在于搜集清朝政治、经济、军事等方面的情报,从事间谍活动。探明中国的统治方式、军队数量和武器装备,与毗邻国家的战争和争端,考察军事要塞,搜集中国地图,了解中国地理概况才是他们关注的焦点。特别是从中国购进什么货物运回俄国赚钱,能否从中国运出大量金银、宝石和生

① 欧阳哲生:《俄国东正教传教团在京活动述评(1716—1859)》,《安徽史学》2016年第1期。

丝，如何才能与清朝建立贸易关系，哪些俄国货物在中国畅销更是重要攸关。教士团驻京后，利用各种可能的途径千方百计地搜集情报，这也是他们回国后得以升迁的重要指标。为了达到目的，教士团"在各种场合和满人、汉人两者之间建立了亲切的关系。……通过亲善和馈赠，我们熟识了很多朋友，其中有些人对我们常常是公开的，而很多人则向我们透露了与帝国特别有关联的秘密"①。

嘉庆十年（1805），俄国派戈洛夫金使团来华访问，使团规模庞大，目的是要调整俄国在远东的战略，扩大在华权益。由于中俄贸易长期囿于恰克图一地，数额有限，俄国迫切要求进一步开拓东亚市场。使团出发前，俄皇亚历山大一世训令使团，要求清廷开放新的通商口岸，允许俄国商船到广州贸易，俄国船只可以在黑龙江自由航行，开辟通向西藏、印度的商路，俄国对中国的侵略野心暴露无遗。但此次出使半途而废，原因在于使团人数、呈交礼单、礼仪争执没有达成共识，使团到达库伦即被遣返。其实嘉庆君臣对俄国的侵略要求并不知晓，只是根据康雍年间沙俄对东北地区的侵略，有一种俄国强横、对大清心怀叵测的模糊印象而已。戈洛夫金使团被中途遣返的根本原因，不在于侵略要求，而是不愿向嘉庆帝香案行三拜九叩大礼。此时俄国商船自行抵达广州，要求通商贸易，这违反了中俄之间的贸易规则，加剧了清廷

① 欧阳哲生：《古代北京与西方文明》，北京大学出版社 2018 年版，第 421 页。

的疑惧。

俄国通过外交途径并未获得相应的侵华权益，但沙俄侵华的脚步从未停止。嘉庆二十三年（1818），伊尔库茨克总督制订一份对第十届教士团的指令，呈请沙皇，获得沙皇亚历山大一世的批准，史称"1818年指令"，根据这项指令，今后教士团的主要任务不是宗教活动，而是全面研究中国的经济和文化，教士团应向外交部提供有关中国政治生活重要事件的情报，从此教士团正式接受外交部的领导。鸦片战争期间，俄国修士大司祭图加里诺夫在北京期间，通过各种途径掌握中国政治动态，上报给俄国外交部，以便于俄国制定外交方针，中英《南京条约》签订的内情俄国了如指掌。教士团领班巴拉第驻京期间，及时向俄国外交部亚洲司报告太平天国运动的进展，第二次鸦片战争期间，巴拉第与东西伯利亚总督穆拉维约夫秘密协商，使俄国巧取豪夺中国大片领土。

清廷对西欧天主教传教士采取高度戒备的态度，一经发现传教则谕令地方官驱逐，但对俄国教士团采取相对包容的态度，不但对俄国教士团给予应有关照和足够的礼遇，还莫名其妙地向教士团提供俸禄、饮食、生活物品等。一般来说，清廷总是尽量满足俄国教士团的要求，教士通过理藩院就可以获知他们想探听的中外交涉事宜。对于俄国教士团搜集情报的间谍行径，清廷懵懂无知，咸同年间之后，俄国割占了中国大片领土，并非偶然。

但清廷对于虎视眈眈的"北极熊"却知之甚少，因为中国"从无遣使赴外国之例"。其实，雍正朝曾于1729—1731年、1731—1733年两次派使团访问俄罗斯，但并没有深入考察俄国社会的想法。嘉庆帝也深知"俄罗斯人等性情诡诈，不可深信"，对俄国使团颇有戒备之心，但他并没有"知己知彼"的外交意识。嘉庆十五年（1810）三月，清朝官员蕴端多尔济在恰克图交界处会见俄国使臣固毕尔纳托尔，俄国要求遣使来华，同时希望清廷派出答使。

不料嘉庆帝指出，"不特现在暂不遣使，仍希冀天朝先遣使臣前往，此事断不可行"。如果俄国遣使纳贡，则中国"不惟来使往返妥为照料，中国亦必格外俯赐尔来使佳品"，但天朝不会遣使赴俄，因为"天朝入觐纳贡属国甚多，从无遣使赴外国之例"。[①] 嘉庆帝说得再清楚不过，作为天朝上国，从来都是接受"万邦来朝"的仰视，天朝官员怎么可能去朝觐他国国君呢？事实上，这使清朝君臣丧失了通过外交途径了解欧洲各国国情的机会，使中国游离于世界发展潮流之外而浑然不知。

① 《清仁宗实录》卷227，嘉庆十五年三月。

阅读参考书目

1.《清仁宗实录》，中华书局 1986 年版。

2.《清代诗文集汇编》，上海古籍出版社 2010 年版。

3. 顒琰：《清仁宗御制文》，《故宫珍本丛刊》本，海南出版社 2000 年版。

4. 中国第一历史档案馆编：《嘉庆帝起居注》，广西师范大学出版社 2006 年版。

5. 昭梿：《啸亭杂录》，中华书局 1980 年版。

6. 陈康祺：《郎潜纪闻》，中华书局 1984 年版。

7. 赵尔巽：《清史稿》，中华书局 1998 年版。

8. 清国史馆原编：《清史列传》，明文书局 1985 年版。

9. 徐珂：《清稗类钞》，中华书局 1986 年版。

10. 黄鸿寿：《清史纪事本末》，上海书店出版社 1986 年版。

11. 孟森：《清史讲义》，北京理工大学出版社 2016 年版。

12. 萧一山：《清代通史》，中华书局 1985 年版。

13. 钱穆：《中国历代政治得失》，生活·读书·新知三联书店 2001 年版。

14. 王亚南：《中国官僚政治研究》，中国社会科学出版社 1981 年版。

15. 杨珍：《清朝皇位继承制度》（修订版），学苑出版社

2009 年版。

16. 郭松义：《清朝典章制度》，吉林文史出版社 2001年版。

17. 杜家骥：《杜家骥讲清代制度》，天津古籍出版社2014 年版。

18. 瞿同祖：《中国法律与中国社会》，中华书局 1981年版。

19. 瞿同祖：《清代地方政府》，法律出版社 2003 年版。

20. 朱诚如主编：《清朝通史·嘉庆朝分卷》，紫禁城出版社 2003 年版。

21. 朱诚如、张玉芬：《嘉庆皇帝　名家说清史》，紫禁城出版社 2016 年版。

22. 戴逸：《乾隆帝及其时代》，中国人民大学出版社2018 年版。

23. 戴逸、李文海主编：《清通鉴》，山西人民出版社1999 年版。

24. 王建朗、黄克武编：《两岸新编中国近代史·晚清卷》，社会科学文献出版社 2016 年版。

25. 欧阳哲生：《古代北京与西方文明》，北京大学出版社 2018 年版。

26. 白新良：《清代中枢决策研究》，辽宁人民出版社2002 年版。

27. 吴义雄：《条约口岸体制的酝酿：19 世纪 30 年代中英关系研究》，中华书局 2009 年版。

28. 杨国强：《百年嬗蜕　中国近代的士与社会》，上海三联书店 1997 年版。

29. 仲伟民：《康乾盛世》，上海古籍出版社 1997 年版。

30. 张研、牛贯杰：《清史十五讲》，北京大学出版社2004 年版。

31. 郭成康：《十八世纪的中国政治》，中国人民大学出版社 2021 年版。

32. 魏光奇：《有法与无法：清代的州县制度及其运作》，商务印书馆 2009 年版。

33. 魏光奇：《天人之际：中西文化观念比较》，首都师范大学出版社 2000 年版。

34. 王开玺：《清代外交礼仪的交涉与论争》，人民出版社 2009 年版。

35. 杨念群：《何处是"江南"？：清朝正统观的确立与士林精神世界的变异》，生活·读书·新知三联书店 2017 年版。

36. 陈葆真：《乾隆皇帝的家庭生活与内心世界》，北京大学出版社 2020 年版。

37. 喻大华：《嘉庆皇帝》，人民文学出版社 2009 年版。

38. 张宏杰：《饥饿的盛世：乾隆时代的得与失》，重庆出版社 2016 年版。

39. 张瑞龙：《天理教事件与清中叶的政治、学术与社会》，中华书局 2014 年版。

40. 王宏斌：《晚清海防：思想与制度研究》，商务印书馆 2005 年版。

41. 倪玉平：《清朝嘉道财政与社会》，商务印书馆 2013 年版。

42. 崔岷：《洗冤与治吏：嘉庆皇帝与山东京控》，中央民族大学出版社 2012 年版。

43. 曹志敏：《龚自珍集》（注说），河南大学出版社 2016 年版。

44. 张国骥：《清嘉庆道光时期政治危机研究》，岳麓书社 2012 年版。

45. [美] 费正清：《剑桥中国晚清史》，中国社会科学出版社 2007 年版。

46. [荷] 田海：《中国历史上的白莲教》，刘平译，商务印书馆 2017 年版。

47.［美］穆黛安：《华南海盗：1790—1810》，刘平译，商务印书馆 2019 年版。

48.［美］曾小萍：《州县官的银两》，董建中译，中国人民大学出版社 2020 年版。

49.［英］埃利斯：《阿美士德使团出使中国日志》，商务印书馆 2013 年版。

责任编辑：郭　娜　黄煦明

装帧设计：石笑梦

图书在版编目（CIP）数据

十字路口的大清：盛衰之际的嘉庆王朝/曹志敏　著．— 北京：
人民出版社，2023.5

ISBN 978 - 7 - 01 - 024088 - 6

I.①十… II.①曹… III.①嘉庆帝（1760—1820）- 生平事迹
IV.① K827=49

中国版本图书馆 CIP 数据核字（2021）第 243646 号

十字路口的大清

SHIZILUKOU DE DAQING

——盛衰之际的嘉庆王朝

曹志敏　著

人民出版社 出版发行

（100706　北京市东城区隆福寺街 99 号）

北京中科印刷有限公司印刷　新华书店经销

2023 年 5 月第 1 版　2023 年 5 月北京第 1 次印刷

开本：880 毫米 ×1230 毫米 1/32　印张：12.75

字数：230 千字

ISBN 978 - 7 - 01 - 024088 - 6　定价：68.00 元

邮购地址 100706　北京市东城区隆福寺街 99 号

人民东方图书销售中心　电话（010）65250042　65289539